Charles Levinson

WODKA
Cola

Die gefährliche Kehrseite
der wirtschaftlichen Zusammenarbeit
zwischen Ost und West

Rowohlt

Die zusammen mit dem Autor gekürzte deutsche Fassung
beruht auf dem bei Éditions Stock, Paris 1977 unter dem Titel
Vodka-Cola erschienenen französischen Original.
Deutsch von Hubert Gaethe und Karl A. Klewer.
Der Aufsatz «Carters Wodka-Cola-Kabinett» (Teil III, Kapitel 4)
wurde vom Autor eigens für diese deutsche Ausgabe geschrieben.
Umschlagentwurf Atelier Pascal Vercken / Manfred Waller

1. Auflage Februar 1978
Copyright © 1978 by Rowohlt Verlag GmbH, Reinbek bei Hamburg
Vodka-Cola © 1977 by Éditions Stock
Teil III, Kapitel 4 © Charles Levinson
Alle deutschen Rechte vorbehalten
Gesamtherstellung Clausen & Bosse, Leck/Schleswig
ISBN 3 498 03818 4

Inhalt

Vorbemerkung

Im Osten wie im Westen behaupten die Politiker, daß die Entspannung ein Ergebnis ihrer Bemühungen um den Frieden und um eine friedliche Koexistenz zwischen den beiden Blöcken sei. Die Wirklichkeit weicht erheblich von dieser Behauptung ab. Der Entspannungsprozeß wurde aufgrund wachsender wirtschaftlicher Beziehungen zwischen ideologischen Gegnern begonnen und entwickelt. Diese Ausdehnung der kaufmännischen Beziehungen beruhte auf dem Konzept der «Koproduktion» zwischen osteuropäischen und kapitalistischen Partnern.

Der Grundsatz und die ersten Entwürfe einer wirtschaftlichen Zusammenarbeit wurden bereits vor der *Ostpolitik* Willy Brandts oder den ersten, 1971 zwischen Breschnew und Nixon geschlossenen Verträgen in Angriff genommen. Die Bemühungen um eine Entspannung zwischen Ost und West begannen, als die kapitalistischen Firmen begriffen, daß die kommunistischen Volkswirtschaften Quellen beträchtlicher Gewinne sein konnten – trotz des Hindernisses der Nichtkonvertierbarkeit der Währungen. Es ging darum, die Vorteile zu nutzen, die die Staaten des Ostblocks bieten: niedrige Gehälter, keine Streiks, niedrigere Produktionskosten.

Das System der Koproduktion beruht auf einer Finanzierung, die von westlichen Krediten zu äußerst niedrigen Zinssätzen gesichert wird. Die Übernahme der kapitalistischen Technologie bezahlen die Länder des Ostens, indem sie den westlichen Privatunternehmen einen Teil ihrer Produktion abtreten, die in Richtung westlicher Märkte reexportiert werden kann.

Die drei Kapitel dieses Teils skizzieren diese Entwicklung sowie die angewandten Methoden und Techniken.

I.
Wirtschaftsbeziehungen und Entspannung

1.
Die ökonomische Funktion der Entspannungspolitik

Die ideologische Fassade

Die von den Führern der Welt und den politischen Fachleuten (besonders in den Vereinigten Staaten) akzeptierte und propagierte Mythologie gründet sich auf den zentralen Gedanken, daß Moral, Ethik und Religion die Faktoren sind, die die internationalen Beziehungen beherrschen. Dieselbe Ethik, die den Erfolg des Millionärs ansieht als irdische Manifestation des guten Willens Gottes, macht sie glauben, daß moralische Positionen in der Politik die Richtung der wirtschaftlichen Entwicklung bestimmen. Es ist die Antithese in dem fundamentalen Dogma der marxistischen und sozialistischen Theorie, für die die wirtschaftlichen Beziehungen zum großen Teil die politischen und sozialen Strukturen bestimmen. Dieser historische Determinismus ist für den dialektischen Materialismus und die Lehre vom Klassenkampf als bewegende Kraft der sozialen Entwicklung von essentieller Bedeutung.

Der Kampf zwischen den offiziellen Lehrmeinungen des Ostens und des Westens ist auch anders erklärbar als nur mit Hilfe der klassischen Konzeption, wonach die kapitalistische Klasse bewußt darauf aus ist, ihre Habgier und ihre wirtschaftliche Vorherrschaft hinter den Tugenden politischer Abstraktionen zu verbergen. Es gibt eine weitere Interpretationsmöglichkeit: danach sind in den offiziellen Regimen der Sowjetunion und der Länder Osteuropas das politische Dogma und die wirtschaftliche Leistungsfähigkeit die Pfeiler, auf denen die Macht ruht. Die Kommunistische Partei, das militärische Establishment und der Geheim- und Überwachungsdienst KGB sind Teile eines integrierten Systems: des Einheitsstaats.

Die wirtschaftlichen und politischen Funktionen sind offiziell identisch, und sie sind in doktrinärer und administrativer Weise integriert. Und die offizielle Doktrin der Eliten, die regieren, und der Massen, die ihnen gehorchen, besagt, daß der Klassenkampf, der sich im ganzen Westen ausdehnt und der auf dem kapitalistischen oder privaten Eigentum an den Produktionsmitteln beruht, in den Ländern nicht existiert, wo dieses Eigentum ein kollektives oder soziales ist.

Gleichermaßen erweckt im Westen die Dichotomie zwischen der den offiziell Regierenden zugestandenen Macht – der «formellen Welt» der politischen Sphären – und der unsichtbaren Macht in den wirtschaftlichen Sphären – der von uns so genannten «Oberwelt» («overworld»)[1] – unweigerlich Bestrebungen um eine Festigung der offiziellen Lehre des Primats der Politik. Die Ausübung einer geheimen Macht auf dem Gebiet der Wirtschaft erfordert zwangsläufig, daß die Privatwirtschaft der öffentlichen Politik in den demokratischen Systemen, wo die Wirtschaft des Marktes regiert, untergeordnet scheint.

Das erklärt zumindest teilweise die Verbissenheit, mit der man heute auf der Dominanz der politischen Aspekte der Ost-West-Beziehungen über ihre grundlegenden wirtschaftlichen Aspekte beharrt. In der offiziellen Version wird bestätigt, daß gerade die politische Entspannung die kommerziellen Beziehungen geschaffen habe und nicht umgekehrt. In diesem Rahmen wird die Verzahnung dieser wirtschaftlichen Beziehungen fast ausschließlich politischen Ereignissen zugerechnet. Und trotzdem haben die geschäftlichen Kontakte über die Periode des ideologischen Antagonismus hinweggeholfen: die amerikanischen Kapitalisten haben sich während der ganzen Zeitspanne 1920–30 nach Rußland begeben, um dort auf rein individueller Basis Handel zu treiben. Und die Kredite – dieser Schlüssel des Außenhandels der UdSSR und die wichtigste Konstante ihrer Außenpolitik – sind ihr stets zugesichert worden, insbesondere durch Deutschland.

Selbst während der ideologischen und militärischen – direkten oder unter den Satelliten ausgetragenen – Konfrontationen (NATO–Warschauer Pakt, Berliner Blockade, Korea-Krieg, Vietnam, kubanische Raketenkrise, Angola) haben die Sowjets stets weiter Handel getrieben und um Kredite nachgesucht. Für sie hat sich die friedliche Koexistenz stets auf zweierlei Ebenen abgespielt – dank einer Politik, die die ideologische oder reale Aggression *und* die friedliche Suche nach Krediten und Handelsbeziehungen gleichzeitig erlaubt. Nun ist aber für die kapitalistische oder Marktwirtschaft diese Politik der zwei Gesichter stets normal gewesen. Aufgrund der Tatsache, daß die reale wirtschaftliche Macht in den geheimen Hochburgen der «Oberwelt» und in den Beratungsräumen der Verwaltung der Banken und Groß-

---

1 Im Amerikanischen wird die Welt des Verbrechens, der Gauner, als «underworld» bezeichnet. Der Terminus «overworld» wird das ganze Buch hindurch das System der herrschenden, fast okkulten Macht bezeichnen, das in seinen Methoden, seinen Strukturen und seiner Taktik ein getreues Abbild der Umtriebe der «Unterwelt» ist.

unternehmen sitzt, hat die offizielle politische Ideologie nur zweitrangige Bedeutung und bleibt bei jeder Überlegung wirtschaftlicher Größenordnung sekundär. Diese schwächere Trägerrolle erlaubt die Zusammenarbeit auf wirtschaftlichem Gebiet mit den ideologischen und politischen Gegnern, unter anderen extrem rechten Regimen: Nazi-Deutschland, dem faschistischen Italien, Francos Spanien, Salazars Portugal, Chile, Südafrika, den Militärregimen von Lateinamerika, Griechenland usw. Die Handelsgeschäfte sind stets in großen Teilen unabhängig geblieben von ideologischen und politischen Restriktionen der Nationalstaaten, und das lange bevor die multinationalen Unternehmen der Macht und Autorität der nationalen Politik den Gnadenstoß gaben.

Hindernisse der wirtschaftlichen Ost-West-Kooperation

Angesichts ihrer gemeinsamen Sympathie für autoritäre, hierarchische Strukturen und Systeme und ihrer Überlegenheit gegenüber der von den Regierungen proklamierten nationalen Politik kann man sich fragen, warum die gegenseitige Durchdringung der wirtschaftlichen Organisationen des Ostens und des Westens noch bis vor kurzem so wenig entwickelt war. Der geringe Fortschritt in der Entwicklung ihrer Handelsbeziehungen in der Vergangenheit schien die These zu stützen, daß die Politik die Wirtschaft bestimmt.

Der offenbare Widerspruch erklärt sich durch die Modalitäten der Wirtschaftsstrategie des Sowjetblocks und durch die Systeme, die er nach dem Zweiten Weltkrieg angewandt hat, um seine Pläne zu verwirklichen. Diese Charakteristiken seiner Wirtschaftsentwicklung haben ihn im wesentlichen von jeder Zusammenarbeit und jeder nennenswerten gegenseitigen Durchdringung abgehalten. Tatsächlich haben in den aufeinanderfolgenden Plänen zahlreiche Punkte dem Ziel gedient, zu einer Isolierung zu gelangen und eine wirtschaftliche Autarkie zu realisieren.

Der Außenhandel als solcher hat niemals in der Sowjetwirtschaft eine große Bedeutung gehabt. Selbst heute stellt er nur etwa 5 % des Bruttosozialprodukts (BSP). Ausgestattet mit reichen nationalen Ressourcen – einschließlich jenen in den kolonisierten Ländern –, einem gewaltigen Energiepotential und mit einem Territorium gigantischen Ausmaßes, haben die Sowjets den Außenhandel als einfachen Lückenbüßer betrachtet, dessen Funktion darin bestand, die unentbehrlichen Devisen zu beschaffen, um jene Güter zu erwerben, die man zum Aufbau der neuen Wirtschaft unbedingt brauchte. Und das vollzog sich

13

in Übereinstimmung mit ihrer fundamentalen Ideologie einer scharf kontrollierten zentralen Planung.

Marx und Lenin haben die Gefahren und die Übel, die den internationalen Monopolen innewohnen, hinreichend gebrandmarkt, insbesondere die Herrschaft jener Monopole und jenes Finanzkapitals, welche Lenin als «das höchste Stadium des Kapitalismus» beschrieben hat. Während Marx zu seiner Zeit die amerikanische Aktiengesellschaft, die damals noch in den Kinderschuhen steckte, als Instrument ansah, das letztlich in der Lage sein könnte, das Privatkapital in Gesellschaftseigentum umzuwandeln, hat Lenin in einer Zeit gelebt, die die Irrealität einer solchen Auffassung bewies. Die meisten der riesigen Firmen, die er wiederholt und explizit als Symbole des neuen Imperialismus angegriffen hat, gehören heute zu den großen Multinationalen, die das Eindringen dieses Imperialismus in den Schoß der Mutternation des Sozialismus lenken: Standard Oil, Shell Oil, General Electric, Siemens, Krupp, ohne die wichtigsten multinationalen Banken zu zählen: Morgan Guaranty Trust, Deutsche Bank, Crédit Lyonnais, Paribas und vor allem die Chase Manhattan und die Erdölbanken Rockefellers.

Um die gerade entstandene zentralisierte Planwirtschaft gegen wirtschaftliche, politische und militärische Bedrohungen durch die internationalen räuberischen und antikommunistischen Monopole zu schützen, war es immerhin verständlich, daß die Politik dem Ziel unterstellt wurde, die eigene wirtschaftliche Entwicklung so intensiv wie möglich zu unterstützen: die Philosophie des «kalten Krieges» hat rund um die verwundbaren Volkswirtschaften des Ostens einen Verteidigungswall errichtet gegen die theoretischen Übergriffe der kapitalistischen Monopole. Der Eiserne Vorhang und eine Politik der Nichtkonvertierbarkeit des Geldes haben die Isolierung besser garantiert als jede traditionelle Importschranke.

Um die Beschaffung einer Technologie, die die Sowjets so dringend brauchten, jedenfalls zu erleichtern, ohne dabei ihre im Entstehen begriffene Wirtschaft den sichtbaren Gefahren einer kapitalistischen Ausbeutung auszusetzen, haben sie ihre Handelssysteme auf einer Basis des Gütertausches errichtet und nicht so sehr auf einer monetären Basis der Preise. Ein solches Arrangement behagte den kapitalistischen Monopolen aufs beste, denn sie waren darauf aus, ihre Eigentumsrechte zu verteidigen, und voller Mißtrauen gegen die Geldpolitik einer russischen Wirtschaft im Zustand des Bankrotts. Die Arbeitswerttheorie, in der postuliert wird, daß die sozial erforderliche Arbeitszeit, die in ein Produkt eingegangen ist, dessen wahren Wert darstellt, wird im Osten als Kriterium der Planung akzeptiert, ohne jemals berechnet worden zu sein.

In der Volkswirtschaft sind die Preise einfache Kompensationsinstrumente geworden und bleiben es; sie erlauben es, eine Bilanz aufzustellen zwischen verfügbaren Gütern und dem Verbrauch. Sie haben keinerlei politische Funktion und auch keinen Nutzen als Maßstab des Werts der Güter und der Dienstleistungen. Auch sind die Verfügbarkeit der Güter und ihre Qualität Faktoren, die mehr noch als ihr Preis die Wahl des Konsumenten beeinflussen. Dieselbe Strategie wurde im allgemeinen für das Geld angewandt. Die Periode der Neuen Wirtschaftspolitik von Lenin hatte dem Geld und dem Kredit eine Funktion in der Planungspolitik zugesprochen; sie ist aber rasch wieder aufgegeben worden, um den zentralisierten und administrativen Kontrollen Platz zu machen, die die Wirtschaft lenken. Auf allen Ebenen dieser geplanten und zentralisierten Wirtschaft wird das Wachstum anhand des Eingangs und Ausgangs der Güter und anhand realer Größen, nicht so sehr jedoch in monetären Werten bemessen. Die Funktion des Geldes und der Preise wird für zweitrangig gehalten und unterscheidet sich ganz erheblich von der Rolle, die es in der Wirtschaft des kapitalistischen Marktes spielt. Die Hauptfunktion des Geldes in den Wirtschaften der zentralisierten Planwirtschaft scheint die eines Rechnungsmittels für die Produktion und die Verteilung des Sozialprodukts zu sein. Die anderen großen Funktionen des Geldes und der Preise – Maßstab des Werts, Regelung der Verpflichtungen oder Zahlungsmethode wie im kapitalistischen System – sind von geringerer Bedeutung. Sie spielen nur auf den Verbrauchermärkten eine bedeutende Rolle. Auf dem Gebiet der Produktion und der Beziehungen zwischen Unternehmen sind sie primär als Rechnungseinheit nützlich, insbesondere angesichts dessen, daß der Produktionsplan sich nach der Maximierung derjenigen Faktoren ausrichtet, die die größtmögliche Entwicklung gewährleisten: Arbeitskraft, nationale Ressourcen, materielle Installationen usw. Die laufende Konzeption der Sowjetunion hinsichtlich der Preis- und Gewinnkontrolle wurde von Leonid Breschnew, dem Generalsekretär der Kommunistischen Partei der UdSSR, in seiner Ansprache vor dem XXV. Kongreß der Partei Anfang 1976 dargelegt: «Ein anderes Aufgabengebiet ist der geschicktere Einsatz der Anreize und wirtschaftlichen Hebel: Konto der Selbstkosten, des Gewinns, der Preise und der Vergütungen. Mit anderen Worten: es ist erforderlich, die Gesamtheit des Systems der grundlegenden Indikatoren zu verbessern, um die Arbeit der Minister, der Verbände und der Unternehmen zu bewerten und vor allem die Leistung und Qualität ihrer Arbeit zu bestimmen.»

Der Warenaustausch – das System des Tauschhandels – bleibt also mangels eines passenden monetären Vehikels wesentliches Mittel zur Erstellung und Verteilung des Sozialprodukts. Das nationale Geld wurde blockiert, um die geplante Wirtschaft gegen die äußeren Kräfte des Weltmarkts zu schützen, und Zinssätze über 3 oder 4 % wurden als Teil des Mehrwerts, also der kapitalistischen Ausbeutung angesehen. Unter diesen ökonomisch-ideologischen Bedingungen konnte der Rubel nie zur konvertierbaren Währung werden. Weil das Geld in Produktion und Verteilung nur ein zweitrangiger Faktor und nicht kennzeichnender Maßstab des relativen Werts der Produkte war, konnte es sich niemals in seiner Eigenschaft als Ware in den Gefahren des internationalen Handels auf den auswärtigen Märkten bewähren. Mehr als jeder andere Faktor haben die unterschiedlichen Rollen, die dem Geld und dem System der Preise in den kapitalistischen und kollektivistischen Wirtschaften zugewiesen sind, dafür gesorgt, daß der Tauschhandel – unter Hinzunahme des Goldes – die wesentliche Form des Handels mit der Sowjetunion bleibt. Diese Kennzeichen der unterentwickelten Wirtschaften, die fehlende Konvertibilität ihrer Währung und infolgedessen ihre Abhängigkeit von Tauschhandel im Außenhandel sind das größte Hindernis im Ost-West-Handel geblieben und der Grund für die in der Vergangenheit erlassenen Beschränkungen der Zusammenarbeit.

Andererseits hat der Außenhandel stets eine größere Rolle in den anderen Ländern des COMECON gespielt, die kleiner und stärker industrialisiert sind. So hängt beispielsweise Ungarn mit 40 % seines Sozialprodukts von seinen Exporten ab, Polen mit 30 % und die Tschechoslowakei mit 35 %.

Da allerdings die ideologische Basis dieser unterschiedlichen Volkswirtschaften mit zentraler Planung sich nach dem herrschenden Modell der Supermacht UdSSR richtet, ist der Tauschhandel die Basis des größten Teils des Handels im COMECON geworden. Die Import-Export-Bilanzliquidationen sind also immer nur zweiseitig. Genauso wie beim Handel mit dem Westen sind die nichtkonvertierbaren Währungen der verschiedenen COMECON-Mitglieder für keine multilaterale Verrechnung zu gebrauchen.

Das sogenannte «Rubel-Clearing» beim Warenaustausch der COMECON-Länder untereinander ist ebenso wie der «transferierbare Rubel», der für die Liquidierung der Salden des bilateralen Handels benutzt wird, nur eine Rechnungseinheit zur Darstellung der Preise in Rubeln, die auf dem Weltmarkt in harten Devisen geboten werden. Sie spiegeln in keiner Weise reale authentische Preise wider oder den internen Wert der fraglichen Güter auf dem nationalen Markt.

Die Grenzen, die die Unkonvertierbarkeit der Devisen und die Notwendigkeit des streng bilateralen Tauschhandels auferlegen, haben also die Initiativen der kommunistischen Länder hervorgerufen, ihren Außenhandel zu entwickeln und sich langfristige Kredite zu sichern. Die Produkte, über die der COMECON-Block für seine Exporte verfügte, waren auf den westlichen Märkten selten verkaufsfähig, und zwar wegen ihrer schlechten Qualität, mangelnder Fertigwaren und sogar unzureichender Menge. Die Exporte der Sowjetunion bestanden aus Agrarprodukten und Halbfertigprodukten, deren Verkaufsmöglichkeiten im Westen gering waren. Der Handel innerhalb des COMECON spiegelt die Struktur dieser geplanten Volkswirtschaften wider: die UdSSR liefert den Satellitenländern Energie und Waren im Austausch gegen Maschinen und Ausrüstungen. Solange die sowjetische Wirtschaft beschränkt und in einem primitiven Zustand war, blieb ihre Möglichkeit, den allgemeinen Handel mit dem Westen zu erhöhen, eingeschränkt. Das war die Gesamtsituation bis zum Ende der fünfziger Jahre. Im Laufe dieser Periode hatten Politik und Ideologie fast nur das Ziel, die ökonomischen Imperative durch Begrenzung des Ost-West-Handels zu stützen.

Die Probleme der sowjetischen Wirtschaft

Die Notwendigkeit, diese Handelsbeziehungen zu verstärken und umzuwandeln, wurde allerdings immer größer. Das gesamte sowjetische Wirtschaftssystem verschlechterte sich zunehmend und schuf ein gefährliches Potential sozialer und politischer Spannungen. Im Zeitalter der Wissenschaft und der Technologie blieb trotz so vielgerühmter Leistungen auf den Gebieten der Raumfahrt und der Rüstung das geringe Niveau der sowjetischen Agrarproduktivität beklagenswert. Eine Delegation junger amerikanischer Landwirte berichtete nach einem Besuch der UdSSR, daß die sowjetische Landwirtschaft ein äußerst niedriges Leistungsniveau habe und daß Agrarbetriebe, die sie gesehen hatten, bei gleichen Erträgen zehn- bis fünfzehnmal soviel Personal beschäftigen wie die amerikanischen Betriebe. Zu berücksichtigen ist im allgemeinen, daß die Technologie der UdSSR erhebliche Rückstände aufweist, und zwar im Durchschnitt zwanzig Jahre bei den Dienstleistungsgewerben, fünfzehn Jahre bei chemischen Produkten, zehn Jahre in der Leichtindustrie und mindestens zehn Jahre in der Informatik. Ein ähnlicher Vergleich läßt sich in unterschiedlichen

Graden mit anderen COMECON-Ländern anstellen, mit Ausnahme vielleicht der DDR, die stets das bei weitem entwickeltste Land des COMECON in industrieller Hinsicht gewesen ist. Das doktrinäre Beharren auf der Schwerindustrie hatte die Fälle mangelnder Anpassung in den Leichtindustrien, in den modernen und hochtechnologischen Zweigen, vervielfacht. Die Planer gehörten Altersgruppen zwischen sechzig und siebzig Jahren an. Die Werksdirektoren und Unternehmensleiter wurden lächerlich gemacht und unterdrückt von einem riesigen Lenkungsapparat, der aus den Zeiten der ersten Revolutionäre stammte und sowohl in politischer als auch in wirtschaftlicher Hinsicht überholt war. Das Ergebnis war, daß sie den Ausbruch der größten Revolution aller Zeiten verpaßt hatten, die «technotronische» Revolution, und mindestens fünfundzwanzig Jahre hinterherhinkten.

Weit davon entfernt, die Vereinigten Staaten einzuholen und zu überflügeln, wie Chruschtschow noch gerühmt hatte, befinden sich die UdSSR und ihre Satelliten vielmehr in einem katastrophalen Rückstand. Die trügerischen Darstellungen gegenüber dem Ausland können die Risse und Brüche im Gebäude nicht vollständig verbergen. Die langen Schlangen vor den Lebensmittelgeschäften in Rußland, in Polen und in der Tschechoslowakei (1975 und 1976), der allgemeine Mangel an angemessenen Wohnungen, der rasche Anstieg persönlicher Ersparnisse durch massiven Verbraucherboykott eines unattraktiven Ramschangebots von schlechter Qualität sind sämtlich Symptome der tiefen Störungen, die das System erschüttern.

Die Politiker beklagen sich ständig und immer mehr über die mangelnde Leistungsfähigkeit der industriellen Führung und über die schlechte Qualität der meisten Produkte, die sich im Westen als nicht absetzbar erwiesen haben, was wiederum katastrophale Folgen für den Handel hatte. Im Februar 1976 zögerte Breschnew nicht, der Partei anzuvertrauen: «Es ist erforderlich, alle Breschen zu schließen, die es den nachlässigen Direktoren immer noch gestatten, auf höheren Posten zu bleiben – trotz ihrer mangelnden Leistung und der Tatsache, daß sie ihre vertraglichen Verpflichtungen nicht einhalten.»

Diese internen Restriktionen finden ihren Niederschlag in dem Handelsmodell des COMECON. Die Exporte in den Westen aus den kommunistischen Ländern setzten sich zum großen Teil zusammen aus Rohstoffen, mineralen Brennstoffen, aus Agrarprodukten, aus Lebensmitteln und Wein (mehr als 65 %). Die Ausrüstungsgüter stellen weniger als 10 %. Die Zusammensetzung dieses Handelsangebotes und die Praxis des bilateralen Tauschhandels sind charakteristisch für die Entwicklungsländer, mit denen die UdSSR faktisch im Wettbewerb steht. Und da es nicht möglich sein wird, die Exporte an neuen Gütern und an Nahrungsmitteln aufgrund der eigenen Nachfrage zu erhöhen, sind Stagnation und Defizit unausweichlich, wenn nicht die Exporte an Fertigwaren und Ausrüstungsgütern in die westlichen Märkte erhöht werden. Der Mangel an Arbeitskräften, vor allem an qualifizierten Facharbeitern, ist in den Ländern des COMECON sehr stark geworden, auch in der Sowjetunion. Die Schwarzmarktverdienste, die Weigerung der Verbraucher, die schlechte Qualität der Waren und ihre Manipulation mit dem Ziel, der Preisregelung zu entgehen, haben eine schwere Inflation geschaffen, die man nach wie vor verneint.

Die allgemeine qualitative Minderwertigkeit der Güter begrenzt ihren Absatz auf den westlichen Märkten; dies ist besonders der Fall bei Waren aus Ungarn, Rumänien, Polen und der ČSSR. Im Frühjahr 1976 fühlten sich die Sowjets erstmals verpflichtet, die ungarische Regierung öffentlich wegen schlechter Qualität der Kleidung, der Schuhe und der Fertigprodukte zu kritisieren, die dieser Satellit in die Sowjetunion exportiert. Im Spetember 1976 teilte die polnische Regierung ihren Unternehmensleitern offiziell mit, man könnte jeden Mißerfolg bei der Aufgabe, die absolut miserable Qualität ihrer Produkte zu verbessern, als kriminelle Fahrlässigkeit ansehen und behandeln; das gleiche gelte für Fehlschläge in der Führungspolitik und für Verschwendung von westlichem Kapital, das im Lizenzwege oder durch Kooperationsverträge erworben worden war. Die Tschechoslowakei hat angekündigt, daß der gegenwärtige Wirtschaftsplan dem Import von Ausrüstungsgütern absolute Priorität einräumt; mit diesen Maschinen sollen Waren hergestellt werden, die auf den Auslandsmärkten starke Devisen hereinholen könnten. Doch der Bedarf an Waren dieser Qualität steigt auch im Innern dieser selben Länder. Polen, Rumänien und die Tschechoslowakei sind, ebenso wie die UdSSR angesichts wachsender Unzufriedenheit der eigenen Bevölkerung, nicht in der Lage, Fertigwaren höherer Qualität, die mit Fabrikanlagen und Material aus Importen hergestellt wurden, dem Export zuzuschlagen.

Die Mängel, die Engpässe und die Unterbrechungen der intersektoriellen Planung werden immer zahlreicher und chronischer. In Rumänien ist die Nahrungsmittelindustrie rückständig; in Bulgarien bleibt das Verkehrswesen in den Kinderschuhen stecken, und in der UdSSR ist die landwirtschaftliche Infrastruktur katastrophal (Lagerung, Vorbereitung und Verteilung der Ernten). Die Leistungsbetriebe im Druck- und Verlagswesen, in der Information und vor allem die technologischen Verfahren in den gewerblichen Zweigen der Elektrizität, der chemischen Produkte, des Papiers, des Gummis oder des Glases sind äußerst leistungsschwach. Infolgedessen unterliegen diese Sektoren immer stärkerem Druck, je größer der Rückstand wird.

Die Herrschaft der multinationalen Konzerne

Auf den Westen übten diese riesigen Märkte der 400 Millionen unterentwickelten Verbraucher zwischen Berlin und Wladiwostok eine fast hypnotische Wirkung aus. Die eigenen Volkswirtschaften der westlichen Länder hatten trotz ihrer Weiterentwicklung Schwierigkeiten durch Streiks, hohe Löhne und Inflation. Bedroht durch eine scharfe Kartellgesetzgebung, die von antikapitalistischen, reformistischen und linken Regimen angewandt wird, und vor allem durch eine wachsende Tendenz zum Protektionismus, verspürten diese Länder ein wachsendes Interesse an dem potentiellen Markt, den die kommunistischen Volkswirtschaften darstellen. Der Schlüssel zu diesem wachsenden Interesse ist die Tatsache, daß die multinationalen Unternehmen (wie Lenin es vorausgesagt hatte, als er von völlig falschen Voraussetzungen ausging) in eine dominierende Position eingerückt sind. Tatsächlich entfallen 50 % des Welthandels auf nahezu tausend multinationale gewerbliche Unternehmen, die über 75 % des Produktivkapitals der westlichen Welt verfügen. Eine kürzlich erschienene Studie der europäischen Wirtschaftskommission der Vereinten Nationen schätzt, daß es etwa zehntausend multinationale Unternehmen im Westen gibt (als Multi gilt, wer mindestens in zwei Ländern Niederlassungen hat). Diese Studie erwähnt u. a., daß die Multinationalen mit Sitz in Europa insgesamt fünfzigtausend Niederlassungen im Ausland haben, während die Firmen amerikanischen Ursprungs nahezu vierundzwanzigtausend aufweisen; einhundertdreizehn Unternehmen arbeiten in mehr als zwanzig verschiedenen Ländern. Der gleiche Bericht schätzt, daß die zweihundert größten Firmen 32,9 % des Bruttosozialprodukts sämtlicher OECD-Länder darstellen. Dieser Anteil beträgt – nach Ländern mit jeweiligem BSP – in Holland 69 %, in Großbritannien 53 %, in den Vereinigten Staaten 41 %, in Japan 30 %, in der Bundesrepublik 27 %, in der Schweiz 23 % und in Frankreich 18 %. Aber diese Zahlen unterschätzen die reale Machtposition der Multis. Obwohl sie beispielsweise in den Vereinigten Staaten weniger zahlreich sind, ist ihr Umsatz um 43 % höher.

Auch die Machtkonzentration ist noch weitaus größer, als diese Zahlen es vermuten lassen; die tausend größten Multi-Konzerne sind nämlich untereinander durch dauerhafte und vorübergehende Beteiligungen und Partnerschaften größeren Ausmaßes verflochten. In der Erdölindustrie beläuft sich die Zahl solcher Verflechtungen, die zwischen den neun oder zehn die Branche beherrschenden Konzernen bestehen, auf vermutlich über zwanzigtausend. Dasselbe gilt für die Industrien chemischer Produkte, des Gummis, der Kunststoffe, des Papiers, der Kernenergie und der Dienstleistungen. Die meisten dieser Unternehmen werden heute von einigen dreißig oder vierzig Institutionen im Bank- und Finanzbereich kontrolliert, die wirksame Entscheidungsbefugnisse über ihre Leitung ausüben.

Die multinationalen Konzerne sind also der Kern des modernen Kapitalismus; sie haben die Nationalstaaten des Westens ersetzt, denn sie stellen die wahren politischen Zentren unseres Zeitalters dar. Dieser Übergang der Macht an die multinationalen Unternehmen hat eine tiefgehende strukturelle Wandlung des gesamten westlichen Systems hervorgerufen, und seit dem Ende der fünfziger Jahre war dies bereits bestimmendes Element der großen Industriefirmen. Die autoritäre Bürokratie des Ostens und die gleichermaßen autoritären multinationalen Konzerne des Westens haben nun den Vorteil erkannt, der sich für beide Parteien aus einer erheblichen Steigerung des Ost-West-Handels ergeben würde.

Für den Osten war der technologische Rückstand in einer Epoche hoher Entwicklung der kapitalistischen Industrie zu einem unüberbrückbaren Abgrund geworden. Alle Versuche, dessen selbst Herr zu werden, schlugen fehl. Die einzige Möglichkeit, aus diesem kritischen Dilemma herauszukommen und eine qualitative Weiterentwicklung des sowjetischen Wirtschaftssystems herbeizuführen, bestand darin, die wirtschaftlichen Prioritäten aufzugeben, die bedingt waren durch die Ideologie der Isolation, die Theorie des Mehrwerts und das Kollektiveigentum an den Produktionsmitteln, um sich der neuen globalen Ökonomie einzuverleiben, die auf Wissenschaft gegründet ist – so wie sie die internationalen kapitalistischen Monopole praktizieren (um den Wortschatz der stalinistischen Orthodoxie zur Bezeichnung multinationaler Firmen zu verwenden).

Die Sowjets versuchen jetzt, das japanische Experiment nachzumachen, indem sie Lizenzen und die Technologie der kapitalistischen ausländischen Firmen erwerben; hiermit wollen sie zwanzig bis fünfundzwanzig Jahre an Aufholbemühungen einsparen, die sie im Falle einer autonomen und isolierten Entwicklung hätten aufbringen müssen. Sie haben erkannt, daß ein autonomes Aufholen unter den gegenwärtigen Bedingungen: ihres Rückstandes einerseits und der Beschleunigung des technologischen Fortschritts im Westen andererseits, unmöglich ist.

Ein traditionelles Hindernis stellt sich diesem Integrationsversuch noch entgegen: die fehlende Konvertierbarkeit der kommunistischen Währungen und die dem massiven Transfer der Ausrüstungsgüter und Dienstleistungen inadäquaten Vereinbarungen über den Warenaustausch. Deshalb sind die Sowjets nicht in der Lage, ihre bedeutenden Goldreserven einzusetzen, um ihre Einkäufe an Technologie und Material auf so großer Ebene zu finanzieren. Sobald man große Goldmengen auf den Markt wirft, sinkt natürlich der reale Wert des Goldes, was die dadurch ermöglichten Einkäufe weniger günstig werden läßt – und zwar dergestalt, daß die Operation schließlich mit einem Verlust endet, abgesehen von Sonderfällen wie etwa dem Getreidekauf der UdSSR 1975. Ein größerer Preisabfall des Goldes würde gleichermaßen den Kredit der UdSSR bei den Finanzierungsinstitutionen des Westens schmälern, weil nämlich das Gold bei weitem der größte Schatz ist, über den sie verfügt, um im Ausland ihre Solvenz zu gewährleisten. Die Spezialisten sagen, sobald der Goldpreis unterhalb 150 Dollar pro Unze fallen sollte, würden die Sowjets keins mehr verkaufen.

Die anderen COMECON-Länder halten keine Goldvorräte; selbst diese zusätzliche Quelle starker Währungen fehlt ihnen.

Nun hat man entdeckt, daß die Länder Osteuropas Ressourcen besitzen, denen die kapitalistischen multinationalen Konzerne sehr hohen Wert beimessen: riesige Mengen qualifizierter Arbeitskräfte, die äußerst diszipliniert und sehr billig sind!

Die Wodka-Cola-Kooperation: Vorteile für beide Seiten

Im Vergleich zu den westlichen Lohnempfängern kosten die Arbeiter in den COMECON-Ländern fünf- bis zehnmal weniger. Darüber hinaus bilden die Arbeiter in den Volkswirtschaftssystemen mit zentralisierter Planwirtschaft keine freien Gewerkschaften und haben keinerlei Recht auf eine echte Diskussion über Löhne, Dauer und Bedingungen der Arbeit. Vor allem ist ihnen das Streiken untersagt. Auf allen Ebenen wird die gewerkschaftliche Macht den Arbeitern auferlegt; die Gewerkschaftsbosse und die Direktoren der Unternehmen entstammen selbst der Einheitspartei. Infolgedessen existieren also die wichtigsten Organisationen, die im Westen die Macht und die Vorrechte der Autorität begrenzen, im Osten überhaupt nicht.

Durch die unerwartete Entdeckung, dieses Potential an qualifizierter und derart disziplinierter Arbeitskraft in einer neuen Form·wirtschaftlicher Zusammenarbeit einsetzen zu können, haben die multinationalen Konzerne es fertiggebracht, Gewinne zu erzielen, die in der kommunistischen Struktur begründet sind, und darüber hinaus auch noch die Entspannung voranzutreiben. Durch Erfindung eines neuen Austauschverfahrens, das es möglich macht, außerordentliche Gewinne in harten Währungen zu kassieren – Dollar, Mark, Franc, Pfund Sterling oder Yen –, wurden sämtliche wirtschaftlichen und historischen Engpässe überwunden; gleichzeitig wurden die vom Westen gegen den Kommunismus errichteten Barrikaden eingerissen.

Die Schaffung dieses «Eldorados der Entspannung» hat das Element geliefert, das all den vorausgegangenen Etappen wirtschaftlicher Zusammenarbeit zwischen Ost und West ebenso wie den Kampagnen zur friedlichen Koexistenz gefehlt hatte. Endlich sind Gewinne in angemessenem Verhältnis zu riesigen Projekten möglich geworden, und diese Techniken sind selbst für Unternehmen kleineren Zuschnitts – Mittel- und Kleinbetriebe – anwendbar. Erstmals hat, trotz der Preismechanismen und der mangelnden Konvertierbarkeit der Devisen im Osten, ein gewisses Quantum an Naturgütern unabhängig von den Grenzen des Tauschhandels die modernen Wirtschaftsbeziehungen der Entspannung verwirklicht. Das Zeitalter des Wodka-Cola war angebrochen. Und genauso wie Fiat und Krupp seit den fünfziger Jahren den ersten kommerziellen Vorstoß im Verein mit der «Ostpolitik» Willy Brandts vollbracht haben, ist der Vorgang Wodka-Cola auf der Ebene der öffentlichen Beziehungen zum Symbol der Entspannung Nixon–Breschnew geworden.

Wir werden später die dieser Zusammenarbeit Wodka-Cola unterliegenden Techniken detailliert beschreiben. Für den Augenblick wollen wir uns mit dem Hinweis begnügen, daß sie es den kommunistischen Regimen erlaubt, ungeheure Kredite von seiten der westlichen Regierungen und der privaten Banken zu erhalten, um ihre Importe an Werken, Technologie und unternehmerischem Know-how zu finanzieren. Vom kapitalistischen Partner können dafür «Gegenkäufe» getätigt werden. Diese «Gegenkäufe» können sich entweder auf andere Produkte beziehen, die im Vertrag festgelegt sind, oder auf solche des Werks, dessen Aufbau in dem Vertrag vorgesehen ist. Diese Transaktionen erstrecken sich häufig auf die Gesamtheit von Produktionsverfahren, von spezifischen neuen Maschinen- und Materialtypen, und sogar auf ganze Werke und Industriekomplexe, die die Kapitalisten «schlüsselfertig» liefern. Die diesen Krediten entsprechenden Zinsen sind den Endkosten des Projekts im vorhinein zugeschlagen.

Die westliche Firma und das Regierungsmonopol des Außenhandels, das für den fraglichen Industriesektor zuständig ist, binden sich vertraglich, um ein strategisches Projekt ordnungsgemäß zu leiten, das von einer einfachen Assoziierungsform ohne offizielle Gesellschaftssatzung (eine einfache Vertragsbeziehung) bis zur Schaffung eines integrierten Unternehmens auf der Basis 49 : 51 oder gar 50 : 50 reichen kann. Diese Art Vertrag ermöglicht die Kooperation vom Typ Wodka-Cola, die die beiderseitigen Vorteile der Partner in Ost und West sichert. Sie unterscheidet sich also grundlegend vom normalen oder traditionellen internationalen Handel, der sich auf Exporte gründet, welche auf internationaler Ebene nach kapitalistischer Methode im Clearingverfahren geregelt werden, d. h. indem die Salden der Importe und Exporte zu monetären Preisen abgerechnet werden, wobei diese Salden in Form handelsfähiger Devisen gezahlt oder empfangen werden. Bei der neuen Kooperationsform vom Typ Wodka-Cola tauscht man lediglich Waren als Zahlungsmittel aus, kein Geld! Grundlage hierfür ist die Technik des Tauschhandels; doch ist dieses Verfahren komplizierter und viel flexibler als alle vorherigen. Die Form, in der diese Verträge sichtbar werden, gestattet es der Elite des Ostens, ein autarkes und hermetisch abgeschlossenes System wirtschaftlicher Isolierung aufrechtzuerhalten und die eigene autoritäre, industrielle und politische Herrschaft beizubehalten. Mit zahllosen Erklärungen der jüngeren Zeit haben die Chefs der Sowjetunion und ihre Satelliten offiziell bestätigt, daß diese Verträge nichts mit ihrem ideologischen Engagement und ihren dauerhaften Zielsetzungen zu tun haben: die Zerstörung des Kapitalismus voranzutreiben und die Revolution der Arbeiterklasse zu unterstützen, um ihrer Ausbeutung ein Ende zu setzen und den Endsieg des Sozialismus zu gewährleisten.

Einmal mehr verdeutlichen die vom Generalsekretär der Kommunistischen Partei der UdSSR Leonid Breschnew ausgesprochenen Worte diese rhetorische Verteidigung, in der die Assoziation der Begriffe «Sozialismus» und «Frieden» die Übung von Logik ersetzt: «Niemand muß darauf warten, daß die Kommunisten wegen der Entspannung sich mit der kapitalistischen Ausbeutung versöhnen oder daß die Monopolisten der Revolution beitreten. Andererseits sind die strenge Einhaltung des Prinzips der Nichteinmischung in die Angelegenheiten anderer Staaten und der Achtung ihrer Unabhängigkeit und ihrer Souveränität eine der wesentlichen Bedingungen der Entspannung. Wir geben zu, daß wir die Entspannung als Mittel zur Schaffung von günstigeren Bedingungen für den friedlichen Bau des Sozialismus und des Kommunismus ansehen. Das bestätigt lediglich, daß der Sozialismus und der Frieden unteilbar sind.»

Wenn man diesen Erklärungen Glauben schenken darf, befänden sich also alle diese Verträge, mit Ausnahme des Falls Jugoslawien, außerhalb der zentralen Planwirtschaft, und die sozialistische Struktur bliebe weiterhin hermetisch abgeschlossen. Man betrachtet es als unmöglich, daß diese Kooperation aufgrund der technologischen und technokratischen Imperative und der Geschmacksanregung, die die Konsumenten des Ostens für vermehrten Komfort erfahren, insbesondere für «das individuelle Eigentum am Automobil mit demokratisierender Wirkung», zu Systemveränderungen in Osteuropa führen könnte. Solange die Preise und das Geld rein administrativer Art und ohne Verbindung zur Realität bleiben, schätzen die Kommunisten, daß sich im Innern ihres integrierten ökonomisch-politisch-sozialen Systems keine bedeutenden Veränderungen vollziehen werden.

Die Integration der Interessen

Diese Vereinbarungen erfüllen sämtliche für das technologische Wachstum des Ostens unabdingbaren ökonomischen Kriterien und erlauben gleichzeitig den des monetären Protektionismus. Die Erhöhung der Bankkredite für die eventuellen Käufer des Ostens wurde vorher dadurch behindert, daß die kapitalistischen Firmen keine Möglichkeit hatten, sich ihre Vorschüsse und Auslagen vergüten zu lassen und die Gewinne im Innern der Wirtschaft der osteuropäischen Staaten einzustreichen. Die Verträge über die Zusammenarbeit ermöglichen eine solche Transaktion, ohne hierfür das Devisenhindernis zu beseitigen. Darüber hinaus erleichtern sie den Transfer einer Technologie, die der Osten dringend benötigt, ohne daß er hierfür gewaltige Goldmengen zahlen – was einem Substanzverlust gleichkäme – oder sein Geldsystem ändern müßte. Die Regierungen des Ostens können also eine Bank- und Geld-Integration und damit das Kreditnetz des kapitalistischen Systems vermeiden. Kennzeichnend für eine Vereinbarung dieser Art ist, daß die Vergütung aufgrund der so geschaffenen Produktion und anderer Exportgüter erfolgt, was den «kapitalistischen Monopolisten» erlaubt, einen garantierten Exportmarkt darzustellen, und zwar für einen Teil der in dieser Zusammenarbeit produzierten Güter (dieser Teil schwankt zwischen 30 und 60%), aber auch für andere Waren, die auf den üblichen Wegen im Westen im allgemeinen unverkäuflich sind, während die Länder des Ostens dringend auf deren Export angewiesen sind. Nur ein ganz kleiner Teil (gewöhnlich 10 bis 15%) ist in harten Devisen zahlbar; der ganze Rest wird in Waren geregelt. In einer Zeit, in der die Wirtschaftssysteme des Ostens derart hinterherhinken, daß sie immer tiefer in eine sowohl qualitative als auch quantitative Krise hineingeraten – abzulesen an der konstanten Vermehrung ihrer hoffnungslosen Verschuldung und ihrer Handelsdefizite gegenüber dem Westen –, stellt diese auf dem Tauschhandel begründete Zusammenarbeit mit ihren Lizenzvergaben, ihren Gegenkäufen, Koproduktionen, ihren vertraglichen Assoziierungen und Gemeinschaftsunternehmen eine echte Rettung dar. Sie liefert den diskreditierten Eliten der sowjetischen Führungsklasse – der Partei, der Bürokratie und dem KGB – das Mittel, sich an der Macht zu halten. Dank der Unterstützung durch die westliche Technologie, die sie erwerben, ohne ihr System den Tücken des Kapitalmarkts aussetzen zu müssen, genießen die Führer der Länder des Ostens zumindest im Augenblick eine Prise Frischluft. Es ist noch nicht abzusehen, ob diese Zuflucht eine implizite und unbewußte Schwächung dieser Festung der Privilegien darstellt, die im Osten errichtet worden ist, und welches für die Zukunft die Folgen sein werden. Es ist klar, daß die leitende Kaste selbst in dieser Hinsicht überhaupt nicht beunruhigt ist. Sie hofft, daß die Kapitalisten ihr weiterhin die Schnur verkaufen werden, die sie ihr schließlich um den Hals knoten werden. Nichts läßt glauben oder weist darauf hin, daß die Urheber dieses Plans unter sich antikommunistische Elemente zählen, die die kapitalistische Technologie fördern wollen, um das System von innen her aus den Angeln zu heben oder zu zerstören.

Wenn die Kooperation oder wirtschaftliche Entspannung den Zielen der Wirtschaftsentwicklung des Ostens dient, ohne ideologisch allzu nachgiebig zu werden, arrangieren sich auch die Gegenideologien des Westens sehr leicht mit diesen Vereinbarungen neuer Art. Für diese «kapitalistischen Monopolisten», die multinationalen Firmen, hat die Entspannung niemals das Ziel gehabt, etwa einen Atomkrieg zu vermeiden oder eine konstruktive «Konvergenz» zwischen den besten Aspekten des kommunistischen und des demokratischen Systems zu bewirken. Und noch weniger geht es für sie darum, für den Liberalismus, die Menschenrechte und die Marktwirtschaft im Innern der kommunistischen Länder als Katalysator zu arbeiten. Und gegenüber den Sowjets, den Polen, den Tschechen, den Ostdeutschen und den anderen sind diese Intentionen rein materieller, pekuniärer Art: es handelt sich darum, soviel Gewinne und flüssige Mittel wie möglich durch Ausbeutung der Arbeiter des Ostens anzuhäufen, um diejenigen des Westens noch besser ausbeuten zu können. Der Job der Leute des *Big-Business* besteht darin, Gewinne und Mehrwert zu erzielen! Und die Führer des Ostens bringen ihr eigenes Schäfchen ins trockne, während sie ihnen helfen. Kooperation, und nicht Handel, hat diese Gewinne ermöglicht und den multinationalen Konzernen erlaubt, den Kommunismus zu kapitalisieren.

Man hört häufig das Argument, daß diese Kooperationen lediglich einen kleinen Teil der gesamten Importe und Exporte zwischen Ost und West darstellt. Die Regierungen, die multinationalen Konzerne und die Medien, die sie gezähmt haben, haben ein augenscheinliches Interesse daran, die Größe und Bedeutung der Kooperationsverträge zu unterschätzen. Wenn die Öffentlichkeit die echte Tragweite dieser neuen Orientierung begriffe, würde es sofort von allen Seiten Widerstand geben: von seiten der Arbeiter angesichts der wachsenden Dumping-Gefahr durch die Sowjets und des drohenden Verlusts von Arbeitsplätzen durch Volkswirtschaften, die ihre Produktion mit niedrigen Gehältern und Löhnen gewährleisten können, weil es bei ihnen keine freien Gewerkschaften gibt; seitens der Konsumenten aufgrund der Tatsache, daß diese Kooperationsverträge dazu beitragen, die Zinssätze zu erhöhen, die Inflation zu steigern und den Preisanstieg aller Konsumgüter zu verstärken; und von seiten auch jener, die sich für die Freiheit interessieren und die durch die permanente Verringerung der Anzahl demokratischer Länder in der Welt beunruhigt sind und die anfangen würden, Fragen zu stellen nach diesen quasi heimlichen Verträgen, die fast eine Verschwörung zwischen den politisch-wirtschaftlichen Autoritäten des Ostens und den wirtschaftlichen Autoritäten des Westens darstellen.

Unter diesem Gesichtspunkt gesehen, scheinen die Kontrollsysteme der beiden Partner dieser Kooperation viel gemein zu haben: die Strukturen der internen Macht, in den Regimen des Ostens ebenso wie in den multinationalen Unternehmen, die den Westen regieren, gründen sich auf hierarchische Prinzipien militärischen Typs. Die Tendenz zur Integration einer Gesamtheit, die insgeheim von einem Monopol kontrolliert wird, dürfte diese externe wirtschaftliche Kooperation unterstreichen: es ist zum Beispiel schwierig, sich vorzustellen, daß ein Gemeinschaftsunternehmen oder eine beliebige Vereinigung mit einer Außenhandelsorganisation monopolistischen Typs, die sich im Eigentum des Staats befindet, nicht zu der Monopolisierung und Kartellierung der Weltwirtschaft beitragen könnte. Shell, Exxon und BP haben alle mit derselben staatlichen Außenhandelsorganisation der Sowjets, der Erdölgesellschaft Sojusneftexport, einen Kooperationsvertrag geschlossen – ein Beispiel für Konkurrenz, dessen Absurdität auf der Hand liegt. Ihre sämtlichen Dienstleistungen, Techniken und Verfahren laufen unweigerlich im Schoß eines vereinigten Unternehmens zusammen. Da einer der Unterzeichnerparteien eines solchen Vertrags bereits schon für sich ein totales, vollständiges Monopol ist und da sämtliche F. T. O. (*foreign trade organisations*: staatliche Außenhandelsorganisationen) nichts weiter als einfache Abteilungen des zentralen Staatsmonopols sind, ist es unmöglich, so zu tun, als ob der Wettbewerb nicht zunehmend gedrosselt werde. Man wird im Gegenteil einen Fortschritt der administrativen Kontrolle über sämtliche Systeme des Westens erleben. Wenn A, B und C organisch mit D auf dem Gebiet ihrer Interessengemeinschaft verbunden sind, warum sollte es dabei Wettbewerb geben? Das wäre gänzlich irrational und nicht funktional.

Es ist offenbar, daß die Superstrukturen und Verzweigungen des Kooperationssystems bei weitem zu stark ausgedehnt werden. Je mehr öffentliche und private Kredite gewährt werden, desto mehr «Investitionen» tätigen die Multi-Konzerne, desto mächtiger werden die Interessen, die auf Kooperationsverträge hinauslaufen, und desto mehr wird politischer und ökonomischer Druck fühlbar angesichts des Anwachsens dieser Verpflichtungen. Die westlichen multinationalen Gesellschaften werden sich also höchstwahrscheinlich ihrer bereits vorherrschenden Macht über die politischen und wirtschaftlichen Entscheidungen der Regierungen bedienen, damit diese nach ihrem Willen die Regime des Ostens, wie auch immer diese beschaffen sind, unterstützen, denn sie stehen mit ihnen in einer Gemeinschaft ständig wachsender wirtschaftlicher und finanzieller Interessen. Wenn die multinationalen Konzerne und die Banken ihre Investitionen (in der Größenordnung 50–60 Mrd. Dollar) und ihre Forderungen (gleicher Größenordnung) betrachten, dann werden sie über Veränderungen in den Regimen des Ostens gewiß nicht glücklich sein. In wirtschaftlicher Hinsicht drohte durch eine derartige Veränderung, daß sämtliche externe Verpflichtungen und Schulden, die das derzeitige antidemokratische, auferlegte und unterdrückerische Regime eingegangen ist, wieder verworfen würden. In gleicher Weise würden auch die westlichen Partner der autoritären Firmen es nicht mit Gelassenheit oder Freude hinnehmen, wenn freie Gewerkschaften, Tarifverhandlungen, industrielle Demokratie, Streikrecht und andere Merkmale demokratischer Gewerkschaften im Osten eingeführt würden. Die multinationalen Firmen haben also ein direktes finanzielles Interesse an der Erhaltung dieser unterdrückerischen Regime, und sie dürften zu den solidesten, natürlich geheimen Stützen der letzteren zählen.

50 bis 60 Milliarden Dollar! Das ist ein beträchtliches Schuldenvolumen, und um sicher zu sein, daß man das auch wiederbekommt, muß

man bereit sein, der Diktatur eine Menge Konzessionen zu machen. Die fundamentalen Überlegungen über die Rechte des einzelnen, die Freiheit des Wortes, die freie Meinungsäußerung usw. wiegen nicht schwer in dieser *Oberwelt*, wo alles nach Milliarden Dollar gemessen wird. Es gibt in der Geschichte nur wenige Analogien zu der Tiefe und Tragweite der Auswirkungen, die der Integrationsprozeß im Zuge der Entspannung mit sich bringt; wenige historische Bewegungen sind derart schwerwiegend in ihren Konsequenzen zum Besten und zum Ärgsten gewesen, wie die Entspannung unter der Form der Koproduktion es für unsere Zukunft ist.

Ihr Einfluß verbirgt sich hinter den scheinbaren politischen Gesinnungswechseln der Supermächte, die sich nach wie vor ideologisch gegensätzlich gegenüberstehen. Eins der direkten Ergebnisse für die Entspannung aus ökonomischer Notwendigkeit war die Zusammenarbeit Wodka-Cola im Jom-Kippur-Krieg mit seinem Waffenstillstand und dem Beginn der Friedensverhandlungen. Daraus folgte die Beendigung der Feindseligkeiten in Vietnam, dank des abrupten Rückzugs der amerikanischen Truppen und der Aufgabe Südvietnams zugunsten Nordvietnams. Zahllose Westler hatten sich – genauso wie der Verfasser dieses Buches – bedingungslos gegen die amerikanische Intervention gestellt, und zwar von Anbeginn der vietnamesischen Tragödie. Aber abgesehen von der Frage, wer im Recht war, konnte nur die alles beherrschende Übereinstimmung zwischen den multinationalen Konzernen des amerikanischen militärisch-industriellen Komplexes und den Kommunisten, die im Osten die Macht haben, einen derart umfassenden Rückzug der amerikanischen Streitkräfte und das Ende ihrer Hilfe herbeiführen. Weder das stufenweise Fortschreiten des Henry Kissinger noch seine Diplomatie des Nahen Ostens, noch seine vietnamesischen Verhandlungen hätten erfolgreich geführt werden können ohne die Unterstützung und Billigung der Sowjets. Es ist für die beiden Parteien unausweichlich, die erklärten Zonen des Aufeinanderprallens der Supermächte auszuräumen, damit sie ohne Behinderungen dem großen Projekt folgen können: dem Prozeß Wodka-Cola, der wirtschaftlichen Kooperation, die von den Eliten der *Oberwelt* doch so heiß gewünscht wird. Es scheint, als ob u. a. Mao Tse-tung niemals begriffen hat, wie sehr der von den Amerikanern gegen den Kommunismus geschürte Kampf den wirtschaftlichen Realitäten untergeordnet war – wenn Maos Erklärungen, wie sie Henry Kissinger der *Time* berichtete, stimmen.

Er soll gesagt haben, er verstehe nicht, warum «ein so großes und mächtiges Land wie die Vereinigten Staaten kapitulierte, nachdem es nur fünfzigtausend Mann verloren hatte.» Er hat nicht die Schwäche begriffen, die durch diesen Rückzug der Kräfte verraten wurde und die Südvietnam dem Feind auslieferte. Er konnte auch nicht begreifen, wieso ein so großes Land es «zulassen konnte, daß so etwas wie Watergate passierte» (*Time* vom 20. Sept. 1976). Da Mao die Macht stets in wesentlich politischer, diktatorialer Weise ausgeübt hat, scheint er sich weder über die wahre Machtstruktur in den Vereinigten Staaten noch deren Motivationen im klaren gewesen zu sein. Es ist sicher, daß er den Sturz Nixons nicht mit den Tätigkeiten des aggressiven Flügels der CIA in Verbindung gebracht hat, der das ungestüme Drängen nach Entspannung bremsen wollte, das sich in der Clique Kissinger–Rockefeller mit Nixon als bloßer Fassade personifizierte. Und es scheint ebenfalls, daß Mao das von den Großreichen der Multi-Konzerne angestellte Kalkül nicht wahrgenommen hat: die Gewinne aus dem Vietnamkrieg waren nicht so einträglich wie die Nutznießungen, die von der Entwicklung der Kooperation erwartet wurden; und diese konnte nur stattfinden, wenn sich die Vereinigten Staaten vollständig aus Vietnam zurückzogen. Während die Politiker und die Militärs ihre Angelegenheiten besorgen können, indem sie sich durch kurzfristige Überlegungen leiten lassen, werden langfristige Wirtschaftsprogramme, die sich auf Milliarden Dollar belaufen, weder beschlossen noch durchgeführt, ohne daß ihre Autoren sich Garantien und Sicherheiten geben lassen, die so dauerhaft wie möglich sind. Die wesentliche, entscheidende Sicherheit des Bankiers ist nämlich die Stabilität: Es durfte also keine Konfrontation geben, die dieses große Projekt hätte beeinträchtigen können. Örtlich begrenzte Scharmützel wie in Angola oder Portugal bilden einen integralen Bestandteil dessen und wirken wie Sicherheitsventile, wie Knochen, die den scharfen Ideologen zum Abnagen hingeworfen werden. Ganz wie Mao haben die meisten der sogenannten politischen Chefs weder die Dimension des Entwurfs erkannt noch dessen mögliche Tragweite.

Die Finanzierung der Entspannung

Seit dem Ende der fünfziger Jahre hat sich der Ost-West-Handel in eindrucksvoller Weise vermehrt. Seit 1960 beträgt der Prozentsatz des Zuwachses fast 18 % und ist damit wesentlich höher als der Zuwachs, der für den gesamten Welthandel verzeichnet worden ist. Und dieser Zuwachs ist sogar noch schneller erfolgt als derjenige innerhalb des COMECON selbst – nämlich fast doppelt so rasch. Von 1960 bis 1976 ist der Wert des Ost-West-Handels von 5,77 auf fast 40 Mrd. Dollar gestiegen. Das Embargo auf strategische Exporte ist zunehmend von der Liste des Koordinationsausschusses für Exportkontrolle (CO-COM) gestrichen worden. Diese Liste mit Artikeln und Techniken strategischer Größenordnung ist vom Pariser Sekretariat dieses Ausschusses aufgestellt worden, dem fünfzehn Länder angehören (sämtlich NATO-Mitglieder, außer Island und einschließlich Japans). Von der anfänglichen Liste, die mehrere Tausend Positionen aufwies, ist man inzwischen bei einem Kern von etwa einhundertfünfzig Artikeln angelangt, darunter Munition, Kernbrennstoffe und ausgesuchte Materialien von hoher Kompliziertheit, die für militärische Zwecke Anwendung finden könnten.

Es ist bekannt, daß ein großer Teil der modernen Technologie, die der Osten erwerben will, sowohl militärischen als auch zivilen Zwecken dienen kann. In der Sowjetunion und in den anderen Ländern des COMECON – wie der DDR und der ČSSR – scheint der militärisch-industrielle Komplex ebenso ausgedehnt zu sein, wie er es im Westen ist. Zusätzlich zu dem erheblichen Bestand von Rüstungswerken, die sie besitzt, leitet die Armee noch zahlreiche andere Werke, die für das Zivilleben bestimmte Güter herstellen: Kraftfahrzeuge, Elektroartikel, Metallwaren und selbst Artikel des laufenden Verbrauchs. Wenn eine westliche Firma wie General Motors, Ford, Fiat usw. mit einer Außenhandelsorganisation einen Vertrag abschließt, die der alleinige Konzessionsinhaber oder Agent ist, mit dem sie in Kontakt treten kann, hat sie es im Grunde mit den Streitkräften dieses Landes zu tun und wird ihr Partner. Es ist nicht zu bezweifeln, daß die westlichen Regierungen und Multi-Konzerne dies wissen und billigen. Das zeigt, in welchem Maße die Wirtschaft und der Handel über die militärischen Belange triumphiert hat, welche nur noch an zweiter Stelle stehen – eine Situation, die man ansonsten gewiß nicht im Osten vorfindet.

Trotz der Lippenbekenntnisse zum bilateralen Gleichgewicht des Außenhandels sind die östlichen Monopole niemals dazu gekommen, dieses Gleichgewicht mit den kapitalistischen Ländern zu verwirklichen – aus Gründen, die wir bereits erwähnt haben. Dieses Fehlschlagen läßt erkennen, daß die Wirtschaft der Länder des Ostens in konstantem Ungleichgewicht ist und daß ihr Defizit immer nur größer wird. Im Januar 1977 erreichte dieses allgemeine Defizit 60 Milliarden Dollar. Die langfristige Verschuldung der Sowjets gegenüber dem Westen wird auf ca. 10 bis 12 Mrd. Dollar geschätzt, bei einem jährlichen Schuldendienst, der sich auf etwa 800 Mio. Dollar beläuft.

Die Bank Morgan Guaranty Trust Company, eine der größten der Welt, die sehr stark an den Finanzierungsverträgen Wodka-Cola engagiert ist, hat im August 1976 berichtet, daß das Defizit des Ostens sich auf 32 Millarden Dollar beläuft, und diese Ziffer dürfte sicherlich unter der wahren Höhe liegen; denn die Morgan Guaranty Trust hat gewiß keinen Wert darauf gelegt, auf den Finanzmärkten eine Panik zu entfachen. Ein vertraulicher Bericht der NATO schätzt dieses Defizit auf über 50 Milliarden, aber öffentlich spricht die NATO von nur 35 Mrd., stets bemüht zu vermeiden, daß man anfängt, an der Solvenz der kommunistischen Länder zu zweifeln, und um einem weltweiten Ansturm auf die kapitalistischen Privatbanken vorzubeugen, die so stark an dieser Finanzierung engagiert sind. In der Realität dürfte die wahre Schuld 60 Milliarden überschreiten, wenn man berücksichtigt, daß Länder wie Frankreich und Italien Zahlen veröffentlichen, die beträchtlich unter den von ihnen tatsächlich zugesagten Krediten liegen.

Die monatliche Erhöhung dieser Verschuldung in harten Devisen gegenüber dem Westen wird auf 1 bis 2 Milliarden Dollar geschätzt, d. h. 12–24 Mrd. Dollar im Jahr. Diese chronischen Defizite werden hauptsächlich durch neue Kredite seitens des Westens finanziert oder durch Goldverkäufe seitens der UdSSR (für 700 bis 800 Mio. Dollar jährlich). Die meisten dieser betroffenen Kredite zur Finanzierung dieser Schulden werden fortlaufend und unter Bezugnahme auf die Kooperationsprojekte der letzten zehn Jahre gewährt. Wie in den meisten unterentwickelten Ländern hat sich der Schuldendienst der Sowjetunion beträchtlich erhöht: er stellt etwa 20 % der Exporte der UdSSR in harten Devisen dar; das ist nun ein Niveau, bei dem die Bankiers allmählich anfangen, sich Fragen zu stellen.

Für Wall Street und die Finanzierungsinstitute der Londoner City ist es ein Glaubensartikel, eine Gewißheit, daß die Sowjetunion und die anderen Länder, deren Wirtschaft zentral gelenkt wird, hinsichtlich der Kreditwürdigkeit ein Risiko mit Goldschnitt darstellen. Die Sowjetunion brüstete sich damit, niemals seit ihrem Bestehen eine Schuld platzen gelassen zu haben. Da die gesamte Industrie Eigentum des Staates ist, ist der Garant in letzter Instanz immer die Regierung selbst; und die ist durchaus kreditwürdig. Allerdings ist jetzt die obere Schwelle der Finanzierung der Schuld erreicht, und die Defizite, die auf lange Sicht zu regeln sind, sind nur noch im Steigen begriffen. Die realen Goldreserven der Sowjetunion entsprechen annähernd der totalen Verschuldung. Im Augenblick ist die UdSSR also solvent hinsichtlich ihrer Liquidität; aber jeder Versuch, der zum Ziel hätte, die derzeitige Verschuldung wesentlich zu erhöhen, würde die westlichen Geldmärkte in Erschütterungen versetzen.

Wenngleich dieser Vergleich nicht stichhaltig begründet ist, hat

Nordkorea mit 700 Mio. Dollar Schulden gegenüber den westlichen Banken dadurch einen geschichtlichen Markstein gesetzt, daß es das erste kommunistische Land geworden ist, das seine Verpflichtungen nicht eingehalten hat. Nordkorea ignoriert – und das nach wie vor – sämtliche Reklamationen der jährlichen Beträge, die es zu zahlen hat, und es ist eine Tatsache, daß die amerikanischen Großbanken wie die First National City Bank und die Chase Manhattan Bank weiterhin schweigen, wie im übrigen sämtliche Schweizer Hauptbanken. Diese Bastionen des Kapitalismus scheinen ängstlich darauf bedacht zu sein, nicht die Legende zu zerstören, wonach die kommunistischen Regime mit zentraler Planwirtschaft stets sorgfältig ihre Schulden begleichen. Die sozialistische Ehre liegt also in sicheren Händen, und kein kapitalistischer Bankier, der auf sich hält, würde es wagen, das einem bedeutenden kommunistischen Schuldner gebührende Vertrauen in Zweifel zu ziehen.

Diese heikle Situation fügt der Bedeutung der Zusammenarbeit auf der Grundlage des Tauschhandels und des Gegenkaufs eine neue Komponente hinzu. Die Ministerpräsidenten Polens und der Tschechoslowakei haben erklärt, daß dieser Projekttyp zum Hauptinstrument des Außenhandels werden sollte, um die Exporte voranzutreiben und die Einkünfte an harten Devisen zu erhöhen. Nur die auf Gegenkauf gegründeten Tauschverträge bieten die Aussicht, den Hahn der kapitalistischen Technologie ganz offen und die Entspannung beizubehalten. Trotz der ihm von den meisten westlichen Ländern zugebilligten Meistbegünstigungsklausel (mit Ausnahme der Vereinigten Staaten für die UdSSR, die ČSSR und Ungarn) stößt sich der Ostblock nach wie vor an der Unmöglichkeit, auf den westlichen Märkten durch Direktexporte Produkte abzuladen, die er selbst herstellt und die zu teuer und in der Qualität nicht ausreichend sind. Weil die Sowjetunion sich durch einfache Exporte von Agrarprodukten und Rohstoffen nur eine ungenügende Menge Devisen beschaffen kann, um ihre laufende Position als Schuldnerin zu korrigieren, hat sie ein viel größeres Interesse daran, mit den multinationalen Konzernen zu verhandeln, um besser ausgereifte und kompliziertere Artikel in Zusammenarbeit zu produzieren. Diese Art Verträge bringt diesen Firmen mehr Nutzen ein, sei es, weil sie einen Teil dieser Produktion auf den amerikanischen Märkten absetzen, sei es, weil der Bruchteil der den Sowjets zugestandenen Produktion ebenfalls in den Westen exportiert wird. Im ersten Fall werden die multinationalen Konzerne glücklich sein, von neuem Investitionen vorzunehmen, auf die sie eine direkte Vergünstigung durch Befreiung von der Steuer erhalten, und im zweiten Falle werden die harten Devisen, die ihr Schuldner eingenommen hat, möglicherweise dafür verwendet werden, die Banken und Finanzierungsinstitutionen zu beruhigen und zu ermuntern, diesem Schuldner erneut Kredit zu gewähren.

Die Unruhe, mit der die Sowjets die gegenwärtige Situation betrachten, ist durch die Losung Leonid Breschnews vom Februar 1976 auf dem XXV. Kongreß der Kommunistischen Partei der UdSSR deutlich geworden:

«Unter den wesentlichsten wirtschaftlichen Problemen nimmt die Förderung der Wirtschaftsbeziehungen mit dem Ausland wachsende Bedeutung an», bekräftigte er. «Die Zeit ist gekommen, die Kompensationsverträge auch auf die Sektoren der industriellen Produkte auszudehnen.»

Die meisten Verträge des Typs Gegenkauf sind bisher auf dem Gebiet der Verbrauchsgüter und der Agrarprodukte geschlossen worden. Diese Erklärung bestätigt die Bedeutung, die seitdem den Verträgen des Typs Gegenkauf für die industrielle Produktion beigemessen wird; sie stellt ein genaues Barometer für die Pressionen dar, denen die Zusammenarbeit Raum gibt.

2.
Die Bedeutung der Kredite

In einem von der Nachrichtenagentur TASS verbreiteten Telegramm hat die UdSSR erstmals zugegeben, daß die Schulden des COMECON gegenüber den kapitalistischen Banken ein Problem darstellen (TASS v. 20. Sept. 1976). Sie wetterte gegen jede eventuelle Einfrierung der Kredite; eine solche Maßnahme wäre für die Entspannung und ihre allgemeine Strategie fatal. Hiermit reagierte sie auf die wachsenden Zweifel des Westens an der fundamentalen Solvenz der Länder des Ostblocks. Denn die Bankiers des Westens haben angefangen, sich Fragen zu stellen: Ist es vom Standpunkt der üblichen Klugheit in Bankangelegenheiten aus weiterhin angebracht, Kredite derartiger Größenordnung zu bewilligen? Defizite dieser Größenordnung können nur gedeckt werden durch eine ihnen entsprechende Ausweitung der Exporte in gleichem Maße, und diese Exporte müssen interessant sein. Die beiden Parteien sind also in einem Punkte einig: Eine gewaltige Ausweitung ist erforderlich im Reexport der Produkte des Ostens aus den Werken, die mit den Krediten des Westens finanziert waren und gemäß seiner Technologie funktionieren, unter Einrechnung der Gewinne, die mit niedrig entlohnter Arbeitskraft erzielt werden.

Mit der aktuellen Inflation und derjenigen, die für die Zukunft vorauszusehen ist, wird die Arbeitslosigkeit im Westen genauso weitergehen wie die Einfuhrbeschränkungen. Die nächste Phase dieses Dilemmas wird bestimmt sein von der Art und Weise, wie die Arbeiter, die Politiker und die nationalen Industrien des Westens auf das Dumping der Exporte des Ostens reagieren werden. In diesen ökonomischen Konflikten sind die Kredite häufig verwendet worden: Man hat sie in dem gleichen Maße wachsen und abnehmen sehen können, wie die politischen Auseinandersetzungen in den Beziehungen der Vereinigten Staaten und der Sowjetunion an- und abnahmen. Unmittelbar nach dem Zweiten Weltkrieg haben die Vereinigten Staaten während einer kurzen Periode Polen und der Tschechoslowakei beträchtliche Kredite zugestanden, und sie haben selbst gegenüber der UdSSR

Großzügigkeit bewiesen. Im Jahre 1949 hat sich das Klima abgekühlt, nachdem sich die Sowjetunion dafür entschieden hatte, sich in die Autarkie zurückzuziehen und sich nicht dem internationalen kommerziellen und monetären System anzuschließen, das vom Kapitalismus beherrscht wurde. Als einziges Land im Ostblock hatte sich Rumänien dem Internationalen Währungsfonds angeschlossen.

In diesem allgemeinen Klima hatten die Vereinigten Staaten jegliche Gewährung von Krediten und Bürgschaftsübernahmen verboten. Aber dieses Verbot sollte nicht lange bestehen bleiben: seit die ersten Projekte der Kooperation Gestalt annahmen, haben die multinationalen Konzerne und die europäischen Banken mit ihrer Kreditpolitik rasch eine Kehrtwendung um 180 Grad vorgenommen, um die potentielle Nachfrage zu befriedigen, die aus den kommunistischen Ländern kam. Unter den Männern an der Macht haben sich selbst die reaktionärsten Antisozialisten, die in dieser oder jener Hinsicht häufig Beziehungen zu den Banken und den großen Geschäften hatten, gegen den Wirtschaftskrieg mit den kommunistischen Staaten ausgesprochen und die Gewährung langfristiger Kredite für notwendig gewordene Investitionen unterstützt.

Gegen Ende der fünfziger Jahre stürzte sich Italien in eine Politik aggressivster Kreditvergabe zur Finanzierung des Starts dieser «Wodka-Colanisierung», und zwar über so riesige Firmen wie Fiat, Pirelli, Montedison und Olivetti, und das trotz des chronischen Kapitalmangels für die eigene Entwicklung, vor allem in den unterentwickelten Gebieten des Mezzogiorno. In jener Zeit hat kein anderes westliches Land Kredite einer derartigen Größenordnung wie diejenigen, die zum Bau des Fiat-Werks in Togliattigrad dienten, zugestanden. Sodann haben unter dem Druck ihrer multinationalen Firmen und ihrer Banken nacheinander sämtliche europäischen Länder auf die Vorsicht verzichtet, die man von so eingefleischten Antikommunisten wie jenen der City von London, der Bahnhofstraße von Frankfurt und der Pariser Börse eigentlich erwartet hätte, um fröhlich in einen regelrechten Wettlauf der Vergabe rentabler Kredite an die Länder des Ostens zu verfallen, womit die kapitalistisch-kommunistischen Gemeinschaftsunternehmen finanziert wurden.

Im Jahre 1963 billigte Frankreich der Sowjetunion einen Kredit in Höhe von 3,5 Mio. Francs zu. Von 1963 bis 1970 sind die französischen Kredite auf mehr als eine Milliarde Francs gestiegen, die dazu dienten, die Tätigkeiten von Renault, Rhône-Poulenc, Pechiney etc. in den Ländern des Ostblocks zu finanzieren. Und die Fristen fingen ebenfalls an, länger zu werden: zunächst wurden sie von fünf auf sieben

Jahre, dann schließlich auf zehn Jahre verlängert.

Die britische Regierung hat im Juni 1964 ihre erste Garantie für einen Exportkredit an die Tschechoslowakei gegeben, der zwölf Jahre später zurückgezahlt werden sollte. Die Fälligkeit des zweiten Kredits, diesmal an die UdSSR, wurde auf fünfzehn Jahre anberaumt.

Die alliierten Militärbehörden hatten Westdeutschland bis 1963 untersagt, dem Osten Kredite einzuräumen – mit Ausnahme von Polen. Ab 1964 wurde die Bundesrepublik Deutschland der größte Kreditgeber für die Gesamtheit der kommunistischen Regionen – mit Zuschüssen, die sich vor allem auf bestimmte Warengattungen und auf Verträge über Gegenkäufe erstreckten. Ihre Großzügigkeit gegenüber den Sowjets auf dem Gebiet der Kreditvergabe hat bei weitem alle anderen Angebote übertroffen, und 1976 ging die Hälfte sämtlicher von der Bundesrepublik gewährter Kredite an die Sowjetunion.

Die rasche Ausdehnung des Kredits und der Kooperation in Westeuropa hat die Vereinigten Staaten gezwungen, es ihm gleichzutun; und im August 1970 haben auch sie die meisten Beschränkungen fallengelassen und begonnen, in nie dagewesener Größenordnung Kredite zu vergeben.

Ein Großteil der laufenden Forderungen, die der Westen beim Osten eintreiben müßte, entfällt auf die Schulden, die sich aus diesen langfristigen Krediten ergeben – was den tiefen Wandel ausdrückt, der in der Politik stattgefunden hat: Anstatt sich jeder Bindung und Verpflichtung gegenüber den Finanzierungsgruppen des Kapitalismus entgegenzustemmen – aus Angst, die eigene nationale Unabhängigkeit zu verlieren und in der eigenen kommunistischen Wirtschaft Gleichgewichtsstörungen durch eindringende kapitalistische Elemente zu riskieren – haben sich die Regime Osteuropas mit größtem Eifer um Kredite bemüht. Im Laufe der Jahre nach 1960 hat die Sowjetunion begonnen, riesige Unternehmen auf der Grundlage von Krediten zu projektieren, deren Größenordnung völlig neu war. Die 100 Mio. Dollar, die Italien 1961 an Krediten gewährte und denen 1966 weitere 363 Mio. Dollar Kredit folgten – immer noch für das Automobilwerk Fiat –, haben Frankreich dazu inspiriert, $3^1/_2$ Mrd. Francs für das Material der Maschinenbau-, die Erdöl- und Petrochemie-Industrie zu bewilligen, 1971 weitere anderthalb Mrd., damit Renault am Bau des Lkw-Werks von Kama partizipieren konnte, und weitere 800 Mio. Francs in Gemeinschaftsunternehmen für ein Zellulosewerk. Großbritannien hat zugelassen, daß 80 % sämtlicher Lieferungen an den Osten an Ausrüstungsgütern und (sonstigen) Waren durch Kredite finanziert wurden; doch die Vereinigten Staaten haben dann sämtliche Rekorde hinsichtlich der Fristen der Rückzahlung geschlagen, und zwar mit einem Warenkredit über 500 Mio. Dollar, gefolgt von einem weiteren in gleicher Höhe für Getreidekäufe und einer Anleihe von 225 Mio. Dollar, rückzahlbar sechzehn Jahre später, um am Projekt des Werks Kama zu partizipieren.

Zur Zeit sind Studien eines Kolossalprojekts im Gange, um die Rohstoffreserven Sibiriens zu erschließen, wofür 45 Mrd. Dollar erforderlich sind. Im Jahre 1976 haben die Japaner bereits einen Kredit von mehr als einer Milliarde Dollar gewährt, mit denen andere Projekte im Zusammenhang mit den sibirischen Rohstoffen finanziert werden sollen.

Zinssatz

Den Ländern Osteuropas mit der Sowjetunion an der Spitze ist es nicht nur gelungen, bei sich zu Hause Zinssätze unterhalb ihres tatsächlichen Wertes (etwa 2 %) zu halten, sondern die Länder des Westens haben ihnen Zinssätze zugestanden, die ebenfalls unterhalb der astronomischen Sätze liegen, die auf den kapitalistischen Märkten erhoben werden. Um die Integration anzureizen, gewährt der Westen dem Osten Kredite zu günstigeren Zinsen und zu Bedingungen, die auf den Märkten des Westens die Geschäftsleute und die üblichen Darlehensnehmer nicht genießen.

Trotz dieses regelrechten Geschenks bemüht sich die Sowjetunion ständig darum, Zinssätze zu erhalten, die noch tiefer liegen. Aus ideologischen Gründen scheint es ihr unmöglich zu sein, die Kredite zu bezahlen, die über maximal 6 oder 7 % liegen. Häufig kommt ein Kompromiß zustande: die westliche Bank senkt den Zinssatz nominell, rechnet aber stillschweigend die Differenz in dem festgesetzten Preis mit ein. Das erlaubt dem sozialistischen Land, ideologisch das Gesicht zu wahren, was die Bank nicht hindert, sich einen Gewinn zu dem Satz zu sichern, den sie normalerweise erhält. Die Bundesrepublik Deutschland besteht auf Einhaltung ihrer kommerziellen Zinssätze – mit Ausnahme Jugoslawiens, das einen Kredit von einer Milliarde Mark auf 30 Jahre zu einem Zinssatz von 2 % erhalten hat. Wenn der kommerzielle Satz höher liegt (gegenwärtig bei 9 %), wird er im allgemeinen im Preis des Projekts mit einkalkuliert.

Diese direkten oder indirekten Vorzugszinssätze werden letztlich von den verschiedenen Regierungen subventioniert, d. h. vom Steuerzahler getragen. Kanada, Großbritannien, Frankreich und Japan subventionieren die Zinssätze der kommunistischen Kredite offiziell. Diese offiziellen Zuschüsse werden begleitet von einer bestimmten Anzahl von Schutzmaßnahmen, um die Risiken des Darlehensgebers im eigenen Land zu decken – einschließlich der Garantien gegen Inflation und Änderungen des Wechselkurses. Frankreich, Großbritannien, Italien und Japan gewähren offizielle Kredite in Milliardenhöhe zu Zinssätzen, die zwischen 6,5 und 7,5 % schwanken. Fast sämtliche Kredite sind dazu bestimmt, die Exporte zu unterstützen, die Teil der Verträge über die Kooperation mit Osteuropa sind. Allein ein kleiner Teil (10 %) wird gebraucht, um normale Exporte von Waren und Dienstleistungen zu finanzieren.

Abgesehen von den Vereinigten Staaten finanzieren diese Regierungskredite bis zu 85 % jedes Projekts. Die amerikanische Export-Import-Bank (EXIM), die den Außenhandel der Vereinigten Staaten finanziert und fördert, wendet eine andere Technik an: die Bank gewährt Kredite über 45 % der Kosten jedes Projekts. Die privaten kommerziellen Banken decken 45 weitere Prozent, und der Darlehensnehmer zahlt die restlichen 10 % in bar. Der Zinssatz der EXIM ist von 1974 bis Mitte 1976 von 6 auf 7 % gestiegen. Wenn man diesen Satz mit den effektiven 45 %, den die Privatbanken tragen, vermischt, bleibt er immer noch unter dem des Marktes. Wenn beispielsweise der kommerzielle Satz 12 % beträgt und derjenige der EXIM 7 %, wird das Gesamtdarlehen zu 9,5 % gewährt. Die zum höheren Zinssatz vergebenen kommerziellen Kredite werden als erste zurückgezahlt, damit die Privatbanken den gleichen Gewinn erzielen wie auf den westlichen Märkten. Und sie können eine billige Versicherung gegen jeglichen Ausfall beim Schuldner ausnutzen.

Diese Anomalie ist von vielen Geschäftsleuten offen kritisiert worden: warum sollte ein so großes Land wie die UdSSR von den Vereinigten Staaten und den anderen Regierungen der westlichen Länder zu Zinssätzen subventioniert werden, die viel tiefer liegen als die, die sie selbst erhalten können?

In Großbritannien, wo die Handelsbeauftragten der Regierung bei der Sowjetunion darauf bestanden haben, daß diese ihr vollständiges Kontingent von 950 Mio. Pfund Sterling an Exportkrediten für 1976 abnimmt, muß die inländische Industrie, die mit einer tiefen Rezession zu kämpfen hat, zur Zeit Zinsen von mehr als 12 % zahlen. Den Kommentaren zufolge wird diese Maßnahme den Wiederaufschwung, den sich die britische Industrie so heiß gewünscht hatte, verlangsamen, und zwar trotz der Kooperation, die die Gewerkschaften der Regierungspolitik entgegenbringen; hierbei handelt es sich um Beschränkungen bei den Löhnen und öffentlichen Ausgaben zugunsten von dringend benötigten industriellen Investitionen. Die britischen Arbeiter müssen zur Zeit bis zu 16 % Zinsen für ihre persönlichen Kredite zahlen, während die letzte Maßnahme der Reduzierung öffentlicher Ausgaben gerade etwas mehr als die 950 Mio. Pfund «einsparen» sollte, die der Sowjetunion gewährt werden.

Die amerikanischen Gewerkschaften haben die subventionistischen Zinssätze der EXIM Bank hart kritisiert und darauf hingewiesen, daß ein amerikanischer Arbeiter, der einen Wagen oder ein Haus auf Kredit erwerben will, einen Zinssatz aufbringen muß, der fast doppelt so hoch wie der den Sowjets eingeräumte ist. Und als Steuerpflichtiger ist der mittlere Amerikaner natürlich ein zweites Mal bestraft, wenn diese Subvention im allgemeinen Budget als weitere Belastung erscheint. Und er hat ein drittes Mal als Konsument zu leiden, denn die Kapitalknappheit bewirkt außerdem noch Preiserhöhungen. Diese Knappheit und der Bedarf, der sich aus der Tatsache des erhöhten Zinssatzes und der erhöhten Kreditkosten ergibt, stellen die hauptsächlichen Faktoren dar, die heute die Inflation hervorrufen.

Kooperation der Banken

In seiner Broschüre «*Der Imperialismus als höchstes Stadium des Kapitalismus*» führt Lenin den Crédit Lyonnais als typisches Beispiel einer imperialistischen Bank an. Die Ironie der Dinge will es, daß ausgerechnet der Crédit Lyonnais gleichfalls die erste ausländische Bank war, die in einem sozialistischen Lande eine Filiale eröffnet hat. Als sich die multinationalen Konzerne über ganz Osteuropa ausgebreitet hatten, folgten ihnen ihre Schatten, die Banken. Bei diesem Abenteuer ist der Crédit Lyonnais der Pionier gewesen, viele andere haben es ihm nachgemacht, vor allem die deutschen und italienischen Banken. Kommerziell hat ihre Präsenz das Ziel, den Kredittransfer zu erleichtern und die Finanzierung der Kooperationsverträge mit abzuwickeln. Es war klar, daß ohne Existenz privater Kapitalien und eines Kapitalmarkts diese Filialen nicht ihre üblichen Geschäfte durchführen konnten: Geld ins Depot nehmen, Unternehmenszusammenschlüsse finanzieren, Kapital aufnehmen, Darlehen gewähren oder auf ausländische Währungen spekulieren oder in Liegenschaften tätig werden, alles normale Tätigkeiten der westlichen Banken. Ende 1973 hatten bereits zwanzig Banken bei der sowjetischen «Gosbank» Genehmigungsanträge gestellt. Die anderen sowjetischen Großbanken erhielten ebenfalls ungefähr dreißig Anfragen der größten kapitalistischen Bankinstitute. Die

Chase Manhattan Bank, die sich zunächst in Wien niedergelassen hatte, um die großen Geschäfte des Ostens auszuloten, in die bereits ihr Präsident David Rockefeller verwickelt war, ist die erste amerikanische Bank gewesen, die in Moskau eine Filiale eröffnete, gefolgt von zahlreichen anderen wie Wells Fargo, Bank of America, First National, Morgan Guaranty Trust usw. Sogar die New Yorker Börse (New York Stock Exchange) – die für die Kontrolle großer Teile der amerikanischen Industrie mittels geheimnisvoller Holdings praktisch als Deckmantel dient – hat im November 1972 in Moskau Gespräche geführt, um die Möglichkeiten auszuloten, wie sie in die Verträge Wodka-Cola einbezogen werden könne.

Die Großbanken kontrollieren einen sehr großen Teil des westlichen Kapitalismus, insbesondere die multinationalen Konzerne. Die Treuhandgesellschaften und Holdings der ersten deutschen, französischen, britischen und amerikanischen Banken üben durch ihr Stimmrecht eine wirksame Kontrolle über die meisten Firmen aus, die im Ost-West-Kooperationsgeschäft zu tun haben. Es war vorauszusehen, daß diese Banken, deren Gewinne nicht allein durch Zinssätze und die Berechnung von Gebühren für die Finanzierung von Krediten erzielt werden, sondern letztlich den Dividenden und dem Wert der Anteilpapiere zu verdanken sind, die sie an den multinationalen Konzernen besitzen, eines Tages danach streben würden, direkter in die Ost-West-Geschäfte einzugreifen. Die immer stärker beobachtete Präsenz von so vielen kapitalistischen Banken in Osteuropa ist also nicht ein sekundärer Aspekt der Zusammenarbeit Wodka-Cola. Sie ist im Gegenteil ein grundlegender Teil dieses Prozesses, wenn man die reale Macht und Kontrolle betrachtet, welche diese Finanzimperien über die industriellen Unternehmen sowohl auf nationaler wie auf internationaler Ebene ausüben. Diese Großbanken sind sämtlich in den Aufsichts- und Verwaltungsräten der großen multinationalen Unternehmen vertreten. Durch diese Situation erhöht sich noch der Anteil, mit dem die Banken direkt an den politischen und wirtschaftlichen Entscheidungen der Industrie beteiligt sind. Dieser Industrie- und Bankkomplex stellt eine einzige Struktur dar, eine zusammenhängende, eng miteinander verflochtene Macht. Das erklärt im übrigen die Parallelität zwischen der Liberalisierung der Kreditpolitik und dem Aufschwung der Kooperation sowie die Eile, mit der sich politische Kreise, welche ehedem feindlich eingestellt waren, zur Entspannung bekannten.

Es ist sicher, daß diese anfängliche Präsenz so vieler Repräsentanten der Elite der kapitalistischen Finanzmacht eine große Bedeutung für die künftige Entwicklung der Ost-West-Beziehungen haben wird. In dem Maße, wie die kommerziellen Beziehungen sich erweitern werden, wird diese Präsenz sich nur bestätigen und ihren Einfluß entsprechend erhöhen. Die Zusammenarbeit dieser Oberschicht des Kapitalismus mit ihren Kollegen der finanziellen und politischen Hierarchie der Regime des Ostens wird die Entwicklungstendenzen von morgen in entscheidender Weise beeinflussen. Die Partnerschaften und eine zunehmende Kollaboration zwischen diesen beiden elitären Zentren der Macht werden ein neues Herrschaftssystem schaffen, vor dem sämtliche Strukturen des politischen Mittel-Universums des Westens noch leistungsschwächer und ohnmächtiger sein werden, als sie es heute schon sind.

In Erwartung der Genehmigung für die direkte Abwicklung von Geschäften haben viele westliche Banken in Wien über ihre Filialen begonnen, das Terrain der Ost-West-Beziehungen abzutasten. Der Finanzplatz Wien ist jetzt zu einem wichtigen Zentrum für diese Art von Tätigkeiten geworden. Mehr als zweihundert Filialen und Vertretungen ausländischer Banken haben sich dort niedergelassen, davon zwanzig internationale Großbanken und mehr als neunzig amerikanische Unternehmen. Diese Banken, die in den nationalen und internationalen Konsortien vertreten sind, wurden zu mächtigen Einflußfaktoren, die die möglichen Hindernisse dieser Vereinbarungen mit dem Osten, an denen sie so weitgehend beteiligt sind, resolut beiseite fegen. In diesen politisch rückschrittlichsten aller Kreise mit den größten Feinden des Sozialismus, der Arbeiter und der Gewerkschaften spielen sich die bedingungslosesten prosowjetischen Manöver und Bestrebungen mit entsprechendem Druck ab. Die Repräsentanten der Großbanken wirken ständig darauf hin, daß für die Sowjetunion die Klausel der meistbegünstigten Nation angewandt wird, damit der Kongreß der Vereinigten Staaten nicht mehr befragt wird, wenn ein für die UdSSR bestimmter Kredit 300 Mio. Dollar übersteigt, damit die EXIM Bank die Höhe ihrer Darlehen erhöhen kann, damit die Exportquoten flexibler gehandhabt und die den größten Vorsichtsmaßregeln unterliegenden strategisch wichtigen Produkte von der Embargoliste des CON-COM gestrichen werden. In Westdeutschland, Großbritannien, in Frankreich, Italien, in Schweden, Österreich und überall sonst ist es der Koalition «Banken–Breschnew» gelungen, die stärksten Opponenten der Operation Wodka-Cola niederzukämpfen.

Auf zahlreichen Gebieten wirkt sich die Macht dieser westlichen Investitionsgruppen aus, insbesondere auf die Toleranz des Westens gegenüber den Institutionen Osteuropas. Kommunistische Parteien und kommunistisch beherrschte Gewerkschaften können sich frei im Rahmen eines pluralistischen und demokratischen Systems bewegen. Die Sowjets halten daran fest: Daß die Arbeiter eine Kommunistische Partei haben, die sie lenkt, um sich von der kapitalistischen Sklaverei zu befreien, und daß es ihr eigener Wille ist, wenn es so ist, ohne daß die Sowjetunion sich in die inneren Angelegenheiten der anderen Länder einmischen müßte. Aber der Westen besteht nicht mehr auf dem umgekehrten Recht: festzustellen, ob die sowjetischen Arbeiter es nicht doch vorziehen würden, sich unter der Führung einer liberalen oder einer sozialdemokratischen Partei von der stalinistischen Sklaverei zu befreien. Eine solche Forderung sei als utopisch, naiv und für die friedliche Koexistenz verwerflich anzusehen.

Die nationalen und internationalen kommunistischen Gewerkschaften jedoch dürfen im Westen frei arbeiten, ihre Vertretungen und Agenturen unterhalten, Propaganda betreiben, Kundgebungen und Versammlungen durchführen, sich der Agitation und der Schaffung gesonderter Gewerkschaften widmen. Doch in Osteuropa genießen die nationalen und internationalen Organisationen des Westens nicht die entsprechenden Rechte. Eine solche Vorstellung wird als Versuch eines konterrevolutionären Eingriffs in die inneren Angelegenheiten der Länder Osteuropas betrachtet.

Diese beiden Unterschiede gelten auch für den Banksektor. Während in Osteuropa die westlichen Banken keinerlei Bankgeschäfte betreiben dürfen und ihnen auch untersagt ist, im Rahmen des bestehenden staatlichen Systems zu arbeiten, genießen die Staatsbanken Osteuropas nichtsdestoweniger im Westen die Gesamtheit der Privilegien der kapitalistischen Banken ohne irgendeine Beschränkung.

Die Moskauer Narodny-Bank besitzt in London mehr bewegliche Sachgüter und Immobilien als die Bank von Irland, und sie hat Filialen in Singapur und Beirut. In Paris die kommerzielle Bank für Nordeuropa, die kommerzielle Bank «Voskhod» in Zürich, die Ostwestbank in Frankfurt, die russisch-iranische Bank in Teheran, die Donau-Bank in Wien und die United Bank in Luxemburg – all diese sowjetischen Banken, die auf kommerzielle Transaktionen zwischen Ost und West spezialisiert sind, arbeiten im übrigen wie nationale Banken, die ordnungsgemäß lizenziert sind und dem westlichen Publikum die traditionellen Bankleistungen anbieten. Und diese Dienstleistungen umfassen natürlich zahlreiche Geschäfte und Spekulationen mit ausländischen Währungen, Möglichkeiten der Steuerflucht usw., im Dienste ihres einzigen Eigentümers: der Sowjetunion.

43

Sämtliche anderen Länder des COMECON, mit Ausnahme allenfalls von Bulgarien und der Deutschen Demokratischen Republik, führen im Osten ähnliche Geschäfte auf dem Banksektor durch. Einige von ihnen sind schon seit einiger Zeit eingerichtet, aber die große Expansion hat erst nach 1970 begonnen. Polen ist vielleicht von allen Ländern des Ostens relativ am stärksten verschuldet und vom Kapitalismus abhängig, und zwar mit einem Drittel seiner Wirtschaft und seiner Arbeiterschaft auf dem Agrarsektor und weist mit seinen hohen Preisen für Nahrungsmittel, mit seinen sehr geringen Exporten und einer Industrie, die kurz vor dem letzten Atemzug steht, und mit einer Produktion qualitativ schlechter Artikel erhebliche wirtschaftliche Leistungsschwächen auf. Vor allem dank der Bundesrepublik und der Vereinigten Staaten erhofft sich Polen den Erwerb von Fabriken und einer ausreichend fortgeschrittenen Technologie. Das Land ist gezwungen, höhere Zinsen als die anderen Länder für Material zu zahlen, das es ganz besonders braucht (der Satz erreicht 10 und gar 11 %).

Als Reaktion darauf wird in Moskau befürchtet, daß dieser Satz als Sprungbrett benutzt werden könnte, um all die Zinssätze zu erhöhen, deren sich die anderen Ostblockländer erfreuen. Einer der großen Parameter des polnischen Fünfjahresplans ist die Erlangung von Darlehen und Krediten in harten Devisen, was der Zusammenarbeit auf dem Banksektor äußerste Wichtigkeit verleiht. Unter den in Polen niedergelassenen Banken des Westens befinden sich die First National Bank of Chicago, die Banca Commerciale Italiana und zwei französische Banken: Crédit industriel et commercial und Banque nationale de Paris. Die polnische Bank für den Außenhandel – die Bank «Handlowy Warszawie» – hat Filialen in Belgrad, London und New York. Die Bank P. K. O. (Bank für persönliche Dienste) ist in Frankreich und in Israel vertreten, wo sie sich dem Transfer von Geldern für polnische Bürger oder polnischer Herkunft widmet. Die DDR hat zwei französischen Banken und einer italienischen Bank das Niederlassungsrecht in Ost-Berlin eingeräumt. Ungarn hat eine österreichische Bank, die Kreditanstalt-Bankverein. Rumänien hat eine amerikanische Bank, Manufacturers Hanover Trust Company, und Bulgarien die Banco di Napoli. Nur die Tschechoslowakei widersetzt sich der Gegenwart ausländischer Banken, Niederschlag anhaltender Wirkungen der Repression nach der Ära Dubček und ihres «Sozialismus mit dem menschlichen Gesicht».

Außer den sowjetischen und polnischen Banken, die bereits erwähnt wurden, hat Ungarn Bankvertretungen in Wien und London,

Rumänien in London, Paris, Frankfurt, Rom und Zürich, und selbst Bulgarien hat Büros in London und Beirut eröffnet.

Nichts weist besser auf die wachsende Zusammenarbeit zwischen den Giganten des finanziellen Monopolkapitals und den Bankmonopolen des Außenhandels der kommunistischen Länder (im Osten unterliegen der Handel und der Kredit im allgemeinen einer strikten Unterscheidung) hin als die Tendenz, die sich in der angesteuerten Schaffung von Ost-West-Bankkonsortien abzeichnet.

Beispielsweise hat sich eine polnische Bank, die «Handlowy», mit sechs großen kapitalistischen Banken zusammengetan, um mit gleichen Anteilen 1971 in Wien die Centrobank AG zu schaffen. Die sechs Banken sind: Banco Popular Español, vom franquistischen Spanien; Kleinwort Benson, London; Banque Occidentale pour l'Industrie et le Commerce, Paris; Banco Sicilia, Palermo; Bank of Tokyo sowie Bank für Arbeit und Wirtschaft, die in der Hand der Sozialistischen Partei und der Arbeitergewerkschaft Österreichs ist. Zwei Jahre später wurde Polen einer der Partner der deutsch-polnischen Bank von Mitteleuropa in Frankfurt. Es war das erste Gemeinschaftsunternehmen, das zwischen einer deutschen Bank und einer Bank des Ostens verwirklicht wurde: die polnische Bank «Handlowy» besitzt 70 % der Anteile, die Hessische Landesbank-Girozentrale 30 %.

Rumänien hat sich dem Beispiel gemeinschaftlicher Bank-Unternehmen vom Typ Wodka-Cola angeschlossen. Die Außenhandelsbank von Rumänien hat 1972 mit acht großen französischen Banken ein Gemeinschaftsunternehmen gegründet: es handelt sich um die Banque franco-roumaine in Paris; in der Banque anglo-roumaine in London halten die Rumänen 50 % des Kapitals, 30 % entfallen auf Barclay's Bank und 20 % auf Manufacturers Hanover Trust Co. (USA). Im August 1976 wurde in Frankfurt ein weiteres Gemeinschaftsunternehmen mit westdeutschen Banken gegründet. Ungarn hat gleichfalls ein Gemeinschaftsunternehmen in Österreich gegründet, und zwar mit der Kontrollbank, sowie ein zweites in London, die Hungarian National Bank, an der österreichische Banken 25 % der Aktien halten.

Jugoslawien ist das Land, das gleichzeitig am wenigsten in den kommunistischen Block integriert und der Wirtschaft und den Unternehmen des Westens am meisten verbunden ist. Da es nicht COMECON-Mitglied ist, steht es hinsichtlich der Kooperation mit den multinationalen Konzernen an der Spitze. Jugoslawien ist das kommunistische Land, das zumindest numerisch am meisten Bankverbindungen mit dem Westen aufgebaut hat. Seine Außenhandelsbank, die «Beogradska», hat Filialen in Frankfurt, London und Paris, und die jugoslawische Investitionsbank hat sich ebenso in London wie in Paris etabliert. Die meisten Bankinstitute, deren Kunden mit den jugoslawischen Gemeinschaftsunternehmungen zu tun haben, werden in Belgrad vertreten oder haben dort Vertreter. Das bei weitem wichtigste jugoslawische Gemeinschaftsbankunternehmen ist die International Investment Corporation for Yougoslavia (I. I. C. Y.). Der Sitz dieser Organisation, der sich zunächst in London befand, ist jetzt verteilt auf London und Jugoslawien. In mehreren Konsortien finden sich multinationale Banken wie Amsterdam-Rotterdam Bank, Banco di Napoli, Kreditanstalt Österreichs, Commerzbank, Deutsche und Dresdner Bank, Westdeutsche Landesbank-Girozentrale (diese vier letzten Banken von der BRD), Cunard Co. und Marine Midland Bank (beide USA). Die I.I.C.Y. war die erste Bank, die Investitionen des Westens in Jugoslawien förderte, finanzierte und durchführte, häufig im Wege der direkten Beteiligung.

Die Moskauer Narodny-Bank in London hat ihren Kunden «kapitalistische Eurodollars» seit 1954 und 1955 angeboten, genauso wie es ihre Kollegin in Paris, die dortige Banque Soviétique getan hat. Seitdem haben die kommunistischen Banken regelmäßig ihre Beteiligungen an der Führung und an der Garantie für die Ausgabe von Bezugsscheinen für Darlehensnehmer auf dem Eurodollar-Markt erhöht, der ebenso kapitalistisch wie kommunistisch ist. Die erste Ausgabe von Eurodollars zum Gebrauch eines kommunistischen Landes auf dem zügellosesten Geldmarkt des Kapitalismus ist von Ungarn unterschrieben worden. Mehr als fünfundsechzig kapitalistische Banken haben diese Emission von 25 Mio. Dollar garantiert, gefolgt von einer zweiten Emission in Höhe von 50 Mio. Dollar, die 8,5 % Zinsen trägt und in fünfzehn Jahren rückzahlbar ist. Diese wurde von einem Konsortium garantiert, bestehend aus der Moskauer Narodny-Bank, der Londoner Bank Morgan Grenfell, der Bank of America und der Frankfurter Bank (BRD). Seit diesem Anfang haben sich die Emissionen mit der Unterschrift östlicher Länder vervielfacht. Die internationale Bank für die Zusammenarbeit, die Organisation der Bankkoordination im COMECON, ist seit 1972 am Eurodollarmarkt tätig. Eine ihrer Funktionen besteht darin, von Bank zu Bank Kredite mit mittlerer Laufzeit zu schaffen, um bei der Finanzierung von Ost-West-Verträgen mitzuhelfen; sie tut dies in Zusammenarbeit mit mehreren westlichen Bankkonsortien in der Bon-Emission, die von 20 bis 40 Mio. Dollar reichen kann. Die Ideologen Osteuropas und die Stalinisten des Westens werden stets behaupten können, daß die Menge der im Osten angesiedelten Westbanken nicht ausreichend sind, um von einer wirklichen kapitalistischen «Präsenz» sprechen zu können. Aber die Anzahl kapitalistischer Schuldner oder Gläubiger, welche kommunistische Schatzanweisungen halten, ist beträchtlich geworden, was vielleicht darauf hindeutet, daß demnächst Kapitalisten an der New Yorker Börse kommunistische Firmen kaufen und verkaufen werden – in der Hochburg des Kapitalismus! Es ist nämlich für den Westen kaum ein großer Unterschied zwischen einer Obligation (einem Schuldtitel) und einer Aktie (einem Vermögenstitel). Auf dem Finanzmarkt von New York hat es bereits Diskussionen gegeben über die Ausgabe von Anleihen kommunistischer Regierungen. Und da die Stock Exchange verkündet hat, sie sei bereit, sich für eine Förderung der Wirtschaftsbeziehungen zwischen Ost und West einzusetzen – welche noch bessere Rolle könnte sie spielen, um gleichermaßen den internationalen Frieden, die Entspannung und das Glück der Menschheit zu fördern?

Die zweite Bank des COMECON, die Internationale Investitionsbank – tatsächlich eine Verdoppelung der Internationalen Bank für wirtschaftliche Zusammenarbeit –, ist gleichfalls an der Emission von Eurodollar-Darlehen in Zusammenarbeit mit westlichen Konsortien beteiligt: 50 Mio. Dollar unter der Gesamtleitung der National Westminster Bank; 50 Mio. Dollar mit dem Crédit Lyonnais; 60 Mio. Dollar durch eine belgische Gruppe. Und innerhalb der Emissionsgruppen, die so gebildet wurden, befanden sich die hundert größten Investitionsbanken der westlichen Welt. Die beiden Banken des COMECON weisen heute insgesamt mehr als dreihundert Verbindungen, Angliederungen und verschiedene Vertretungen mit bzw. bei Banken des Westens auf.

Im Laufe der letzten Jahre ist das Wachstum der großen Weltkonsortien angeregt worden durch die Ausweitung der multinationalen Konzerne und ihrer Beherrschung des Wirtschaftssystems: Vermutlich spielt sich hier die allerwichtigste Entwicklung ab, die es auf dem Banksektor gibt. Diese Konsortien, die die Hauptbanken der verschiedenen Länder umfassen, bieten ihrer Welt-Kundschaft eine multinationale Struktur, die umfassende Bankdienste gewährleistet. Eine Schätzung sagt uns, daß bis zum Ende des Jahrhunderts etwa zehn oder zwölf multinationale Bankkonsortien den Kredit auf allen Geldmärkten der Welt vollständig beherrschen werden. Heute sind die mächtigsten nationalen Banken in ihrer internen Struktur unverrückbar multinational, und zwar einfach aufgrund ihrer allgemeinen Verbindung mit diesen Konsortien. Die fünfzig Banken an der Spitze gewährleisten fast

75 % der internationalen Finanzierung einschließlich fast 70 Milliarden Dollar jährlich an Anleihen, die als gebundenes Kapital ausgegeben werden. Zusammen verfügen sie über Tausende von Filialen, die sich über die ganze Welt erstrecken. Allein die Bank of America besitzt hundert Filialen in achtundfünfzig Ländern und erzielt 60 % ihrer Gewinne im Ausland. Die der Rockefeller-Gruppe angehörende Chase Manhattan Bank hat siebenundfünfzig Filialen in vierundvierzig Ländern. Die Deutsche Bank hat fünfundsechzig Filialen in zweiunddreißig Ländern und Barclay's achtundvierzig in dreiunddreißig Ländern. Die britischen, schweizerischen und deutschen sind noch internationaler als die amerikanischen Giganten, was den Prozentsatz der im Ausland durchgeführten Transaktionen anbetrifft.

Und da sie die westlichen Geld- und Kreditmärkte beherrschten, ist es natürlich, daß sie gleichfalls die Finanzierungsmärkte für Wodka-Cola beherrschen. Diese Konsortien schließen sich zusammen, um den Transfer eines wachsenden Volumens an Krediten zu gewährleisten, die der Kooperation mit Osteuropa gewidmet sind. Die meisten kapitalistischen Großbanken haben in den Ländern des kommunistischen Blocks Filialen – sei es auf direktem Wege, sei es infolge einer Anpassung der Verträge über Gemeinschaftsunternehmen.

3.
Formen der wirtschaftlichen Zusammenarbeit

Stellen Sie sich die folgende Szene in einem Konferenzraum eines großen westlichen multinationalen Konzerns vor: man überreicht den Verwaltern die Ergebnisse einer komplizierten Analyse, die mit Hilfe des Computers vorgenommen wurde; bei dem analysierten Problem handelt es sich um die optimale weltweite Zusammenstellung der Produktion und der Umsätze der Firma im Laufe der nächsten fünfundzwanzig Jahre. Die Antwort des Computers verursacht eine peinliche Überraschung: «Produzieren Sie in der Weltregion, wo die Kosteneffizienz die günstigste ist, d. h. in Osteuropa, und verkaufen sie in derjenigen, wo die aus den Umsätzen erzielten Gewinne vergleichsweise die besten sind, nämlich im industrialisierten Westen.» Es ist ein Schock, der einer Explosion vergleichbar ist, trotzdem aber einfach und logisch ist: sehr niedrige Löhne, lange Arbeitszeiten, außerdem relativ fähige Arbeitskräfte, die diszipliniert sind und niemals streiken – hier produziert die Gesellschaft zu niedrigsten Kosten für den Verkauf auf den Verbrauchermärkten Europas, der Vereinigten Staaten, Japans, Kanadas, Australiens, wo die Löhne und die Preise hoch sind. Ein logischer Traum – mathematisch gesehen – und doch unvorstellbar in politischer Sicht.

Eine solche Szene Anfang 1950 war im Grunde undenkbar. Nun kamen zwar die vierhundert Millionen potentieller Verbraucher Osteuropas, insbesondere der Sowjetunion, als Abnehmer westlicher Waren kaum in Betracht. Wenn man aber diese uninteressanten Konsumenten in billige *Produzenten* verwandelte und ihre Produktion auf den normalen Märkten der Firma gegen harte Devisen absetzte, wäre die Quadratur des Kreises gelöst. Diese Umkehrung der Perspektive, die im kommunistischen Osten nicht mehr eine Konsum- und Absatzzone sieht, sondern eine produktive Region, ist der Schlüssel gewesen für die bedeutsamste Umwandlung der politischen und wirtschaftlichen Beziehungen der Welt. Dieser Schlüssel war die *Koproduktion*, eine neue und äußerst komplizierte Form des Tauschhandels. Die

Koproduktion würde es gestatten, den russischen Arbeiterbürger mit dem amerikanischen Verbraucherbürger und denen anderer westlicher Länder zu verbinden, womit sich der Kreis der Gewinne schlösse. Nach den schüchternen Anfangsexperimenten hat diese Technik rasch bewiesen, daß sie wertvoll und leistungsfähig ist und sich sehr schnell ausgebreitet hat.

Zusammenfassend ausgedrückt, umfaßt «Koproduktion» in diesem Sinne die Lieferung der Technologie durch die westliche Firma sowie die Preisgabe ihres Know-how an ein Land Osteuropas und die Errichtung einer Partnerschaft mit irgendeiner Außenhandelsorganisation der Regierung des Landes, das den Boden, die Bauten, teilweise einfache Grundbestandteile, aber vor allem die *Arbeitskraft* stellt. Die Regierung der westlichen Firma gewährt im allgemeinen die Kredite in einer harten Währung und zu ermäßigtem Zinssatz, um das Werk zu finanzieren sowie den Transport des Materials, der Maschinen, der Werkzeuge, die Bildung der Arbeiter, teils im Verein mit Privatbanken in der Form von Darlehen an den östlichen Partner oder Teilhaber. Sobald das Projekt in Angriff genommen worden ist, werden die endgültigen Produkte unter den Partnern nach den vertraglich festgelegten Anteilen aufgeteilt. Ein Teil der Produktion wird dem östlichen Partner für seinen Binnenmarkt oder für den Export zugeteilt, je nach der Natur dieser Produktion und den Prioritäten der Regierung. Ein bedeutender Teil, gewöhnlich der größte, wird normalerweise dem direkten Export zugedacht, der beständigen Quelle harter Devisen. In Höhe dieser Exporte werden den westlichen Banken die Ausgangsdarlehen zurückgezahlt, die sie zum Start des genannten Projekts gewährt haben.

Für den westlichen Partner ist die Gewährung der Kredite, des Werkes und seines Know-how nicht in sich bereits eine Quelle der Gewinne. Diese werden vielmehr betrachtet als Beitrag zu den sich dann amortisierenden Investitionskosten, die zu Gewinn führen, sobald das Werk zu arbeiten begonnen hat. Die westliche Firma verfügt über ihren Produktionsanteil nach dem im Vertrag festgelegten Anteil für die Märkte des Ostens, den eigenen Binnenmarkt oder den Export in andere westliche Länder. Die Produktion dieses modernen Werkes wird im allgemeinen mit derjenigen des westlichen Werkes identisch sein, sich also leicht in das Vertriebsnetz der Firma einfügen. Häufig übernimmt der westliche Partner auch den West-Verkauf des seinem östlichen Partner reservierten Anteils, wenn es sich um ein Fertigprodukt handelt.

Das Spektrum möglicher Formen der Produktion ist sehr breit gestaffelt. Die Werke können Elemente und Teile fertigen, die in ein Endprodukt integriert werden müssen, beispielsweise große Komponenten für Schwermaschinen oder gar ein Endprodukt herstellen, das beim Automobil über den Reifen bis zur Windschutzscheibe aus Glas reichen kann. Es gibt Werke für derart unterschiedliche Artikel wie Rechenmaschinen und Material für chemische und petrochemische Produkte. Wichtigster Beitrag des westlichen multinationalen Unternehmens ist die Preisgabe seines Know-how auf dem Gebiet der Technologie und dem des Managements, womit die Durchschnittsqualität der hergestellten Produkte gesteigert werden soll. Die auf diese Weise entstehenden und genau geprüften Artikel fügen sich ohne weiteres in das Weltvertriebsnetz des Multi-Konzerns ein und werden auf den westlichen Märkten abgesetzt; auf diese Weise werden die Anfangsinvestitionen in harten Devisen wieder hereingeholt. So kann das Hindernis der (mangelnden) Konvertierbarkeit der östlichen Währung geschickt umgangen werden.

Statistisch gesehen hat der Anteil dieser neuen Form von Geschäftsbeziehungen zwischen zentraler Planwirtschaft und Marktwirtschaft am Ost-West-Handel keine allzu große Bedeutung. Die meisten Ost-West-Geschäfte werden auf der im internationalen Handel üblichen Basis des Kaufs und Verkaufs mit Zahlung in Devisen oder nach sehr strengen Tauschverträgen abgewickelt.

Welche Auswirkungen ein neues Phänomen haben wird, richtet sich nach seiner strategischen Bedeutung und Wachstumsrate. Angesichts des überwältigenden Einflusses der multinationalen und internationalen Banken auf Wirtschaft und Politik der Welt hat ihre Beteiligung an der Kooperation entscheidende Bedeutung.

Im Jahre 1973 wurde die industrielle Zusammenarbeit zwischen Ost und West auf 1,5 bis 2 % ihres gesamten Handels geschätzt. 1975 ist ihr Anteil auf 5 % gestiegen, und durch Extrapolation kann für 1979 mit 9 bis 10 % gerechnet werden. Doch eingedenk der steten Beharrlichkeit der Regierungen Osteuropas und des Drucks, den sie auf die kapitalistischen Firmen ausüben, damit diese Kooperationsverträge akzeptieren, könnte dieser Anteil 1980 leicht 15 bis 20 % übersteigen. Im Jahre 1970 waren lediglich ganze dreihundert ähnliche Verträge in Kraft. Diese Zahl ist 1973 auf sechshundert gestiegen und 1974 auf eintausend. Man vermutet, daß es 1975 dreitausend gewesen sind.

Die letzten Kongresse der kommunistischen Parteien Osteuropas (UdSSR, Bulgarien, Polen, Tschechoslowakei) haben klar und deutlich ausgedrückt, welche Position sie gegenüber den westlichen Firmen einnehmen: entweder diese akzeptieren die oben genannten Bedingungen der Kooperation, oder aber sie laufen Gefahr, zugunsten eines möglichen Mitbewerbers leer auszugehen. Doch sind diese politischen Drohungen größtenteils nichtig; seit langem ist das Problem durch einen Gesamtvertrag der Zentren gelöst, die die industrielle und finanzielle Macht in Händen halten. Diese Art Kooperationsvertrag stellt die einzige große Straße dar, auf der man im Osten realisierte Gewinne nach Westen transferieren kann: man wird sie also weit offen halten. Beide Parteien profitieren davon, sofern man angesichts der gemeinsamen und eng vermischten Interessen der autoritären Staaten und der Elitevertreter der multinationalen Macht noch von getrennt identifizierbaren «Parteien» sprechen kann. Was aber für die neue Zusammenarbeit von General Motors und den sowjetischen und polnischen Kfz-Trusts gut ist, ist deshalb nicht zwangsläufig auch für die amerikanischen, polnischen oder russischen Arbeiter und Bürger von Vorteil.

Der östliche Partner zieht die folgenden Vorteile aus der Kooperation:

– langfristige Kredite zu reduziertem Zinssatz für die Finanzierung des Kaufs von Material und Technologie;
– Selbstfinanzierung der meisten Projekte, indem sie durch Übergabe der Installation beglichen werden;
– Erwerb harter Devisen durch Verkauf eines Teils der Werksproduktion – den im allgemeinen der westliche Partner besorgt –, dadurch unmittelbarer Zugang zu den westlichen Märkten;
– Erwerb von Kenntnissen auf dem Gebiet des Managements und qualifiziertere Ausbildung des Personals auf den bisher unzulänglichen Gebieten;
– Verbesserung der Organisation und Verwaltung der Produktion und des Vertriebs aufgrund langfristiger Kooperation;
– Möglichkeit, die Kooperation auf den wichtigsten Ebenen zu koordinieren, um Schwächen und Verzögerungen auszuschalten; hierbei sind die technologischen Fortschritte des Westens fortlaufend zu berücksichtigen;
– Möglichkeit, auf dem gesamten Industriesektor des Ostens die in diesen Unternehmen erworbene moderne Technologie entsprechend anzuwenden und zu kopieren;
– modernere und mehr dem jeweiligen modischen Geschmack entsprechende Produkte, sowohl für Binnen- als auch Auslandsmärkte.

Auch die westlichen Firmen ziehen aus dieser Kooperation zahlreiche Vorteile, ohne nennenswerte Risiken einzugehen. Die offensichtlichsten Vorteile sind:

– Der Vertrag über die Zusammenarbeit oder der Verkauf eines Patents öffnet häufig die Tür zu den Märkten der Länder des Ostens.

– Die Arbeitskosten stellen den größten Vorteil dar: abgesehen von den Ausgleichskosten durch den Transport, die Zollgebühren usw. liegen die Lohnkosten fünf- bis zehnmal niedriger.

– Die Gewerkschaften sind in den Staatsapparat und in das System der Unternehmen integriert; sie sind der Partei unterworfen, und das auf allen Ebenen der Gewerkschaftsleitung. Hierdurch sind die Arbeiter verpflichtet, die Kooperationsverträge rigoros einzuhalten.

– Streiks und Demonstrationen sind verboten; das garantiert die Stabilität der Produktion und die genaue und langfristige Vorhersage der Gewinne.

– Der Zugang zu den aufgrund niedriger Lohnkosten vorteilhaften Märkten in den Entwicklungsländern, und zu den «sozialistischen» Gebieten der Welt, wo eine ideologische Opposition gegen den Kapitalismus und die multinationalen Konzerne besteht, ist auf dem Wege einer solchen Kooperation möglich.

– Da der Ost-Partner bereits ein legales und totales Monopol genießt, zieht man aus besagtem Monopol auf den Märkten der Länder des Ostens und der unterentwickelten Länder Nutzen.

– Die westliche Firma genießt einen Schutz gegen jede Antitrust-Verfolgung auf dem Gebiet dieser gemeinsamen Tätigkeiten auch auf den westlichen Märkten, und zwar aufgrund der Natur des «legalen Monopols» des Partners.

– Sie genießt einen wesentlichen Schutz gegen Anti-Dumping-Maßnahmen für im Osten hergestellte Produkte, deren Preise im allgemeinen niedriger sind als im Westen; infolgedessen führt dieser Unterschied zu größeren finanziellen Erleichterungen bei der Produktion und zu größeren Gewinnen. Um die Produkte minderer Qualität zu schützen und die Konkurrenz zu überwinden, machen die Inlandspreise und die Schätzungen des Selbstkostenpreises in den Ländern des Ostens den Nachweis des Dumping sehr schwer, insbesondere wenn man diesen Nachweis anhand des Kriteriums erbringen will, daß die exportierten Waren zu keinem niedrigeren Preis als dem des Inlandsmarktes angeboten werden dürfen. Diese Waren genießen weder Zuschüsse noch spezielle Exportförderungen usw., sind aber trotzdem billig, weil die Lohnkosten extrem niedrig sind und die Preise durch administrative Entscheidungen festgesetzt werden und nicht durch das Gesetz des Marktes.

– Dauerhafte Möglichkeit von Tätigkeiten, die eine zusätzliche Kapazität bei niedrigem Preis sichern; Möglichkeit, Engpässe zu vermeiden und weniger vorteilhafte Anlagen (Installationen) an den Osten loszuwerden.

– Verlängerung der kommerziellen Lebensdauer von Artikeln und fast veralteten Verfahren und insbesondere Fortsetzung des Verkaufs veralteter Artikel auf Auslandsmärkten, wo die Verbraucher weniger anspruchsvoll sind. Das gilt vor allem für die Ordinatoren-Modelle der ersten und zweiten Generation, die auf den westlichen Märkten durch diejenigen der dritten Generation ersetzt werden.

– Möglichkeit von Kooperationsverträgen, in denen der osteuropäische Partner sich auf die Herstellung weniger komplizierter Artikel spezialisiert, die westliche Firma die komplizierteren Artikel(teile) herstellt; dies ermöglicht niedrigere Einheits-Selbstkosten und lange Produktionsserien.

Da der Prozeß der industriellen Kooperation verschiedenste Formen der Technologie umfaßt, wird der allgemeine Rahmen der Verträge ziemlich weit gehalten, das Konzept ist dementsprechend elastisch, und wir können auch noch keine «offizielle» Definition der «Kooperation» Ost–West geben. Da es erst in jüngerer Zeit zu dieser Kooperation gekommen ist – sie ist selten älter als acht bis zehn Jahre – und ein stillschweigendes «amtliches» Übereinkommen besteht, die öffentliche Aufmerksamkeit nicht darauf zu lenken, gibt es keine Übereinstimmung darüber, welche internationale Terminologie anzuwenden ist.

Immerhin weisen die meisten Typen der Kooperationsverträge bestimmte Gemeinsamkeiten auf. Ihr wichtigstes Kennzeichen ist die Errichtung einer dauerhaften und amtlichen Beziehung zwischen einem Unternehmen des Ostens und einem Unternehmen des Westens im Hinblick auf langfristige Ziele; hierin unterscheidet sich die Kooperation vom normalen Im- und Export, wie er sonst im internationalen Handel gepflegt wird. Die «industrielle Kooperation» bedeutet Dauerbeziehungen zwischen Unternehmen und erstreckt sich nicht auf Vereinbarungen zwischen Regierungen. Es ist wichtig, hierauf zu achten, um die Verwirrung zu vermeiden, die die Regierungen des Ostens (vor allem die sowjetische) absichtlich herbeigeführt haben hinsichtlich der Rolle, die die Regierungsvereinbarungen spielen.

Wirtschaftsvereinbarungen durch Regierungsverträge

Der Zweck der Wirtschaftsvereinbarungen zwischen den Regierungen des Ostens und des Westens liegt darin, einen Rahmen zu schaffen, in dem günstige Bedingungen für die Verträge zwischen den Unternehmen herrschen. Für die Sowjetunion ist ihr Wert derjenige eines Oberflächenlacks, mit dem sie ihre Propaganda überzieht; hiernach ist die Entspannung im wesentlichen ein zwischen den Regierungen ablaufender Prozeß und die Folge der siegreichen Offensive, die «den revanchistischen antikommunistischen Monopolisten durch die pazifistischen Kräfte auferlegt» worden ist. Ideologisch wird die Entspannung auf dem politischen Niveau der Regierungen gehalten. Ihr erklärtes Ziel ist es, in die Sowjetunion und in andere Länder des Ostens eine freischwebende «Technologie» zu bringen, die angeblich unabhängig ist vom Kapitalismus, von den Monopolisten und den marxistischen Überlegungen zum Mehrwert, zur Arbeitszeit und zu anderen amtlichen sowjetisch-marxistischen Dogmen. Natürlich existiert die «Technologie» nicht als abstraktes Konzept, sondern als das Material, das die multinationalen Erzeuger der kapitalistischen Produktion produziert haben. Jedenfalls beziehen sich die offiziellen Erklärungen der Länder des Ostens selten in spezifischer Weise auf die Befürworter der Entspannung, die «den Frieden lieben», wie ITT, die Erdölgesellschaften, General Motors und die übrigen.

Der erste Vertrag zwischen Regierungen, mit dem bestimmte Regeln und Bedingungen über Kapitalkredite und Zinssätze aufgestellt worden sind, wurde 1965–66 zwischen Belgien und Polen unterzeichnet. Vor allem in der Folge des Besuchs, den Richard Nixon mit dreißig wichtigen Geschäftsleuten 1972 der UdSSR abstattete und damit eine Art Tauwetter einleitete, wurden ähnliche Verträge von fast sämtlichen Regierungen der westlichen Welt, sowohl von den demokratischen wie auch den rechtsautoritären Regimen abgeschlossen: dem franquistischen Spanien, dem Griechenland der Ära der Obristen, dem Brasilien der Generale. Die Vereinigten Staaten schlossen ähnliche Verträge mit der UdSSR, Polen, Rumänien und Jugoslawien; Großbritannien mit acht Ländern des Ostens; Frankreich mit neun; die Bundesrepublik Deutschland mit acht; Italien mit acht.

Industrielle Kooperationsverträge

Eine andere Zwischenform von Verträgen über den Rahmen der industriellen Zusammenarbeit wurde zwischen den einzelnen Multi-Konzernen und den Staatsorganisationen auf Ministerebene entwickelt, welche für die Koordination der Forschung und der wissenschaftlichen und technologischen Entwicklung verantwortlich sind. Vorgebliches Ziel dieser industriellen Kooperationsverträge ist die Förderung des

Austausches von Informationen und Erfahrungen, darunter auch Forschungsprojekte von wechselseitigem Interesse. Tatsächlich haben einige unter ihnen im Ergebnis zu Gemeinschafts-Forschungsunternehmen der Multi-Konzerne und der Forschungsinstitute und Entwicklungsagenturen des Ostens geführt. Doch die meisten dieser periodischen Treffen scheinen dem Ziel zu dienen, das tatsächliche Engagement einer westlichen Firma in dieser Ost-West-Kooperation zu sondieren und technologische Auskünfte vor Abschluß eines gewinnbringenden Kooperationsvertrages zu erhalten. Fast zweihundert ähnliche Verträge wurden mit dem Staatlichen Ausschuß für Wissenschaft und Technologie der UdSSR geschlossen, dessen Vizepräsident German Wyschiany gleichfalls Kopräsident des Wirtschafts- und Sozialbeirats UdSSR–USA ist. Diese Verträge tragen zur Stärkung des Beziehungsnetzes «Wodka-Cola» und des Rahmens der Entspannung gegen jene bei, die noch zögern oder sich einem solchen Prozeß widersetzen. Darüber hinaus spielen sie auch die wirksame Rolle des Treibriemens für die politischen Ziele und die Strategien, die auf allerhöchster Ebene von den Institutionen «Wodka-Cola» ausgearbeitet wurden, auch gegenüber der Haltung und dem Bewußtsein des geschäftlichen Managements und der Techniker, die nach fundamentaler Ideologie gewohnt sind, den Kapitalismus nach wie vor als Feind des internationalen, auf dem Klassenkampf begründeten Sozialismus anzusehen.

Das System des Gegenkaufs

Jeder Warenaustausch unter ausländischen Kunden, bei dem kein monetäres Element auftaucht, stellt klassischen Tauschhandel dar. In verändertem Maße dient der Tauschhandel der industriellen Zusammenarbeit als Unterbau. Neben den Krediten, die zur Finanzierung des Kaufs von Werkzeugmaschinen vorgeschossen werden, erfolgt die Bewertung und Vergütung der Lieferungen und Leistungen an Material und Know-how sowie der Bildungs-, Überwachungs- und Transportkosten beispielsweise proportional nach Anteil der Warenproduktion. Die Transaktionen des klassischen Tauschhandels oder solche, die fast einen Tauschhandel darstellen, herrschen immer noch vor. Im Sprachgebrauch der Entspannung heißt Tauschhandel «Gegenkauf». Bei einem Gegenkauf muß eine westliche Firma Waren zur partiellen oder vollständigen Begleichung ihrer Exporte akzeptieren; praktisch bedeutet dies im allgemeinen eine Begleichung in Naturalien, und zwar nach einer Liste von Artikeln, die die Außenhandelsorganisation für den Export ausgesucht hat.

Diese Form der Zusammenarbeit wird von der Sowjetunion stark vorgezogen, und die anderen Länder des Ostens verlangen sie in zunehmendem Maße: das wachsende Defizit ihrer Handelsbilanz und ihre unzulängliche Exportfähigkeit, auf die wir schon hingewiesen haben, zwingen sie dazu.

Unter den mit dem Mantel des «Gegenkaufs» angebotenen Produkten befinden sich gängige Artikel, Maschinen und schwer verkäufliches Material oder relativ einfache industrielle Produkte, deren Absatz die meisten Länder voranzutreiben bestrebt sind. In den meisten Fällen wenden sich westliche Exporteure, die Neulinge im Osthandel sind, an ein westliches Fachhandelsunternehmen (einen «Weichensteller»), das gegen eine vereinbarte Gebühr Kunden für derartige Artikel findet. Der Gegenkauf-Tauschhandel umfaßt eine breite Palette von Geschäften: in einem Fall wurde griechischer Orangen- und Zitronensaft teilweise gegen Fiat-Personenwagen getauscht, die in Polen hergestellt waren.

Der Tauschhandel wird laufend verstärkt; er soll die Basis bilden für sämtliche Kooperationsverträge zwischen der Sowjetunion und dem Westen. Obwohl die UdSSR offiziell dieses Begleichungsverfahren nur für 30 % des Werts westlicher Exporte fordert, dürfte dieser Prozentsatz in der Praxis viel größer sein, insbesondere für die Industrieprojekte, bei denen die westliche Firma mit Produkten aus ihrem eigenen Material bezahlt wird. Bisher wurden mehr als fünfhundert große Gegenkauf-Verträge und mehr als hundert Verträge geringeren Umfangs geschlossen. Die DDR übt immer stärkeren Druck auf die westlichen Firmen aus, damit diese Gegenkauf-Verträge zur Begleichung erfolgter Lieferungen für einen noch größeren Prozentsatz der Waren unterzeichnen. In vielen Fällen versucht sie, nahezu 100 % zu erreichen. Ähnliche Entwicklungen streben die anderen Ostblockländer an, stoßen aber immer wieder wegen mangelnder Qualität auf Widerstand.

Auf westlicher Seite haben französische Unternehmen wie Renault, Michelin und Rhône-Poulenc oder italienische wie Fiat, Pirelli oder Montedison derartige Verträge geschlossen. Renault, Fiat und BMW haben zur Bezahlung ihrer Lieferungen Ersatzteile und Autoausstattungen erhalten, die sie in ihren Ländern verkaufen und somit die Bedingungen ihres Vertrages erfüllen. Ein Beispiel für die Bedeutung, den der Tauschhandel und die «Weichenstellung» erreichen können, hat Gulf Oil im Fall Rumänien gegeben: Im Jahre 1973 unterzeichnete Gulf General Atomic, eine Tochtergesellschaft der Gulf Oil, einen Vertrag über die Lieferung eines «Triga»-Kernreaktors mit Doppelkern an Rumänien. Die Gulf Oil gehört der Gruppe Mellon und der Bank Bellon an, welche an Westinghouse stark beteiligt ist. Dieses Projekt im Werte von 4,1 Mio. Dollar wurde von der US EXIM Bank und mehreren Privatbanken finanziert. Im Gegenzug hat Gulf die Annahme rumänischer Produkte akzeptiert, die im Laufe von zehn Jahren als Gegenwert des Kaufpreises zu liefern sind.

Verträge und Unterverträge

Eine kompliziertere Form des «Gegenkaufs» ist der immer stärker verbreitete Direktvertrag oder Nebenvertrag über eine Produktion zwischen einer westlichen Firma und einem östlichen Unternehmen. Bei dieser Art Vereinbarung fabriziert das Ost-Unternehmen Fertigerzeugnisse oder Produktteile nach den genauen Angaben der westlichen Firma, die diese in ihren Absatz- und Vertriebsplan in den Ländern des Westens einbezieht. Meistens liefert die West-Firma einzig die Spezifikationen und Fotokopien, während das Produkt selbst von der Maschinerie des Ostens erstellt wird. Derartige Verträge verschaffen dem West-Unternehmen eine zusätzliche Kapazität ohne irgendeine vorherige Investition und ermöglichen es ihm, von den niedrigen Arbeitskosten Osteuropas zu profitieren. Wenn die Produktionskapazität groß ist und der östliche Partner des Nebenvertrags in der Lage ist, unter Beachtung der Spezifikationen und des westlichen Qualitätsniveaus leistungsfähig zu produzieren, übernimmt es die West-Firma manchmal, einen zusätzlichen Teil der Produktion zu verkaufen, den sie in ihre eigenen Märkte für die Ost-Firma exportiert. Die Möglichkeit, sich im Wege dieses Warenaustausches harte Devisen zu verschaffen, hat für diese Vertragsart ein starkes Interesse geweckt. Wie hoch die Zahl derartiger Verträge ist, die stillschweigend abgeschlossen wurden, kann nur geschätzt werden; es dürften mehrere hundert sein. Zwar ist es in Osteuropa politisches Prinzip gewesen, die eigenen Anlagen und verfügbaren Güter ausschließlich für den internen Verbrauch zu verwenden, doch genehmigen die kommunistischen Behörden solche Verträge immer häufiger und setzen die Kapazität ihrer Werke für Produktionen ein, die für kapitalistische Märkte bestimmt sind.

Bei einem neuerlichen Typ des Nebenvertrages greifen die Länder des Ostens auf leistungsfähigere Managementsysteme westlicher Unternehmen zurück. Diese neue Art der direkten Vermischung des Kapitalismus mit der Wirtschaft eines östlichen Landes ist besonders in der Bauindustrie praktiziert worden. So errichten zum Beispiel westliche Bauunternehmer große Kaufhäuser in Prag, Einkaufszentren außerhalb Moskaus und Ost-Berlins, Bauten für die Moskauer Olympischen Spiele, Hotels in Warschau, Budapest und Prag sowie Apartmenthäuser in Moskau und in Jugoslawien. Wo umgekehrt die Arbeitskosten bestimmender Faktor sind, läßt man Bauarbeiter in den Westen kommen – z. B. aus Jugoslawien und Bulgarien –; diese haben den Weisungen der östlichen Unternehmer zu folgen, die ihnen die für westliche Arbeiter geltenden Löhne und Sozialleistungen zusichern.

Patente

Anstelle der zunächst widerrechtlichen Verwendung westlicher Patente durch Ostblockländer sind diese mit Beginn der sechziger Jahre dazu übergegangen, über eigene Patentbüros auf legalem Wege westliche Lizenzen zu erwerben, seit 1960 über zweitausend. Davon hat sich Jugoslawien mit Abstand die größte Anzahl (fast sechshundert) gesichert, gefolgt von der UdSSR, Polen und Ungarn (mit je 300 bis 400). Diese Patente beziehen sich auf alle Industriezweige, doch wird in letzter Zeit eine Konzentration auf Käufe in den fortgeschrittensten Bereichen der Technologie beobachtet: im Nachrichtenwesen, in der chemischen und in der elektronischen Industrie. Diese Invasion der kapitalistischen Technologie hat das Wachstum des allgemeinen Ost-West-Handels entscheidend gefördert, denn die Lizenzen erstrecken sich auf etwa 90 % der Gesamtheit der Maschinen und Materialien, die mit ihren Plänen und Spezifikationen übermittelt werden. Einer der Gründe für die Schnelligkeit der Entwicklung auf diesem Gebiet ist von Anfang an die Gefälligkeit gewesen, mit der der Osten seine Rechnungen durchaus in bar und zwangsläufig in harten Devisen bezahlen wollte. Diese globalen Zahlungen und diese (Lizenz-)Abgaben stellen eine Ausnahme dar, die nicht zu dem sonstigen Verhalten des Ostens paßt, auf einer Kooperation auf der Basis des Tauschhandels zu beharren. Einzig Bulgarien und Polen haben Druck auf West-Firmen ausgeübt, damit diese zustimmen, daß ein Teil der Rechnungen mit Exporten örtlicher Produkte beglichen wird.

Immerhin hat es bedeutende Ausnahmen von dieser Politik gegeben, insbesondere bei den sehr großen Projekten, bei denen von vornherein abzusehen war, daß auf lange Sicht der Westen der Nutznießer sein würde. Die meisten Verträge über Automobile wurden auf der Basis einer Bezahlung der Lizenzen mit Wagen und Einzelteilen geschlossen: die Fiat-Betriebe in der UdSSR, Polen und Jugoslawien, jene von Renault in der UdSSR und Polen, von VW in Jugoslawien sind dafür Beispiele; mit den Wagen von British Leyland und Berliet-Renault verhält es sich ebenso.

In den Fällen schlüsselfertiger Werksübergabe werden auch die Lizenzen für einige der technologischen Verfahren vertragsgemäß in Produkten des Werks bezahlt. Unter diesen Bedingungen stellt die Lizenzvergabe gleichfalls den Gegenstand des Tauschs oder des «Gegenkaufs» dar: die Binnenwirtschaft des Ostblocklandes zieht also gewaltige Vorteile aus der westlichen Technologie:

- Die Anwendung neuer Techniken wird beschleunigt, und die produzierten Artikel sind von besserer Qualität, vor allem wenn es sich um Konsumgüter handelt.
- Große Ersparnisse werden erzielt, indem der riesige Aufwand für Forschung und Entwicklung entfällt.
- Die eigenen nationalen Bemühungen der Forschung und Entwicklung können auf Ziele konzentriert werden, die sehr ertragreich zu sein versprechen.
- Der Import ist beschränkt, und harte Devisen kommen herein aufgrund von Exporten der in Lizenz hergestellten Artikel.

Leasing

Inzwischen wird auch das im Westen zuletzt entwickelte Leasing-Verfahren zunehmend für den Ost-West-Handel genutzt. Das Leasing-Geschäft ist für die Ostblockländer besonders attraktiv, weil keine harten Devisen für ein größeres Anfangskapital erforderlich sind. Dieses Verfahren bietet den osteuropäischen Unternehmen die Möglichkeit, von moderner Technologie zu profitieren, ohne dafür die so knappen Reserven harter Devisen anzugreifen. Außerdem ist hierbei Selbstfinanzierung möglich, weil man die Waren oder produzierten Dienstleistungen zur Begleichung der Mietrechnungen verwenden kann. Für den Verleiher des Objekts – z. B. eines Großcomputers, einer Hochleistungs-Fotokopieranlage oder eines Containers für Schiffsfrachten – sind bestimmte Verträge des Typs «Gegenkauf» sehr interessant, weil die Differenz zwischen dem Kaufpreis und dem Verkaufspreis der im Osten gefertigten Güter einen hübschen Gewinn ergibt.

Zwar tun West-Konzerne wie IBM und ITT ihr möglichstes, um dem Osten die leihweise Übernahme ihrer Anlagen schmackhaft zu machen, doch zögern die COMECON-Länder, offenbar deshalb, weil der Mieter keinerlei Eigentumsrecht am Produktionsmittel erhält, das Eigentum des Verleihers bleibt. Das Leasing stellt also eine neue Form dar, tatsächlich kapitalistisches Eigentum im Innern der sozialistischen

Wirtschaft wirken zu lassen. Zwar hat die UdSSR Leasing-Verfahren bisher nur zum Erwerb von Containern und Schiffen angewandt, sie wird von dieser kapitalistischen Technik in Zukunft aber häufiger Gebrauch machen.

Zum einen erlaubt die Praxis des Leasing den Wodka-Cola-Partnern Kreditbeschränkungen zu umgehen und die Anzahl der amerikanischen Banken und Kredit-Organisationen zu erhöhen, die sowjetische Projekte dadurch auf der Leasing-Basis statt der sonst üblichen Kredit-Basis mitfinanzieren und so die bestehenden Gesetze umgehen können.

Zum anderen fördert es faktisch eine «Joint Venture»-Kooperation für die Dauer des Leasing, das sich über einen Zeitraum von fünfzehn oder zwanzig Jahren erstrecken kann, und stattet die kapitalistische Leasing-Firma mit einem legalen Eigentumsanspruch aus, ohne daß diese tatsächlich als Eigentümer in der UdSSR auftritt.

Die Lummus Corporation, ein Maschinenbau-Multi, prüft die Möglichkeiten, die UdSSR mit einer Anlage und Ausrüstung auf der Basis einer Leasing-Vereinbarung auszustatten. Wenn nach zehn oder fünfzehn Jahren die Leasing-Vereinbarung erloschen ist, soll nach Lummus die Sowjetunion die Möglichkeit haben, die Anlage zu dem dann gültigen Preis zu erwerben. Lummus' Vorschlag hat das Interesse der sowjetischen Experten hervorgerufen und wird geprüft.

Koproduktion

Die bisher vorgestellten Formen der Ost-West-Kooperation, die sich mehr oder minder auf den Tausch und den Gegenkauf gründen, umfassen in keiner Weise die dauerhafte Präsenz westlicher Multi-Konzerne im Innern der kommunistischen Volkswirtschaft. Der Tauschhandel, die Lizenzvergabe und die Verträge über Nebengeschäfte und Produktion bedingen wenig oder keine physische Präsenz – abgesehen von der gelegentlichen Ausleihe von Vertretern oder technischem Personal, wenn dies für eine angemessene Vertragserfüllung erforderlich ist. Wichtiger Hinderungsgrund für die fortlaufende Expansion der Kooperation ist die Weigerung der Multi-Konzerne, moderne Technologie zu liefern, ohne daß ihre Rechte als Eigentümer oder Händler geschützt sind. Nach erfolgter Lieferung haben sie keine oder kaum noch Kontrolle über die weitere Anwendung der Technologie; infolgedessen handelt es sich bei der Technologie, die die West-Konzerne bisher in den Osten geliefert haben, keineswegs um eine Technologie, die den neuesten Stand repräsentiert.

61

Indes haben die Länder Osteuropas, die erkannten, daß die von ihnen importierte Technologie der Garant der fortgesetzten Entwicklung ihrer Wirtschaft ist, begriffen, daß für ihre westlichen Partner die Wahrung ihrer Eigentums- und Handelsrechte entscheidend ist. Hieraus sind zweierlei Tätigkeitstypen erwachsen, mit denen die Konzerne in Osteuropa aktiv werden: die *Koproduktion* und das *Gemeinschaftsunternehmen*. Der wesentliche Unterschied hierbei ist, daß das Gemeinschaftsunternehmen der westlichen Firma den paritätischen Status eines Miteigentümers gewährleistet – was bei der Koproduktion nicht der Fall ist.

Der Koproduktionsvertrag besagt in seinen Einzelbestimmungen, daß die Parteien des Projekts sich vertraglich verpflichten, eine komplementäre Produktion zu erstellen, wobei die Techniken, Werkzeugmaschinen und Matrices zu verwenden sind, die der Westen liefert. Die Parteien teilen sich die Ergebnisse unterschiedlicher Fertigungsweisen mit. Obgleich der Vertrag keine paritätische Besetzung vorsieht, gehört zum Koproduktionsvertrag im allgemeinen die Beteiligung der westlichen Firma am Management, an der Produktion und am Vertrieb des Unternehmens. Die Sowjetunion bevorzugt diese Form der Zusammenarbeit, weil sie es ihr erlaubt, in ideologischer Hinsicht das Gesicht zu wahren; denn hier kann sie die legale Existenz westlichen Kapitals verleugnen. Die Grundsätze der Koproduktion sind in zahlreichen großen Unternehmen in Kraft, denen sie als Basis dienen. Zu den wichtigsten Koproduktionen zählen die Projekte zur Auswertung der sibirischen Naturschätze durch die American Occidental Petroleum Company oder weitere große Entwicklungsprojekte höherer Größenordnung in der Region Jakutsk durch ein japanisches Konsortium. Dasselbe gilt für die Aluminiumwerke, Automobilfabriken und riesige petrochemische Komplexe, die in Zusammenarbeit mit Firmen wie der italienischen Montedison, der französischen Pechiney und der amerikanischen General Motors erbaut werden.

In dem zur Zeit gültigen Fünfjahresplan wird der sowjetischen ölverarbeitenden Industrie die Priorität im Chemiebereich eingeräumt. Die Produktion von Plastik soll bis 1980 auf fünf Millionen Tonnen, die von synthetischem Gummi auf zwei Millionen Tonnen und von Chemiefasern auf 1,5 Millionen Tonnen steigen. Die UdSSR hat mehrere komplette Ausrüstungen, Maschinen und Technologien vom Westen gekauft. Die sowjetische Techmastzimport hat mit einem Konsortium der französischen und italienischen Firmen Technip, Littwin, Proco-France und Eurotecnica einen Vertrag geschlossen über die Lieferung von zwei kompletten Betrieben, die in Ufa und Omsk bis

1980–81 errichtet werden sollen. Jeder Komplex soll Benzin produzieren, und zwar jährlich 125 000 Tonnen. Mit Technip wurde vereinbart, daß diese Herstellungsbetriebe mit sowjetischem Rohöl und chemischen Produkten bezahlt werden.

Verhandlungen der Sowjetunion mit den Firmen UOP, Gulf Oil, Shell, Exxon, Kellogg und Phillips Petroleum über den sowjetischen Kauf von Petrochemie-Komplexen und Ölproduktionseinrichtungen haben auch schon stattgefunden. Die Petrochemie-Fabriken sollen in Tobolsk, Tomsk und Usolije-Zima errichtet werden, der Hauptteil – eine Äthylen-Fabrik – in Tomsk.

Wie bei all den unterschiedlichen bestehenden Kooperationsformen gründet sich auch die Koproduktion auf die Lieferung der Managementverfahren, der Lizenzen, der Maschinen und von Material durch die westlichen Firmen, während die Ost-Firmen die Arbeitskraft, die Installationen und die Bestandteile stellen. Die Koproduktionsverträge, die – im allgemeinen ohne Kapitalbeteiligung der West-Unternehmen – die bedeutendste Rolle im Ost-West-Handel spielen, erstrecken sich auf die meisten Industriesektoren Osteuropas: von Automobilen, Kernkraftwerken, Computern, Metallegierungen und Werkzeugmaschinen bis hin zu Konsumgütern wie Kosmetika und Publikationen einschließlich gar jüngster Pornographie aus dem Westen.

Gemeinschaftsunternehmen

Bis zum August 1976, als Polen das Recht, Klein- und Mittelbetriebe zu 100 % zu besitzen, auch an Ausländer vergab, stellten die Gemeinschaftsunternehmen den höchsten Durchdringungsgrad dar, den Kapital und Privateigentum der Produktionsmittel in den kommunistischen Ländern erreicht hatten. Trotz der kategorischen Haltung, die die Sowjetunion gegen das kapitalistische Vermögen auf eigenem Territorium eingenommen hatte (das galt für das gesamte COMECON-Gebiet), genehmigten Ungarn, Rumänien und Polen die Einrichtung von Gemeinschaftsunternehmen und scheinen die Absicht zu haben, diese Form der Zusammenarbeit beschleunigt auszubauen.

Gegenüber dem «Joint Venture» westlichen Musters weist das Gemeinschaftsunternehmen im Osten charakteristische Unterschiede auf. Hier entsteht nämlich das Problem einer symbiotischen Koexistenz des Staats- und des Privateigentums im Schoße eines einzigen Unternehmens, d. h., hier wohnen Kapitalismus und Sozialismus unter einem Dach! Die Frage ist, ob man durch eine quantitative Begrenzung dieser Unternehmen den in dieser Konzeption vorhandenen Wider-

63

spruch ausmerzen kann. Noch besteht ein ausdrückliches Verbot ausländischen Privateigentums in osteuropäischen Staatsbetrieben seitens der UdSSR, der ČSSR, der DDR und Bulgariens.

Die multinationalen Konzerne des Westens finden im Gemeinschaftsunternehmen mit dem Osten sämtliche Vorteile auf einmal, die den anderen Kooperationsformen innewohnen.

Doch darüber hinaus genießen sie hier ein Privileg von fundamentaler Bedeutung: Ihre Kapitalbeteiligung garantiert ihnen eine direkte Kontrolle des Unternehmens und das absolute Recht, Entscheidungen zu fällen, die ihre allerneueste Technologie schützen können. Genau dieser fehlende Schutz bei den anderen Formen der Kooperation hat bisher – wie wir gesehen haben – die westlichen Firmen davon abgehalten, ihre fortgeschrittenste Technologie mit dem Osten zu teilen. Dies ist auch der Grund dafür, warum die westlichen Firmen in ihren Seminaren, Konferenzen und Diskussionen über die wirtschaftliche Zusammenarbeit zwischen Ost und West darauf beharren, daß die Einrichtung von Gemeinschaftsunternehmen eine notwendige Voraussetzung für einen Sprung vorwärts sei. Kein Transfer kostbarer und wirtschaftlich lebensfähiger Technologie ohne die Garantie einer Beteiligung am Kapital – vorzugsweise 51 %.

Der Sonderfall Jugoslawien

Von allen Ländern des Ostens weist die Wirtschaft Jugoslawiens die wenigsten Restriktionen auf. Durch ein kompliziertes System der Einbehaltung von Gewinnen und Lizenzen für den Austausch von Währungen mit dem Ausland können die westlichen Partner ihre Gewinne ins Heimatland transferieren bis hin zur Deckung ihrer Exporte mit harten Devisen. Aber die Jugoslawen haben rasch begriffen, daß die Westfirmen lieber ihr Know-how im Management als ihre Zahlungsmittel oder ihre Technologie investieren. Sie haben gleichfalls entdeckt, daß die multinationalen Konzerne lieber ihren Anteil der in Jugoslawien produzierten Güter in diesem Lande verkaufen als exportieren. Durch 1976 erlassene Vorschriften wurden die Vertragsbedingungen der Gemeinschaftsfirmen neu geregelt; hiernach kann die Kapitalverteilung bis zu 50 : 50 betragen.

Die einzige Ausnahme bei diesen Experimenten, die nach dem örtlichen Markt ausgerichtet und in kleinem Maßstab gemacht wurden, ist der große Vertrag vom Typ Gemeinschaftsunternehmen gewesen, den der amerikanische Multi-Konzern Dow Chemical Company aushandelte. Einem ersten Projekt von 17 Mio. Dollar für die Produktion von Polystyrol folgte im August 1976 ein Vertrag über den Bau eines Petrochemiewerks zusammen mit Industrija Nafta (INA). Das ist nun ein epochemachendes Ereignis, denn es handelt sich um die größte amerikanische Investition und gleichzeitig das größte Gemeinschaftsunternehmen in ganz Osteuropa. Bei seiner Fertigstellung 1982 wird der petrochemische Komplex «Dina» in der Nähe des Hafens Rijeka an der Adria jährlich für 550 Mio. Dollar produzieren.

Entsprechend den jugoslawischen Höchstvorschriften für Gemeinschaftsunternehmen entfallen 50 % des Kapitals auf Dow Chemical; auch in dem aus sechs Mitgliedern bestehenden Verwaltungsrat herrscht Stimmengleichheit. Der Generaldirektor und der

Präsident des Verwaltungsrats werden vom jugoslawischen Partner bestellt, der assistierende Generaldirektor von Dow Chemical. Da der Präsident nicht über eine höhergewichtige Stimme verfügt, müssen sämtliche Entscheidungen einstimmig gefaßt werden. Die in diesem Komplex angewandten Fabrikationsverfahren werden sich auf die Technologie gründen, die Dow Chemical von der eigenen Fabrikationsbasis in Westeuropa liefert. Dow Chemical hat sich verpflichtet, die in diesem Komplex verwandte Technologie ständig den westlichen Fortschritten entsprechend zu modernisieren. Die 23 000 Arbeiter des jugoslawischen Partners haben ihren Generaldirektor ermächtigen müssen, den Vertrag zu unterzeichnen. Aber sobald der Vertrag unterzeichnet ist, entfällt die in der Staatsverfassung vorgesehene Selbstverwaltung aufgrund der Klausel, die den einstimmigen Beschluß des Verwaltungsrats vorsieht, außer für solche Entscheidungen, die die Verteilung der Gehälter und die Sozialzuschüsse betreffen. Trotz dieses Gemeinschaftsunternehmens, das wert wäre, kopiert zu werden, mußte Jugoslawien den Realitäten Rechnung tragen: selbst wenn ihnen ausgesprochen großzügige Bedingungen eingeräumt werden, achten diese multinationalen Konzerne stark darauf, daß sie nur das Minimum investieren, um das Maximum herauszuholen. Aus diesem Grunde enthalten sämtliche Koproduktionsverträge die ganz spezifische Verpflichtung, die Exporte zu erhöhen, und die Garantie, daß die westliche Firma Gewinne nur in Form von Produkten bezieht. Diese neuen Vorschriften erschweren seitdem jeden Export einer Technologie, die sich nicht auf dem neuesten Stand befindet. Einzig die jugoslawischen Unternehmen mit etwa demselben technologischen Niveau wie der ausländischen Partner sind ermächtigt, Verträge über Gemeinschaftsunternehmen zu schließen. Die Spannung zwischen den Forderungen der jugoslawischen Regierung, welche nur die fortgeschrittenste Technologie wünscht, und den Versuchen multinationaler Konzerne, eine überholte Technologie zu liefern, werden in der Zukunft einen sehr wichtigen Faktor in den Ost-West-Beziehungen darstellen.

Während des Sommers 1976 hat Polen nach zweijähriger Untersuchung neue Vorschriften für Gemeinschaftsunternehmen erlassen, die viel weitergehend sind als die in den anderen Ländern. Unter Vermeidung einer zu detaillierten Gesetzgebung, wie sie in Ungarn und Rumänien besteht, ermöglicht dieses neue Gesetz erstmals den 100 %igen Anteilsbesitz durch westliche Firmen. Die Gemeinschaftsunternehmen zwischen multinationalen Firmen und polnischen Organisationen werden vermutlich auf einer anteiligen Basis arbeiten dürfen, die von 10 : 90 bis 60 : 40 reicht; hierbei dürfen 50 % der Gewinne, die die Firma nach Steuern erzielt und nach den steuerlichen Vorschriften über das Einkommen in Polen ermittelt, in harten Devisen in das Stammland weitergeleitet werden. Doch sieht der gleiche Erlaß vor, daß *im Ausland ansässige* Firmen und Personen bis zu 100 % eines Unternehmens besitzen dürfen und daß im Falle der Liquidation die westliche Firma ermächtigt ist, ihre Erstinvestition plus ihren Kapitalgewinnanteil mit nach Hause zu nehmen.

Nach Jugoslawien haben Ungarn und Rumänien 1971/72 ein Gesetz über Gemeinschaftsunternehmen erlassen, von denen es bis heute in Rumänien zehn gibt. In den meisten Fällen lautet die Kapitalverteilung 51 % für die rumänische und 49 % für die westliche Firma. Zu den westlichen Partnern gehören Control Data (USA), Demag (BRD), Romalfa (Italien), Dai Nippon (Japan), L'Électronique appliquée (Frankreich) und Franz Madmaier (Österreich).

In Ungarn war die erste West-Firma, die dort ein Gemeinschaftsunternehmen gründete, der schwedische Automobilbauer Volvo, der im Oktober 1972 das Werk Csepel mitbegründete. Dem Vertrag zufolge wird der Geländewagen «Lapplander» mit Allradantrieb im Werk Csepel montiert, alle Einzelteile kommen aus Schweden.

Die Gewinne werden zu 48 % an Volvo und zu 52 % an die ungarischen Partner verteilt. Die Volvo-Aktionäre können jetzt mit Fug und Recht behaupten, sie seien kapitalistische Eigentümer von Produktionsmitteln, die im kommunistischen Ungarn arbeiten, und daß sie Dividenden eines sogenannten sozialistischen Vermögens beziehen. Die in Ungarn montierten Fahrzeuge werden südamerikanischen Abnehmern geliefert; die Ungarn selbst dürfen sie nicht kaufen.

Den zweiten Gemeinschaftsvertrag nach Volvo hat die Siemens AG, der in der Bundesrepublik ansässige multinationale Elektrokonzern, in Ungarn mit der ungarischen Intercorporation Ltd. geschlossen. Der Vertrag kam mit Kapitalanteilen von 51 % seitens Intercorporation und 49 % seitens Siemens zustande. Das Gemeinschaftsunternehmen leistet der Elektro- und Elektronikindustrie Ungarns technische Hilfe; es handelt sich nicht um eine Einheit materieller Produktion: ihr Hauptzweck besteht vielmehr darin, die Gesamtheit der im Staatsbesitz befindlichen Werke in Fragen des Managements, der Technologie und der Dienstleistungen zu beraten; diese Gesellschaft weist weder ein Anlagevermögen noch eine Personalverwaltung auf. Die Bezahlung ihrer Leistungen erfolgt wie im Falle Volvo mit Erzeugnissen Marke Siemens, die in ungarischen Betrieben hergestellt wurden: die ausländische Firma erhält davon 49 %. Die Techniker von Siemens überwachen die Produktion und führen Qualitätskontrollen durch.

Zweck der ungarischen Gesetzgebung ist es, die Gemeinschaftsunternehmen von der eigenen Volkswirtschaft juristisch abzugrenzen, um die sozialistische Fassade zu bewahren. Im Gegensatz dazu betrachtet Rumänien ebenso wie Jugoslawien und Polen seine Gemeinschaftsunternehmen als in die eigene Volkswirtschaft vollständig integriert.

Die anfänglichen ideologischen Skrupel jedoch haben bald den Imperativen der Wodka-Cola-Geschäfte weichen müssen. Im Mai 1977 wurde von dem ungarischen Finanzminister ein Gesetz erlassen, das «Joint Venture»-Kooperation in der Produktion zuläßt, in der westliche Partner einen Anteil von 49 % nicht nur bei den Verkäufen und Dienstleistungen, sondern auch an der Produktion haben dürfen. Die Hauptursache für diesen drastischen Wandel in der Wirtschaftspolitik ist darin zu sehen, daß der Versuch, «Joint Venture»-Kooperationen unter den vorher geltenden Konditionen attraktiv zu machen, gescheitert ist. Trotz der 500 Gemeinschaftsunternehmen hatte das Verbot gegenüber dem kapitalistischen Partner, ein Eigentumsrecht geltend zu machen und die Technologie unter eigener Kontrolle zu behalten, dazu geführt, daß es bis 1977 nur drei «Joint Venture»-Kooperationen gibt.

Außer der expliziten Erlaubnis eines gemeinsamen Eigentums an den Produktionseinrichtungen hat das Gesetz auch folgende Veränderungen autorisiert:
– die Hauptkontrolle der Investment-Gesellschaften, die Kapital für ungarische Unternehmen und weitere «Joint Venture»-Unternehmen akquirieren, kann beim westlichen Partner liegen;
– Profite werden durchschnittlich mit 40 % versteuert, Steuernachlässe bei Reinvestitionen gewährt;
– eine 35 %ige Lohn- und Einkommenssteuer wird erhoben, um alle Steuer- und Sozialversicherungsabgaben abzudecken.

«Das Gesetz hat nicht den Zweck, Kapital zu mobilisieren», sagte ein Sprecher der ungarischen Nationalbank, «aber wir haben erkannt, daß einige westliche Firmen zögerten, sich zu engagieren ohne autorisiert zu sein, die Produktion zu managen. Das neue Gesetz bietet ähnliche Konditionen, die für «Joint Venture»-Kooperationen in Westeuropa gelten.»

Die Sowjetunion widersetzt sich nach wie vor dem ausländischen Kapital auf ihrem Territorium. Sie besteht dafür auf Beziehungen des Typs «Gegenkauf» auf der Grundlage der Lizenzübertragung der westlichen Technologie. Von allen Seiten wächst derweil der Druck auf die sowjetische Regierung, dieser anachronistischen, ideologisch bedingten Situation ein Ende zu setzen. Hier eröffnen sich Perspektiven durch Großprojekte der Zusammenarbeit mit Firmen wie General Motors für den Bau des größten Lkw-Werks der Welt in Sibirien oder mit Occidental Petroleum für ein riesiges Geschäft mit Chemie- und Fettprodukten, ganz abgesehen von der Ausbeutung der russischen Erdölvorräte im Verein mit den Großen der Branche wie Exxon, Shell und BP und dem Bau weiterer Lkw-Fabriken zusammen mit Daimler-Benz. Andere Projekte, die auf über 450 Mio. Dollar geschätzt werden, beziehen sich auf die Verwertung von Holz und Rohstoffen Sibiriens mit einem Konsortium japanischer Multi-Konzerne und auf den

Bau von Triebwerken zusammen mit Boeing, Lockheed und McDonnell-Douglas (USA). Es wurde auch bereits über eine ausgedehnte Zusammenarbeit gesprochen zwischen der sowjetischen Außenhandelsorganisation für die Luftfahrtindustrie und den wichtigsten amerikanischen Luftfahrtfirmen, die allesamt (auch) große Fabrikanten von Waffensystemen sind, welche eventuell gegen die Sowjets eingesetzt werden können. Die Verhandlungen hierüber sind eingestellt worden, weil diese Firmen einem Transfer ihrer Technologie nur unter der Bedingung zustimmen wollten, daß sie selbst deren Überwachung und Kontrolle auf sowjetischem Territorium vornehmen können. Das Scheitern dieser Verhandlungen war ein großer Schock für die UdSSR; sie hatte stark mit dieser Kooperation gerechnet, um gemeinsam die Produktion von Flugzeugen zu betreiben, die für die Vereinigten Staaten und die anderen westlichen Märkte bestimmt sein sollten, auf denen diese Firmen fast ein Monopol ausüben. Ferner hatte sie gehofft, daß dieser Vertrag den Export ziviler Flugzeuge aus gänzlich russischer Fabrikation – wie der Yak 40 – nach sich ziehen würde; bei diesem Typ waren Verbesserungen ins Auge gefaßt worden, um den amerikanischen Bestimmungen für die Luftsicherheit zu entsprechen.

Solche Probleme haben die Sowjetunion dazu veranlaßt, die Frage noch einmal zu überdenken und zu untersuchen, welche gesetzgeberischen Änderungen erforderlich sind, um diesen ausländischen Firmen das juristische Eigentums- und Kontrollrecht an ihrer Technologie zu ermöglichen.

Obwohl Breschnew sich von derartigen juristischen Änderungen distanziert und sie für unmöglich erklärt hat (Rede auf dem XXV. Parteikongreß im Februar 1976), kann man zuversichtlich voraussagen, daß die UdSSR ganz sicher einen Weg finden wird, um die Gemeinschaftsunternehmen zu genehmigen, wie auch immer ihre offizielle Definition lauten wird. Um das Gesicht zu wahren, wird die Formel das sozialistische Eigentum an den Produktionsmitteln, die der Kapitalismus geliefert hat, beibehalten, und zugleich wird man im Rahmen dieser offiziellen Erklärung sämtliche funktionalen Aspekte eines gemeinsamen Managements wiederfinden: Kontrolle, Entscheidungsrecht, Absatz und Transfer der dem Anteil an der Produktion entsprechenden Gewinne ins Heimatland. Im Falle des riesigen Lkw-Fertigungsbetriebes in Sibirien neigt man zu einer Form des Vertrages über Managementberatung ähnlich jenen, die die Erdölfirmen erfunden haben, um ihre Geschäfte im Nahen Osten durchführen zu können. Anstatt das Besitzrecht auf erdölhaltiges Gelände zu erwerben, wie dies zur Zeit der Konzessionen üblich war, sichern die Firmen sich lieber vertragsrechtlich das Management der den Arabern gehörenden Industrien, um so deren effiziente Produktion und Verwaltung gewährleisten zu können.

Außer der Frage des Eigentumsrechts und eines neuen Systems der Gewinnverteilung sind ihre Aktivitäten genau dieselben wie zuvor. Ein solcher Vertragstyp würde Breschnew erlauben, zu verneinen, daß General Motors und das von David Rockefeller geleitete Bankenkonsortium das Prinzip der Sozialisierung der Produktionsmittel tangieren, während in Wirklichkeit die ergriffenen Maßnahmen dazu ermuntern, es doch zu tun. Im Zeitalter Wodka-Cola ist das, was für General Motors gut ist, offenbar auch für den Kreml gut.

Ein interessantes Beispiel dieser Symbiose Wodka-Cola hat sich kürzlich gezeigt, als es um die Anleihe von 200 Mio. Dollar ging, die die EXIM Bank Polen zur Finanzierung eines Gemeinschaftsunternehmens zwischen General Motors und einer Firma des polnischen Staates zur Herstellung von Lkw zugebilligt hatte. Dieses Unternehmen ging zeitlich einher mit einem Streik der Gewerkschaft United Automobile Workers, der die Ford Motor Company zwang, ihre Pforten zu schließen. Aufgrund der Tatsache, daß die meisten Fahrzeuge, die im Rahmen dieses Vertrages mit Polen hergestellt werden, für den Export bestimmt sind, bereitet General Motors vielleicht den Tag vor, an dem die meisten ihrer Pkw und Lkw in kommunistischen Ländern hergestellt werden, in denen es nur auf Leistung ankommt und wo man keine Streiks freier Arbeiter, die Mitglieder freier Gewerkschaften sind, kennt.

Stephen DeBrul jr., der neue Präsident der EXIM Bank, hat von den Polen 9 % Zinsen gefordert; er hielt das für «wettbewerbsfähig, berücksichtigt man die Gesamtheit der Tatsachen» (*New York Herald Tribune*, 19. Sept. 1976). Die Polen haben natürlich gegen diesen überhöhten Satz protestiert, indem sie den gewöhnlichen Satz der EXIM Bank von 7 % geltend machten. Dieser Konflikt hatte das nie dagewesene Einschreiten des stellvertretenden Verteidigungsministers William Clements zur Folge: er nahm in einem Brief an DeBrul jr. für die Polen Stellung. General Motors ist nicht nur der größte Automobilproduzent der Welt, sondern gleichzeitig auch Großlieferant des Pentagons für Rüstungsmaterial. Unter Anspielung auf Gründe der nationalen Sicherheit schrieb Clements: «Mehrere Jahre lang ist die Werkzeugmaschinenindustrie – ein wichtiges Element für die Basis unserer Verteidigungsindustrie – inaktiv geblieben; darauf ist auch die Aushöhlung ihrer Ausgangsposition vor allem durch die Konkurrenz bestimmter Mitglieder der Europäischen Gemeinschaft und Japans zurückzuführen.» Ein republikanischer Repräsentant namens John Andersen soll geäußert haben, daß die Bank «Bedingungen auferlegen könnte, die geeignet wären, einen Auftrag über 200 Millionen Werkzeugmaschinen zu gefährden, während 6000 Beschäftigte um ihren Arbeitsplatz bangen müßten.» Aus diesem Zusammenhang ersieht man also, daß es aus Gründen der militärischen Sicherheit und nationalen Verteidigung notwendig war, Polen ein Werk über 200 Mio. Dollar zuzubilligen, dem General Motors dann die Einfuhr von Lastwagen in die Vereinigten Staaten zu verdanken haben wird.

Im allgemeinen sind die Gemeinschaftsunternehmen bisher nicht allzu glücklich gewesen. Die westlichen Firmen stoßen innerhalb des Gemeinschaftsunternehmens auf restriktive Definitionen ihrer Rechte (Kontrolle, Eigentum) und auf das Problem der Ausgrenzung des gemischten Ost-West-Betriebs von der Gesamtwirtschaft des jeweiligen osteuropäischen Landes. Ihr Interesse wird auch nicht gerade gesteigert durch solche Forderungen wie die Rumäniens, die Gemeinschaftsunternehmen sollten «Exportlöhne» für das Außenhandelsmonopol zahlen, und zwar in harten Devisen; zumal diese überhöhten Löhne nur zu einem kleinen Teil tatsächlich an die Arbeiter ausgezahlt werden, die sich selbstverständlich mit der Landeswährung begnügen müssen. Trotz dieser und anderer für die beteiligten Multi-Konzerne unerfreulichen Aspekte der Zusammenarbeit auf der Basis von Gemeinschaftsunternehmen mit Kapitalbeteiligung wird diese Form – soweit die notwendigen Änderungen erfolgen – sich weiterentwickeln; denn sie ist die einzige Basis, auf der die Multi-Konzerne bereit sein werden, Osteuropa eine fortschrittliche Technologie zu liefern, auf die die kommunistische Elite zweifellos angewiesen ist, wenn sie den drohenden wirtschaftlichen und sozialen Verfall überleben will.

Kapitalistische Basen der Sowjetwirtschaft

Wie wir gesehen haben, ist die Sowjetunion erheblich beunruhigt durch die Einrichtung kapitalistischer Unternehmen mit halb privatem Kapital im Schoße ihrer zentralen Planwirtschaft. Weniger Skrupel hegt sie allerdings bei der Errichtung von Gemeinschaftsunternehmen im Schoße der kapitalistischen Marktwirtschaft, bei denen sie Eigentums- oder Kontrollrechte genießt. Sie hat bereits in westlichen Ländern eine gewisse Anzahl derartiger Unternehmen gegründet. Obwohl diese Firmen nicht sehr zahlreich sind, verletzen sie allein durch ihre Existenz ein weiteres Grundprinzip der kommunistischen Doktrin: die Opposition gegen alle Formen der kapitalistischen Ausbeutung der

Arbeiter durch die Schaffung eines zusätzlichen Mehrwerts, überhöhte Zinssätze oder durch kapitalistische Festsetzung von Preisen auf der Grundlage eines monopolistischen Geld- und Spekulationsmarkts statt auf der Grundlage der sozial notwendigen Arbeitszeit. Die Sowjetunion und die anderen Länder des Ostens haben *kapitalistische* Basen im Westen errichtet, nicht etwa sozialistische Brückenköpfe. Wie hoch auch immer ihre relative Zahl sein mag – diese Unternehmen, die nur einen Anfang darstellen, sind die fatale Negation der offiziellen Erklärungen zur sozialistischen Tugend.

Die westliche Präsenz der Staatsfirmen des Ostens ist nach unseren Beobachtungen auf dem Banksektor am häufigsten. Doch seit einigen Jahren unternehmen die Sowjets auch erhebliche Anstrengungen auf dem Verkaufssektor, vor allem beim Vertrieb von Exportware, die sich zwangsläufig aus den Gemeinschaftsunternehmen ergibt. Eine ganze Palette von Marketinggesellschaften verkaufen in den Vereinigten Staaten und in den Ländern Europas Uhren, Kameras, Traktoren, Trägerprofile oder -flächen, Wodka, sämtlich sowjetrussischer Provenienz. Die Kette NAFTA, die den Sowjets gehört, besitzt ein Verteilernetz für Erdölprodukte im Süden Englands, während Belgien und Liechtenstein von einer in Antwerpen liegenden Raffinerie aus bedient werden, die sich zu 100 % in sowjetischem Besitz befindet.

Unter den ‹kapitalistischen› Sowjet-Firmen, deren Aktien vollständig oder teilweise in Händen der Sowjets liegen, wäre das Montagewerk Scalda-Wolga in Belgien zu nennen (95 % der Aktien), die Anglo-Soviet Shipping Company in London, Versicherungsgesellschaften in London und Wien, eine weitere Erdölraffinerie in Brasilien, ein Stahlwerk und zahlreiche Handelsgesellschaften in Frankreich – nicht gerechnet die zahllosen Im- und Exportfirmen, die Versicherungsgesellschaften, Verlage, Speditionen und Reedereien in Italien und Belgien.
    Auch die Satellitenstaaten haben fast überall kapitalistische Unternehmen plaziert: ein polnisches Phosphatunternehmen in Montreal und ein ungarisches Kalibergwerk in Saskatchewan (Kanada), ein rumänisches Unternehmen für öffentliche Arbeiten in Westdeutschland oder eine Ost-West-Spedition: die «Comeco-Benelux». Darüber hinaus bestehen zahlreiche Handelsfirmen mit halber kommunistischer Beteiligung: italienisch-bulgarische, italienisch-polnische, polnisch-westdeutsche, österreichisch-ungarische Firmen, dazu eine rumänisch-irische, um nur einige Beispiele aus Tausenden zu nennen.

71

Die Ostblockländer haben im Westen wenige Gemeinschaftsunternehmen gegründet. Diese arbeiten vor allem auf dem Gebiet des Marketing und der Banken, wie bereits erwähnt: Arcade (London) ist eine halb britische, halb rumänische Absatzfirma für chemische Erzeugnisse; Tjecko-SUEA (Stockholm) eine tschechisch-ungarische Firma im Verhältnis 51 : 49, die Maschinen vertreibt; Dussalmaz (Antwerpen), zu 80 % sowjetisch, im übrigen belgisch, verkauft Diamanten usw.

Abgesehen von weiteren Gemeinschaftsgründungen der Ostblockstaaten in anderen westlichen Ländern von teilweise erheblicher Größenordnung sei hier kurz auf die Vergabe von Patenten und Lizenzen eingegangen, die weniger quantitativ und eher ideologisch bedeutsam ist: achthundert Lizenzen des Ostens wurden an den Westen verkauft. Die größte Zahl (rund 75 %) stammt aus der ČSSR und der UdSSR. Mehrere West-Firmen haben sich auf den Handel mit kommunistischen Lizenzen und Patenten spezialisiert. Die Erwerber sind zumeist kleinere Firmen; sie sehen darin eine Möglichkeit, auf billige Weise an ein Produkt heranzukommen, das sie selbst sonst nicht zuwege bringen und sich sonst nicht beschaffen können. Die sowjetische Sonderorganisation, die beauftragt ist, in den Vereinigten Staaten Lizenzen zu vergeben, bestätigt, daß sie jährlich eine Steigerung von 30 % zu verzeichnen habe. Sie bezieht sich dabei auf kürzliche Abschlüsse über Kohlevergasungsverfahren und die Behandlung von Erdölprodukten als Beweis für die zunehmende Durchdringung westlicher Märkte durch sowjetische Patente. Allein mit amerikanischen Firmen seien nahezu dreißig Lizenzverträge abgeschlossen worden. Allerdings bestehen Möglichkeiten, daß der Osten eine ursprünglich aus dem Westen stammende Erfindung mit Abwandlungen als eigene «sozialistische» ausgibt, die dann einem anderen westlichen Interessenten zurückverkauft wird. Es hat den Anschein, als habe ein solcher Betrug beispielsweise mit einem bestimmten Verfahren zur Herstellung eines Polyäthylens niedriger Dichte stattgefunden, des sogenannten «Polymer 50». Die Sowjets und die Ostdeutschen haben es zusammen dem westdeutschen Unternehmen Salzgitter verkauft, deren BASF-Lizenz Anfang 1976 auslief. Salzgitter hatte in der Sowjetunion sechs große Werke gebaut, in denen Polyäthylen niederer Dichte hergestellt wird. Die Firma hat erklärt, daß die ihr als «neu» und «weit fortgeschritten» vorgelegte Technologie keinerlei nennenswerte Änderung im Verhältnis zum BASF-Verfahren aufwies, das zuvor benutzt wurde (*London Financial Times* v. 30. April 1976). Ein westdeutscher Fachmann hat dazu seinerseits gesagt: «Inzwischen ist man dazu übergegangen, das ein bißchen enger geschnittene Gewinde einer Schraube als völlig neues Verfahren auszugeben.» Die westlichen Firmen bestätigen, daß fast sämtliche vom sowjetischen «Polymer 50»-Werk erstmals angewandten Forschungsergebnisse und technologischen Errungenschaften (bis zu 80 %) aus dem Westen stammten. Obwohl die sowjetischen und ostdeutschen Lizenzgeber eine «Produktivitätserhöhung um das Drei- bis Fünffache» bei ihrem Material geltend machen – verglichen mit Material, das in den kapitalistischen Ländern gekauft wurde –, halten die Industriebosse Westeuropas dagegen, sie könnten nicht verstehen, wie solche Resultate zu erzielen sind, wenn im wesentlichen identische Verfahren mit gleichem, aus dem Westen importiertem Material angewandt werden.

Das Entspannungs-Dumping

Wachsender Kritik und Skepsis an der Theorie, wonach der Ost-West-Handel zu einer politisch positiv zu bewertenden Konvergenz führe, begegnen die Länder des Ostblocks mit einer Kampagne, die sich auf folgende drei Kernsätze stützt:
1. Kapitalistische Investition und Technologie sind gut für den Sozialismus, wenn sie vollständig der gesetzlichen Kontrolle der Staatsorgane unterstellt und ihr Eigentum bleiben.
2. Die Entspannung stellt einen Sieg der Kräfte des Friedens und des Sozialismus über die imperialistischen und revanchistischen Monopolisten dar, die den Kalten Krieg und die Rüstung dem Handel und der friedlichen Koexistenz vorziehen.
3. Wenn der Handel in der Form des Technologietransfers dem Sozialismus hilft, dann gereicht er gleichermaßen den Arbeitern des Westens zum Segen, weil dieser Handel ihnen Arbeitsplätze verschafft.
Nach der offiziellen Version ist die «Krise des Kapitalismus» bereits in die Phase der letzten Agonie eingetreten, abzulesen an den Symptomen galoppierender kapitalistischer Inflation und grassierender Arbeitslosigkeit der siebziger Jahre. Die Zusammenarbeit mit dem Osten sichert den Multi-Konzernen des Westens dabei zwei Millionen Arbeitsplätze, will eine propagandistische Statistik wissen.
Widerlegt wird diese Propaganda durch die wachsenden Klagen und Proteste des Westens gegen dieses «Entspannungs-Dumping». Die Gesamtheit des Systems der Kooperation beruht doch auf der Kombination von einer billigen, scharf kontrollierten und streikunfähigen Arbeitskraft mit der Technologie und dem Know-how des Westens; da

73

wird das Dumping unweigerlich und selbstverständlich zum Maßstab der Entspannung. Ohne diese billige Arbeitskraft gäbe es nicht die notwendigen Gewinne, um den Kreis zu schließen und ihn in ein funktionsfähiges und integriertes Ensemble zu verwandeln. Diese Einbeziehung einer billigen Arbeitskraft in die Fertigprodukte des Gegenkaufs, der Koproduktion und des Gemeinschaftsunternehmens stellt den grundlegenden «komparativen Vorteil» des Engagements westlicher Technologie in Osteuropa dar. Ohne diesen Vorteil und ohne die vom Westen gewährten Kredite gäbe es keine industrielle Kooperation.

Cyrus Eaton, Präsident von Yale & Town Co. und seit langem Intimfreund und Kollege der Rockefellers und der sowjetischen Führer, hat es 1970 kurz und bündig dargelegt. In einem Kommentar zu seinen Verhandlungen über das Gemeinschaftsunternehmen mit einem je zur Hälfte aufgeteilten Kapital von 40 Mio. Dollar für ein Reifenwerk im Osten hat er erklärt, daß sein Partner, der kommunistische Staat, «das Werk besitzen und ausbeuten würde, und zwar durch Bereitstellung der Betriebsleitung und der Arbeitskraft».

Der westliche Partner würde in der Schweiz ansässig sein – diesem Paradies der Steuerpflichtigen –, von wo aus er die Reifen in alle Welt verkaufen würde: Das ermögliche dem östlichen Land, harte Devisen einzunehmen; aufgrund niedrigerer Arbeitskosten könne das Unternehmen seine Reifen billiger verkaufen, als es die westlichen Firmen können. Das östliche Werk verkaufe die Reifen zum Selbstkostenpreis an seine Verkaufsfiliale – dadurch verbleiben die Gewinne bei der gemeinsamen Filiale.[1]

Als Entspannungspionier und Initiator der Pugwash-Konferenz, deren Ziel es ist, die Abrüstung durch den Ost-West-Dialog voranzutreiben, ist Cyrus Eaton ein für diese Angelegenheit hervorragend qualifizierter Fachmann.

Man könnte kein treffenderes Beispiel finden für die «Entspannung», Marke «Colanisierung des Wodka».

Vom Standpunkt all jener Gesetze, Vorschriften und Richtlinien, die im Westen übliche Praxis sind, erweist sich ein solches System ganz klar als *Dumping*. In seinem Außenhandel vermeidet der Westen normalerweise eine auf den Gestehungskosten basierende Preisfestsetzung, weil dies unlauteren Wettbewerb auf dem Weltmarkt darstellt. Da meist schwer abzugrenzen ist, wo der faire Wettbewerb aufhört und das (betrügerische) Dumping anfängt, werden aktuelle

1 Vgl. Charles Levinson: «*Capital, Inflation and the Multinationals*».

Streitfragen meist durch Verhandlungen der Beteiligten ausgeräumt. So hat zum Beispiel Japan auf Drängen der USA und der Europäischen Gemeinschaft, die die Anwendung von Anti-Dumping-Vorschriften androhten, seine Bereitwilligkeit erklärt, die jährliche Steigerung seiner Exporte an Textilwaren, Fernsehgeräten und anderen Artikeln in westliche Länder zu begrenzen: mit Rücksicht auf die dort herrschenden anderen Wirtschaftsstrukturen, insbesondere das höhere Lohnniveau. Zwar ist das Dumping zum integralen Bestandteil des modernen Außenhandels geworden. Doch bleibt das Paradox, daß die Märkte mit hohen Gestehungskosten und hohen Löhnen den einzigen Absatzmarkt für Exporte von Gütern niedrigerer Gestehungskosten darstellen. Da es möglich ist, Gewinne aus Übersee der Besteuerung zu entziehen, indem die Umsatzbeträge an Hilfsfirmen in gastfreundlichen Steueroasen überwiesen werden, sind die Lohnunterschiede nun zum Schlüsselvorteil im Außenhandel geworden.

Wenn es aber schon schwierig ist, in den Ländern des Westens – wo die privaten Exporte öffentlicher Kontrolle unterliegen und wo die Preisfixierung in allen Einzelheiten sowohl beim Absatz als auch bei der Herstellung zumindest offiziell jedermann zugänglich ist – unwiderlegbar einen Fall des Dumping nachzuweisen, so ist die Dumping-Anklage gegen einen Exporteur des Ostens samt entsprechendem Beweis in rechtlicher und technischer Hinsicht nahezu ein Ding der Unmöglichkeit. Zunächst einmal werden die Löhne in den sozialistischen Volkswirtschaften den (nach westlichen Maßstäben großen) Unterschieden zwischen den Kategorien der Arbeiter und den verschiedenen Industriezweigen entsprechend festgesetzt. Neben anderen Systemen des Anreizes machen diese Löhne (und Gehälter) einen Teil des allgemeinen Wirtschaftsplans aus. Ein einzelner Betrieb und ein einzelnes Unternehmen haben also wenig Spielraum bei der Festsetzung der Löhne. Die niedrigen Löhne sind ein nationaler Wirtschaftsparameter und sind nicht nach einzelnen Industriesektoren zu differenzieren. Wenn man bei verschiedenen Waren des Ostens wegen praktizierter niedriger Löhne den Vorwurf des Dumping erhebt, kann man sich immer nur auf das gewohnte Niveau in dieser Wirtschaft beziehen und nicht auf die Reproduktionskosten der Arbeitskraft, denn die sind unbekannt.

Die Strukturen, das Niveau und die Funktionsweise der Preisfestsetzung im Osten sind äußerst unterschiedlich – trotz der allgemeinen Ähnlichkeit der zugrundeliegenden Systeme der sozialistischen Wirtschaft. Diese Differenzen bestehen nicht nur zwischen den verschiedenen Ländern, sondern auch zwischen ganzen Produkt- und Artikelgruppen innerhalb ein und desselben Landes. Wie wir bereits gesagt haben, sind die Preise und das Geld im wesentlichen Rechnungseinheiten und beziehen sich nicht primär auf den Wert der Produktion oder auf den Austausch der Produkte im Rahmen des Systems; dieser Wert und dieser Austausch werden nach den quantitativen Bestandteilen des Zentralplans administrativ gelenkt. Weil im Innern des COMECON und jedes einzelnen Landes des Ostblocks die Preisunterschiede derart beträchtlich sind, muß der Einfluß ausländischer Preise auf die lokalen Märkte verhindert werden, weil sie eine tiefgehende Umwälzung hervorrufen könnten. Diese Unterschiede sind ferner der Grund dafür, daß keine Auslandswährung konvertiert werden kann – es sei denn, die ausländischen Devisenträger fordern eine Begleichung in örtlichen Waren und Preisen, welche keinerlei Bezug zu ihrem realen oder relativen Wert haben.

Die Tauschwerte der verschiedenen Devisen der Länder des COMECON – also ihr «Wechselkurs» – werden willkürlich im Verhältnis zum Rubel festgesetzt, damit man sie mit dem Dollar vergleichen kann. Aber dieser «transferfähige Rubel», der für das zweiseitige Clearing der Handelsbilanzen der verschiedenen Länder untereinander verwendet wird, entspricht in keiner Weise der realen Kaufkraft der nationalen Währung und auch nicht dem Wert der Waren auf dem Binnenmarkt. Diese Zusammenhänge machen deutlich, daß die zur nationalen oder internationalen Schätzung der Kosten oder des Werts der Produkte benutzten Preise nichts besagen. Man kann den adäquaten Preis einer Exportware nicht nach dem innerhalb des betreffenden Landes vorherrschenden festsetzen, weil letzterer ebenso wie sein Kurs willkürlich festgelegt und nach Belieben veränderbar ist.

In allen Ländern des Ostens ist der Außenhandel Staatsmonopol. Er wird über Organisationen des Außenhandels abgewickelt, die einzig befugt sind, mit den multinationalen Unternehmen und den Banken des Westens über dieses und jenes Produkt zu verhandeln. Diese Organisationen handeln jedenfalls unabhängig von den Produktionsbetrieben. Die Verträge über Koproduktion werden also zwischen einer Verwaltungsinstanz des Ostens und einem Betrieb des Westens geschlossen. Die Organe des Außenhandels empfangen sämtliche Rechte und Vollmachten von der zentralen Planwirtschaftsbehörde. Die westlichen Unternehmen verhandeln also von einer Position nationaler und internationaler Schwäche aus mit einer allmächtigen Zentralbehörde; diese Situation erlaubt einem Staatsorgan, eine Firma gegen eine andere auszuspielen – und selbst eine Regierung gegen eine andere.

Die Verhandlungsposition der westlichen Firma wird weiterhin geschwächt durch die Weigerung des östlichen Verhandlungspartners, ihr Zugang zu Belegen, zur Buchhaltung, zu Unterlagen über die Herstellungskosten und den Verkaufspreis pro Produktionseinheit zu verschaffen. Tatsächlich kennt die Außenhandelsorganisation des Ostens diese Einzelheiten meistens gar nicht. Infolgedessen ist es unmöglich, das tatsächliche Niveau der Löhne (und Gehälter), die Schutzmaßnahmen, die Zuschüsse und die Vorzugspreise zu erfahren, die der Staat dem Ost-Betrieb zubilligt. Nach den Kriterien des Westens ist es also rechtlich unmöglich, den Vorwurf des Dumping klar zu beweisen.

Die Regierungen Osteuropas weisen jede Anschuldigung des Dumping durch niedrige Löhne als Affront gegen ihre sozialistische Integrität zurück. Sie bestätigen, daß ihre Organe des Außenhandels – auch wenn sie nicht direkt Löhne und Gehälter an ihre Mitarbeiter zahlen – vertrauenswürdige Unternehmen sind, die selbständig und den üblichen Handelspraktiken gemäß verfahren und unter Konkurrenzbedingungen arbeiten. Aber es bleibt die Tatsache, daß diese Organe außerhalb ihrer nationalen Grenzen eine Monopolmacht ausüben über jeden Kauf und jeden Verkauf innerhalb der Reichweite ihrer industriellen Gerichtsbarkeit und daß sie sehr wohl eine administrative Exekutive der zentralen Verwaltung sind. Es handelt sich bei ihnen eben nicht um Unternehmen, die Arbeitskraft einsetzen und Güter produzieren. Sämtliche Verträge, die sie schließen, basieren auf Berechnungen der Produktionseinheiten ihres Landes und gründen sich auf geheime Lohn- und Gehaltssätze, von denen der westliche Partner keine Kenntnis erhalten darf. Tatsächlich können die Löhne so hoch oder so tief sein, wie es der östliche Partner wünscht, um das Geschäft mit möglichst hohem Gewinn abzuschließen. Der westliche Partner wird über die reale Situation des Unternehmens, das sein Produkt herstellt, völlig im unklaren gelassen. In bestimmten COMECON-Ländern wird die Preisgabe von Produktionsziffern, von Kosten, von Buchhaltungs- und anderen Unterlagen als Verbrechen angesehen und eng in die Nähe der Spionage gerückt.

Aber die Länder des Ostens müssen die Exporte, die schließlich harte Devisen hereinbringen sollen, nach Kräften fördern, und zwar im Wege der Kooperationsverträge und der Vereinbarungen über Gegenkäufe; ihre Regierungen sehen sich also gezwungen, «Konzessionen zu machen», indem sie der westlichen Partei große Differenzen auf die

Löhne anbieten, um die Gewinne zu erhöhen. Ohne Kapital, bar konvertierbarer Devisen und nur im Besitz einiger weniger exportfähiger Produkte, haben die Regierungen des Ostens nur wenig anzubieten, um ihre westlichen Partner zu ermuntern. Was dabei herauskommt, ist ein Gesamtsystem des Außenhandels, das auf niedrigen Löhnen im Osten basiert und ganz klar auf ein institutionalisiertes Dumping hinausläuft.

Die Folge dieses Dumpings kann nur wachsende Arbeitslosigkeit im Westen und beschleunigte Schließung marginaler und weniger modernisierter Unternehmen sein, deren Produktion durch Artikel ersetzt wird, die im Zuge der Kooperationsverträge aus dem Osten kommen. Einerseits werden die massiven Kapitaltransfers (die in einigen Jahren die schwindelnden Summen von 60, 80 und 100 Milliarden Dollar erreichen könnten) die im Westen verfügbaren flüssigen Mittel reduzieren, die Zinssätze steigern und den Inflationsprozeß überstürzen; andererseits werden die Waren, die im Osten durch unterbezahlte Arbeitskräfte mit vom Westen gelieferten Maschinen hergestellt werden, im Westen zu Preisen auftauchen, die die dort üblichen unterschreiten und eine neue Woge der Arbeitslosigkeit bewirken. Im Zuge dieser Ost-West-«Stagflation» gehen die Hausse der Preise und die Steigerung der Arbeitslosigkeit Hand in Hand.

Das Argument, daß die Kooperationsverträge Arbeitsplätze schaffen, drückt bestenfalls eine Halbwahrheit aus. Im ersten Stadium der Produktion des Materials und der Werkzeugmaschinen werden die westlichen Industriebetriebe, die die Fertigung übernommen haben, eine Vermehrung der Arbeitsplätze vornehmen, wenn sie wirklich eine beträchtliche Anzahl zusätzlicher Arbeiter brauchen sollten, um die neuen Werkzeugmaschinen in Gang zu bringen – was selten der Fall ist. Die westlichen Werke, die die Werkzeugmaschinen herstellen, richten häufig ihre gesamte Produktionskapazität – der ihnen gebotenen höheren Preise wegen – auf die Verträge mit dem Osten aus – zum Nachteil möglicher sonstiger Abnehmer.

Da aber die Produktion der komplizierten Werkzeugmaschinen ein Material erfordert, das auf Bestellung gefertigt wurde, und ein hochqualifiziertes Fachpersonal, dessen Ausbildungszeit sehr lang ist, besteht kaum Elastizität für spezielle Einstellungen solcher qualifizierter Facharbeiter, die ja zudem selten arbeitslos bleiben und von den Werken eifersüchtig gehütet werden – selbst wenn die Geschäfte einmal schlecht laufen.

Mit zunehmenden Transfers von West nach Ost werden die Klagen jener, die direkt unter diesem Dumping zu leiden haben, immer zahlreicher. Im Laufe der sechziger Jahre wanderten viele exportintensive Industrien in den Osten ab: die Exporte schwedischer Möbel erfolgen seitdem aus Polen; die holländischen Fabrikanten von Anzügen und Hemden haben sich in Rumänien bzw. in Jugoslawien eingenistet; die westdeutsche Druckerei hat sich in die Tschechoslowakei verlagert; der Fiat 124 wird seitdem in Polen und der UdSSR gebaut genauso wie die Pirelli-Reifen. Die Liste dieser Produkte ist lang: Olivetti-Schreibmaschinen, Fasern, Dünger und Kunststoffe von Montedison, Autoersatzteile, chemische und Alu-Produkte, die ehedem in Frankreich hergestellt wurden; Nahrungsmittelprodukte und Firmen für öffentliche Arbeiten in Westdeutschland. Und die anderen tun es ihnen massenweise gleich, so auch IBM, ITT, Ericsson, Dow Chemical, Du Pont de Nemours, ICI und die übrigen multinationalen Großkonzerne, die sich dieser Wanderungsbewegung angeschlossen haben.

Der europäische Verband der Fabrikanten chemischer Erzeugnisse ist wegen der Folgen dieser Abwanderung in den Osten besorgt; daß ausgerechnet Mitglieder des Verbandes dabei tonangebend waren, wird stillschweigend übergangen. Die britische Kunststoffindustrie mit ICI an der Spitze hat – trotz des ICI-Engagements an Verträgen vom Typ Wodka-Cola – Schutzmaßnahmen gegen das Dumping durch die Länder Osteuropas gefordert. Im Jahre 1970 hat die kanadische Regierung erfolglos versucht, eine Entscheidung des Antidumping-Gerichts abzuwenden, die Glaswaren aus osteuropäischen Ländern aus Gründen des «Interessenkonflikts» mit einer Importsteuer belastete. Die Regierung hielt die Anschuldigungen, die die kanadische Filiale der britischen Firma Pilkington Company und die amerikanische Firma Pittsburgh Plate Glass Industries erhoben, angesichts des Ausmaßes ihrer Beteiligung an Lizenzvereinbarungen mit den Ländern des Ostens und ihrer Investitionen in diesen für unhaltbar. Es ist sogar möglich, daß ihre Klagen sich auch auf Waren bezogen, die mit ihrem Material von unterbezahlten Arbeitskräften gefertigt wurden.

So war es nämlich fünf Jahre später bei Umberto Agnelli, Miteigentümer von Fiat: War nicht er es, der einen Schutzzoll in ganz Westeuropa gegen das Dumping der «Lada» und «Polski» forderte – beides russische und polnische Kinder des Fiat 124?

Eine Reihe anderer westlicher Länder haben östliches Dumping gerügt, so die BRD insbesondere die Textilpreise der DDR, Österreich, Belgien, Holland und Großbritannien andere Oststaaten, allen voran jeweils die Multi-Konzerne, die doch die Pioniere der öst-westlichen Zusammenarbeit gewesen sind. In England, Holland, Belgien, den USA und Italien ist es vermehrt zur Schließung von Werken gekommen, insbesondere solchen, die Textilien und Kunstfasern herstellen. Die meisten der großen Firmen, die sich jetzt einer ausgedehnten Umstrukturierung ihrer Betriebe durch Entlassungen widmen, fahren weiter fort, in erheblichem Umfang mit Osteuropa zusammenzuarbeiten und von dort Produkte zu importieren.

Die Koproduktion und das System des Gegenkaufs sowie die Dynamik dieses Ost-West-Handels rufen auf sämtlichen Westmärkten direkt oder indirekt das Dumping billiger Waren hervor, die von gering entlohnten Arbeitskräften hergestellt worden sind. Man kann zwar weiterhin diese Tatsache, die aus den aufgezeigten Gründen nicht nachweisbar bleibt, leugnen; aber die Werke und Industriezweige, die davon betroffen sind, werden zur Schließung gezwungen sein – insbesondere die kleinen und die mittleren Betriebe, und zumindest das kann man nicht leugnen. Auch die großen Firmen werden – trotz der Proteste und Streiks – die Schließung westlicher Werke beschleunigen, die am wenigsten Gewinne abwerfen, um den Weg freizumachen für die Artikel ihrer Koproduktion und ihrer Gemeinschaftsunternehmen in Osteuropa.

Multinationale Konzerne im COMECON

Die Länder Osteuropas haben die Integration oder die Koordination ihrer Volkswirtschaften nicht allzu weit getrieben, vergleicht man sie mit dem Westen, wo die multinationalen Firmen die Grenzen aller Länder und deren wirtschaftliche Souveränität eingeschränkt haben. Es gibt kaum mehr als fünfzig bis sechzig Gemeinschaftsunternehmen im Osten, die in zwei oder mehreren unterschiedlichen Ländern etabliert sind, im Gegensatz zu den Tausenden von Niederlassungen industrieller Kooperation, die die westlichen Multi-Konzerne geschaffen haben. Es gibt weniger als zehn Unternehmen des Ostens, die man mit diesen Konzernen vergleichen kann, und diese beschäftigen sich vor allem mit der Verbesserung der Koordination und Spezialisierung auf den Gebieten der Energiegewinnung. Die wichtigsten sind Interatomenergo (Atomenergie und -Brennstoffe), Adriatika Oil Pipeline und Friendship Oil Pipeline; daneben bestehen eine Reihe von derartigen Unternehmen für gemeinsame Forschungs- und Entwicklungsvorhaben. Seit 1971 arbeiten die COMECON-Länder an einem detaillierten Programm der Integration und Spezialisierung; darin ist ein Vertrag vorgesehen, der erstmals ein neues System einheitlicher Preise im Rahmen des COMECON aufweist, eventuell sogar eine gemeinsame konvertierbare Währung. Sollte dieses Ziel erreicht werden, wäre es ein großer Schritt nach vorn in Richtung auf eine weltweite Konvertierbarkeit der Währungen Osteuropas und einer vollständigeren Integration mit der Marktwirtschaft des Westens. Vorerst allerdings scheinen diese Beschlüsse hauptsächlich verbaler Natur zu sein.

Während es sich bei derartigen Abmachungen der COMECON-Länder untereinander häufig um bloße Lippenbekenntnisse ohne praktische Bedeutung handelt, gehen die multinationalen Konzerne wesentlich rascher bei all ihren Projekten bilateraler und multilateraler Kooperation voran. Es ist offensichtlich viel logischer, sich an den technologischen Reichtümern des Kapitalismus zu beteiligen, als die wirtschaftliche Armut des COMECON zu teilen. Als letzterer 1949 geschaffen wurde, war sein primäres Ziel, die wirtschaftliche Autarkie des Ostblocks durch den Austausch von technischen Hilfeleistungen und durch die Entwicklung nationaler Ressourcen zu verstärken. Seine Mitglieder haben niemals die Absicht gehabt, daraus eine supranationale Institution zu machen. Die Zentralisierung, die sich dann aufgrund der alles erdrückenden Herrschaft der Sowjetunion de facto ergab, machte jede Gemeinschaftssatzung unnötig, die die Sowjets im übrigen nicht für notwendig hielten.

Der COMECON ist keine Freihandelszone geworden oder eine Zollunion wie etwa der europäische Gemeinsame Markt. Die Kontrolle, die die nationalen Verwalter über den Außenhandel ausübten, die Nichtkonvertierbarkeit der Währungen, die Beschränkung auf bilaterale kommerzielle Praktiken und die völlig unterschiedlichen und miteinander unvereinbaren Preissysteme machten jeden freien Austausch unmöglich. Die relative politische Unabhängigkeit Rumäniens und das Ausscheiden Jugoslawiens (das beim COMECON Beobachter unterhält) haben seinen Einfluß weiter verringert. Das COMECON ist also vorrangig eine Koordinations-Organisation geblieben, dessen freiwillige Mitglieder ihre politische und wirtschaftliche Souveränität bewahren, denn sie sind Staatsorgane, die einer rein nationalen Verwaltungsspitze unterstehen. Der Einfluß der internationalen Wirtschaftsorganisation COMECON ist mithin von nur marginaler Bedeutung und erstreckt sich hauptsächlich auf den Austausch von Informationen und auf Forschungstätigkeiten, denen keinerlei konkrete Maßnahmen folgen.

Doch der Osten sieht sich mehr und mehr gezwungen, auf bestimmten Gebieten eine größere Arbeitsintegration zu erreichen. Einer der Gründe dafür ist, daß das Clearing des COMECON und der Transfer-

Rubel völlig vom amerikanischen Dollar abhängen. Die Slogans der sowjetischen Propaganda können heute keineswegs mehr den Eindruck der ehedem so gerühmten Preisstabilität oder fehlender Inflation vermitteln. Das Verhältnis des Transfer-Rubels zum Dollar wird jetzt nicht mehr im Abstand von fünf Jahren festgelegt, sondern durch eine jährliche Anpassung vorgenommen. Die brutale Hausse der Preise sowjetischen Erdöls und das Beharren der Sowjets darauf, in harten Devisen bezahlt zu werden, und zwar für all ihre Erdölexporte, haben die Grundfesten des COMECON erschüttert. Das Ungleichgewicht der Währungsparitäten des Ostblocks hat eine Art Chaos mit sich gebracht.

Auch die gemeinsamen Projekte der Staatsorganisationen auf der Grundlage materieller und technologischer Investitionen und auf der Basis der multilateralen Teilung der Produkte und der Endergebnisse bieten offensichtliche Vorteile. Die Staaten des Ostens sind hinsichtlich mehrerer solcher Projekte überein gekommen. Eins davon, das besonders «intrigant» ist, bietet der COMECON als Beispiel multinationaler Zusammenarbeit an: das Beispiel des sowjetischen Fiat, der im Westen unter der Bezeichnung Lada bekannt ist und in der UdSSR als Jigouli. Vier andere COMECON-Länder einschließlich Jugoslawiens produzieren und liefern unter Fiat-Lizenz Einzelteile, die bei der Endmontage in Togliattigrad eingebaut werden. Der Lada ist der Exportartikel, der in Osteuropa die rascheste Aufwärtsentwicklung erlebt hat.

1972 wurde ein Vertrag zwischen sämtlichen COMECON-Ländern mit Ausnahme der ČSSR über den Bau eines Verarbeitungskomplexes für Holzbrei in Ust-Ilimsk geschlossen. Die UdSSR liefert 60 % der Gesamtkosten an Maschinen und Ausrüstungen sowie 100 % der Arbeitskraft, die durchschnittlich die am schlechtesten bezahlte im ganzen COMECON ist – abgesehen vielleicht von den bulgarischen Arbeitern; hierbei wird daran gedacht, das Unternehmen als Modell für weitere Gemeinschaftsprojekte hinzustellen. Für ihre Beteiligung mit 40 % des Kapitals werden die anderen Partner für einen Zeitraum von zwölf Jahren 50 000 t Zellulose jährlich erhalten.

Die COMECON-Partner müssen außerdem einen Teil des Kapitals in der Form von Materiallieferungen für einen großen metallurgischen Komplex in Kursk beisteuern. Im Austausch dafür werden die Partner einen Teil der produzierten Metalle erhalten. In Westdeutschland kauft die UdSSR dabei einen großen Teil ihrer Ausrüstung, insbesondere Anlagen zur Behandlung des Eisenerzes und die Stahlgewinnungsanlagen zur Herstellung von Stahllegierungen. Obwohl der Vertrag vom Typ Koproduktion ist, zahlt die Sowjetunion bar in harten Devisen für einen großen Teil des Materials, weil der von den westdeutschen Firmen geforderte Zinssatz von 9 % ihr zu hoch ist. Anfänglich hatten die Sowjets gedroht, sie wollten mit jemand anders verhandeln: das war reiner Bluff. Wie gewöhnlich sind die hohen Zinssätze in die hohen Preise mit einbezogen worden.

Immerhin scheint sich bei der Entwicklung der Zusammenarbeit zwischen dem COMECON und den westlichen Multi-Konzernen ebenso wie zwischen den Ostblockländern untereinander folgende Phase abzuzeichnen: das langsame Zurückdrängen des exklusiven verstaatlichten Eigentums an allen Produktionsmitteln zugunsten des Eigentums und der autonomen Kontrolle der Verbände und Unternehmen – was einen Schritt vorwärts in Richtung westlicher Strukturen und Praktiken bei den Gemeinschaftsunternehmen bedeutet. Die im Westen etablierten Ostfirmen machen es bereits vor.

II.
Wodka-Cola in der
Praxis

1.
Sowjetische Getreidekäufe in den USA

Als am 6. Dezember 1975 Nikolai Baibakow von der Tribüne des
Obersten Sowjet herabstieg, nachdem er zwei Stunden lang seinen
Jahresbericht über die Situation und die Aussichten der sowjetischen
Wirtschaft dargelegt hatte, rief er zwar den steifen rituellen Beifall der
1300 anwesenden Delegierten, aber vor allem eine tiefe Enttäuschung
bei den ausländischen Beobachtern hervor. Sämtliche Kreml-Kenner
hatten vergeblich jeden Satz des Gosplan-Präsidenten in der Hoffnung
gefiltert, einen Hinweis auf die Gesundheit der sowjetischen Wirtschaft zu finden. Sie hatten allenfalls mitbekommen, daß bei einem
Wachstum der Schwerindustrie um 4,9 % dasjenige der Konsumgüter
und der Nahrungsmittelindustrien nur 2,7 % betragen hatte – offenbar
die niedrigste Rate seit dem Ende des Zweiten Weltkrieges.

Wenige Personen kannten Gregori Waschenko, als er am Morgen
des 7. Dezember das Wort ergriff. Als Präsident des Ausschusses für
Planung und Haushalt beim Obersten Sowjet gehört er zu den Scharen
ohne Stimme und Gesicht, die sich, bar jeder bestimmenden politischen Rolle, in jedem Parlament befinden.

Doch als er in einem äußerst langatmigen Vortrag landwirtschaftliche
Fragen berührte, erregte er ungewohnte Aufmerksamkeit. Die durch-
schnittlichen Ernteerträge, so enthüllte er, würden 8 % unter dem in dem
Fünfjahresplan 1970–75 vorgesehenen Durchschnitt liegen.

Eine Blitzrechnung erlaubte den Schluß, daß Kamerad Waschenko
damit den bedeutendsten landwirtschaftlichen Fehlschlag bekanntgegeben hatte, den das Sowjetregime seit der katastrophalen Ernte von
1963 erlitten hatte; Chruschtschow hatte seinen Posten als erster Sekretär im Jahr darauf verloren. Bei 165 Mio. t Ernte statt der geplanten
und notwendigen 215 Mio. t sahen sich die sowjetischen Behörden
gezwungen, eine Operation klassischen Typs zu wiederholen, die jedoch das ganze Ausmaß der Wodka-Colanisierung illustriert: den
Kauf amerikanischen Getreides oder – um genauer zu sein – den Kauf
von Getreide bei allmächtigen Konzernen in Monopolstellung, über

welche die amerikanische Regierung keinerlei Kontrolle hat, die sie allerdings auch gar nicht wünscht.

Seit 1917 zeichnete sich die russische Landwirtschaft stets durch hochgradige Leistungsschwäche aus. In den Augen der Führer, die im Übermaß von den Dogmen der Industrialisierung und von der revolutionären Rolle der Arbeiterklasse erfüllt sind, erschienen die Bauern lange Zeit als soziale Masse, die verantwortlich dafür sei, daß die Oktoberrevolution unvollendet blieb. Um der Sicherung des neuen Regimes willen führte der künftige Weg dieser nicht auserwählten Klasse in die Proletarisierung und die Verstädterung ihrer Mitglieder.

Im Jahre 1921 sollten drei Millionen Hungertote im Ural und ein banger Hilferuf Lenins an die Amerikaner einem jungen emigrierten Arzt, Gründungsmitglied der amerikanischen kommunistischen Partei, ein Vermögen einbringen. Armand Hammer belud ein Schiff und brachte dem bolschewistischen Regime für eine Million Dollar tonnenweise Getreide. Der Mann war geschickt und brachte es fertig, mit Lenin und Anastas Mikojan freundschaftliche, ja sogar warmherzige Bande aufzubauen, bei denen das ideologische Einverständnis seinen Sinn für Realitäten keineswegs trübte. Er eröffnete in Moskau eine Bleistiftfabrik. Auf sein Betreiben düngte die Allied Drug and Chemical Corporation die russischen Felder und erhielten achtunddreißig ausländische Firmen das Recht, zu Lenins N.E.P., diesem Zwischenakt der Revolution, beizutragen. Hammers Kunden kauften alles vom Parker-Stift bis zu Schreibmaschinen Marke Underwood. Heute kehrt Hammer, dank jener Episode Milliardär, immer wieder mit gleichbleibender Regelmäßigkeit in die UdSSR zurück. Im April 1973 – zweiundfünfzig Jahre nach seinem ersten Geschäft – schloß er für die ihm gehörende Ölfirma Occidental Petroleum einen Vertrag über acht Milliarden Dollar ab: es handelte sich um die Ausbeutung von sowjetischem Gas und Erdöl im Laufe der nächsten zwanzig Jahre.

Unter Stalin wurden nicht nur die Deportationen der Bevölkerung, die Zwangskollektivierungen, der Vorrang der Schwerindustrie, sondern auch – aufgrund des fehlgeschlagenen Versuchs, in Sibirien Getreide zu akklimatisieren – die Unterernährung und der Hunger zwei charakteristische Merkmale des täglichen Lebens in der Sowjetunion. Im Namen des Aufbaus des Sozialismus und des sozialistischen Realismus wurde immer wieder dem Hochspannungsmast der Vorrang gegenüber dem Getreidehalm eingeräumt. Chruschtschow hat versucht, diese Prioritäten der Vergangenheit zu ändern. Jeder hat im Geiste die romantische Silhouette des ersten Parteisekretärs vor Augen, wie er in der Hand einen Maiskolben hält, als wär's ein Edelstein. Seit 1956 hatte Chruschtschow im Laufe seiner berühmten Hungerrede vor dem XX. Kongreß, den erbärmlichen Zustand der Landwirtschaft erkannt und darauf hingewiesen, daß 1952 die Produktion kaum höher war als 1916, dem letzten Jahr des Zarenregimes. Der Versuch allerdings, sein Land in der Weltproduktion der Traktoren zahlenmäßig an die erste Stelle zu bringen, die Einkommen der Bauern zu erhöhen und eine riesige Kampagne zu starten, die auf die Urbarmachung und Bestellung von über 100 Mio. Morgen Ödland von Kasachstan bis Sibirien hinausläuft, scheiterte völlig.

Die Initiativen, selbst die tatkräftigsten, stoßen immer wieder an zwei Schranken, die die Unabhängigkeit der Sowjetunion auf dem Getreidesektor permanent hintertreiben.

Die erste ist klimatischer Art. 70 % der Felder liegen zwischen dem 49. Breitengrad und dem Polarkreis, wo die Niederschläge zahlreich, die Sonne spärlich und die Wachstumssaison äußerst kurz ist. In Sibirien werden weite Teile der bebauten Flächen ab Anfang September vom Frost in Mitleidenschaft gezogen. Nach den Berichten der für diese Region Verantwortlichen bestehen nur alle vier Jahre günstige Wachstumsbedingungen.

Die Katastrophe von 1975 beruht auf dem Zusammentreffen von zwei klimatischen Abnormitäten: einem ungewöhnlich milden Winter, durch den Schneefälle verhindert wurden – jener unentbehrliche Schutz für die Winterernten; sodann folgte nach der Aufblüte im Frühling ein extrem trockener Monat Juni, der die Getreidefelder verbrannte und die Produktion erheblich beeinträchtigte.

Die zweite Schranke besteht in den vielfältigen und widersprüchlichen Anordnungen, die das Leben des russischen Landarbeiters zu einem regelrechten Hindernislauf zwischen den verschiedenen administrativen Schikanen machen, die die zentralen Behörden anordnen. Ein Reporter der *Prawda*, der während der letzten Ernte eine Kolchose besuchte, stellte fest, daß die Arbeiter in einer Flut sich widersprechender Anordnungen ertranken, mit denen ihnen beispielsweise mitten in der Ernte befohlen wurde, die Arbeit ruhen zu lassen und andere Weisungen abzuwarten, oder während des Dreschens auf einmal zum Hauptquartier des Gebiets zu kommen, um an Versammlungen teilzunehmen.

Diese Kolchose hatte innerhalb von fünf Monaten 778 Telefonanrufe und ununterbrochen die widersprüchlichsten Anweisungen erhalten. Der Journalist drang bis zum Agrardienst des Bezirks vor, der diese Anweisungen erteilt hatte. Von verängstigten Funktionären erhielt er eine hinhaltende Antwort und den Hinweis, sich ans Provinz-büro zu wenden. Der zielstrebige Reporter erfuhr schließlich, daß die Verantwortlichen der Region innerhalb von vier Monaten mehr als 6000 Anordnungen aus den Moskauer Ministerien oder gar direkt mit dem Kreml verbundenen Dienststellen erhalten hatten.

Im Agrarsektor ist immer noch ein Drittel aller sowjetischen Arbeiter zusammengefaßt, aber die Ergebnisse genügen nicht, damit 252 Millionen Einwohner in einem System der Selbstversorgung leben können. Das ist eine bittere Feststellung für die kommunistischen Verantwortlichen angesichts der Tatsache, daß nur 4 % der aktiven amerikanischen Bevölkerung unter den – zugegebenermaßen – idealen klimatischen Bedingungen des Mittleren Westens 80 % der Welt-Getreideproduktion erstellen.

Von 2762200 Traktoren, die von 1966 bis 1974 in der UdSSR gebaut wurden, sind nur 676000 in betriebsfähigem Zustand. Nach Angaben der *Prawda* vom September 1975 wurde 1964 ein neues Modell einer Erntemaschine in die Fabrikation gegeben. Von den 10000 Maschinen, die schon bestellt worden waren, wurden kaum 30 % geliefert. Seit der im März 1965 stattgefundenen Plenarsitzung des Zentralkomitees sind die Investitionen auf dem Agrarsektor beträchtlich erhöht worden. Sie sollen von 131 Mio. Rubel, die im Laufe der letzten fünf Jahre investiert wurden, auf 171 Mio. Rubel (227 Mio. Dollar) für den nächsten Plan steigen. Indessen bleiben die Lebensbedingungen mühevoll, und die Mehrheit der jungen Leute möchte lieber in die Stadt ziehen. Der Mangel an qualifiziertem Personal wird in jeder Saison stärker spürbar. Die Zeitungen berichten immer wieder davon, daß die Maschinen nicht rechtzeitig für die Ernten repariert worden sind. Das Material ist alt, paßt nicht, die Produktionskosten sind um 45 % gestiegen, und die Felder erhalten kaum ein Drittel der Düngermenge, die europäische, kanadische oder amerikanische Bauern ausschütten.

Bis zu diesen letzten Ereignissen gab es praktisch überhaupt keine Lagerung der Ernten, da in den aufeinanderfolgenden Plänen niemals auf die Notwendigkeit hingewiesen worden war, Speicher zu bauen. Die Fachleute schätzen, daß dadurch 20 % der 220 Mio. t, die im Jahre 1973 geerntet wurden, verlorengingen. Die Imperative der Produktivität lösen sich in der zermürbenden Konfrontation mit den täglichen Existenzbedingungen auf.

Deshalb sind über zehn große städtische Zentren von einer schmerzlichen Brotknappheit befallen. Stundenlang bilden sich Schlangen, wie in den schlimmsten Tagen der Hitler-Besatzung. Angesichts dieser Katastrophe zogen es die Bauern vor, das Getreide zu behalten, um wenigstens noch einige Zeit ihr Vieh füttern zu können.

Wenn nicht bald große Mengen Futtergetreide importiert werden, muß die Mehrheit des sowjetischen Viehbestands geschlachtet werden, und das wiederum wird unberechenbare Folgen für die Ernährung und Gesundheit des Durchschnittsbürgers haben, der fortan Brot *und* Fleisch entbehren muß. Der anhaltende Eiweißmangel, der sich dadurch einstellen kann, beeinträchtigt die Leistungsfähigkeit derjenigen, die schwere körperliche Arbeit leisten müssen.

Angesichts dieser Situation können die sowjetischen Führer nichts weiter machen, als sich erneut an Amerika zu wenden – das einzige Land, dessen landwirtschaftliche Produktivität in der Lage ist, ihre Schwierigkeiten zu beheben.

Die Rationierung von 1963 – eine unglückliche Verbindung eines launischen Klimas mit Chruschtschowschen Irrtümern – zwang die Erben Lenins, in ihren Goldreserven zu wühlen. Der Verkauf von Goldbarren ergab eine Milliarde Dollar, die zum Kauf von australischem und kanadischem Getreide bestimmt waren. Der amerikanische Markt, der immerhin wesentlich umfangreicher und vielfältiger war, wurde aus ideologischen Gründen gemieden. Die Berlin-Krise lag nur zwei Jahre zurück, und die kubanische Raketenaffäre gerade erst zwölf Monate. Es war jetzt sehr schwierig, einer ausgehungerten Bevölkerung das Spektakel von Führerpersönlichkeiten zu bieten, die über die Felder von Iowa sprangen und sich über die geheiligten Grundsätze des Marxismus hinwegsetzten.

Offensichtlich überraschte diese ideologisch begründete Taktik der UdSSR die amerikanische Getreidelobby gar nicht, die – aus sechs privaten Firmen zusammengesetzt – den Weltmarkt der Getreideerzeugnisse kontrolliert. Dieses Kartell übte Druck auf die Regierung Kennedy aus mit dem Ziel, Möglichkeiten zu erhalten, mit den Russen Verhandlungen aufzunehmen, und zwar trotz eines von John Foster Dulles übernommenen Arsenals hinderlicher juristischer Texte und drakonischer Einschränkungen des Handelsverkehrs mit der kommunistischen Welt. Die Zitadellen der Exekutive fielen eine nach der anderen. Orville Freeman, Agrarminister, ließ die Operation über die Bühne gehen.

Dean Rusk, Außenminister und vor allem der alte Präsident der Rockefeller-Stiftung, dessen Rolle in der Entwicklung und Festigung der Handelsbeziehungen mit dem Osten bestimmend war, billigten das Projekt. «Unter der Bedingung», fügte er hinzu, «daß sich die Sowjetunion verpflichtet, nicht einen Teil des gelieferten Weizens nach Kuba weiterzuleiten.»

Ein Konsortium aus Vertretern jedes Konzerns wurde gebildet. Um die Indiskretionen und die diplomatischen Verwicklungen zu vermeiden, fanden die Verhandlungen mit den Kommunisten in Kanada statt. Die Bürgschaft des Präsidenten wurde am 10. Oktober während einer Pressekonferenz erbracht. John F. Kennedy erklärte: «Wenn wir nicht an die Russen verkaufen, werden die sowjetischen Propagandisten bei den anderen Nationen unsere mangelnde Bereitschaft zur Milderung der Spannungen und der Leiden ausschlachten.»

Zweiundvierzig Tage danach stoppten die Kugeln von Dallas eine Präsidentschaftskarriere, aber in keinem Fall den Ablauf der Verhandlungen. Johnson beerdigte seinen Vorgänger, übernahm das Dossier und unterzeichnete am 29. November, sieben Tage nach Kennedys Ermordung, eine Ergänzung, die ihm die Vollmacht verlieh, die Darlehensgarantien der Export-Import Bank zu billigen. Die Sowjets waren damit offiziell ermächtigt, 350 000 t Hartweizen für 78,5 Mio. Dollar in bar zu erwerben zuzüglich 11,5 Mio. Dollar für die Kosten der Verschiffung und des Transports mit amerikanischen Schiffen nach Häfen des Schwarzen Meeres.

In Wirklichkeit aber lautete der unter absoluter Geheimhaltung abgeschlossene Vertrag über 4 Mio. t Weizen im Werte von mehr als 200 Mio. Dollar. Das so abgeschlossene Geschäft blieb indessen zur Hälfte hinter den Hoffnungen der Konzernbosse zurück; sie hatten es mit einer heftigen Opposition im eigenen Lande zu tun, die die Gewerkschaft der Schiffsausrüster ebenso wie den rechten Flügel des amerikanischen Senats unter Führung Barry Goldwaters umfaßte.

Indes kam die am nachhaltigsten und eindrucksvollsten vorgetragene Opposition während der gesamten Verhandlungen von einem einzelnen Mann. Richard Nixon, dieser Weise unter den Weisen, fand spenglerhafte Töne, um seine Geißel zu schwingen über «jene, die die Sache der Freiheit verschleudern». In einem der Fernsehgesellschaft ABC gewährten Interview verstieg er sich sogar zu der Aussage, daß diese Verkäufe «den größten Fehler der Außenpolitik der amerikanischen Regierung und eine Katastrophe darstellen, die diejenige in der Schweinebucht noch übertrifft».

Dessen ungeachtet wurde ausgerechnet unter der Administration Nixon, unter dem korrumpierenden Mantel der Verschwiegenheit, die bedeutendste kaufmännische Transaktion abgewickelt: der Kauf amerikanischen Weizens durch die Kommunisten.

Im Juni 1969, kurz vor seiner Begegnung mit Mao Tse-tung, beendete der andere Nixon ein siebzehnjähriges Embargo gegen China, das zu Beginn des Korea-Krieges von Truman erlassen worden war. Auf sein Betreiben hin wurden die Vorschriften über die «Erteilung von Sonderlizenzen» für den gesamten Handel mit der UdSSR und den kommunistischen Ländern Osteuropas gestrichen. Seitdem ist nur noch eine gewöhnliche Genehmigung erforderlich, und die Exporte brauchen fortan auch erst im Augenblick des Versands gemeldet werden.

Als Earl Butz, amerikanischer Landwirtschaftsminister, sich im Frühjahr 1972 nach Moskau begab, war der Kalte Krieg endgültig unter Millionen Tonnen von Getreide begraben, und aus den Ernährungsschwierigkeiten der Sowjetunion ergaben sich für die Großen Sechs des Mittelwestens hoffnungsvolle Zukunftsaussichten. Einzige Schwierigkeiten: bisher hatten die Kommunisten stets «bar» bezahlt, ein Bemühen, das sie ehrte, aber zu dessen Fortsetzung sie sich als absolut unfähig erwiesen. Die Verhandlungen, die von russischer Seite von Außenhandelsminister Nikolai S. Patolitschew und den Stellvertretern Michael Kuzmin und Zoltan Golodobenko geführt wurden, gipfelten am 8. Juli in Nixons Erklärung, daß die UdSSR zum Kauf von Weizengetreide eine Finanzhilfe erhalte, und zwar in Form eines Kredits von 750 Mio. Dollar.

Auf diese Weise wurde – mit dem «Johnson Act» von 1964 – das letzte juristische Hindernis der «amtlichen» Ausweitung der sowjetisch-amerikanischen Wirtschaftsbeziehungen abgebaut.

Angefangen hatte alles zehn Tage zuvor in absoluter Geheimhaltung. Im Juli 1972 kamen Nikolai Belusow und Leonid Kalitenko, die beiden ersten Leiter von «Exportchleb», der sowjetischen Regierungsagentur, die mit Transaktionen mit dem Ausland in Getreidefragen beauftragt ist, nach New York, um unter Vermeidung jeglicher Publizität 20 Millionen Tonnen Weizen bei den Vereinigten Staaten einzukaufen; ihre Gesprächspartner waren Vertreter von sechs Konzernen, deren Gewinne höher sind als diejenigen der Ölkonzerne.

Im Laufe dieser Diskussionen lieferte jeder der Beteiligten den Beweis eines tadelsfreien Pragmatismus. Während Nixon den Hafen von Haiphong verminte, verhandelten die Russen weiter; unterdessen teilten sich die Verhandlungspartner der Konzerne 204 Millionen Dollar – die Erträge der Nahrungsmittelhilfe, die dem Vietnam Thieus und dem Kambodscha Lon Nols gewährt wurde.

Die Strategie dieser Konzerne ist weltumfassend und vielfältig. Jedes Jahr machen die Getreidekonzerne Geschäfte in der Größenordnung von Milliarden Dollar; sie beherrschen den Weltmarkt und 90 %

der amerikanischen Exporte. Sie fütterten 1971/72 das sozio-kommunistische Chile Allendes mit Weizenexporten im Werte von 261 bzw. 383 Mio. Dollar. Als 1973 Kredite fehlten, konnte die chilenische Regierung eine solche Einfuhrpolitik nicht mehr aufrechterhalten. Heute bestreitet niemand, daß die Versorgungsschwierigkeiten entscheidend zu der Unzufriedenheit der Mittelklasse beigetragen haben; der Bruch dieser Bürger mit der Regierung sollte den Sturz Allendes beschleunigen.

Diese Firmen haben eine extrem weitreichende Integrationsstruktur, und ihre Kontrolle erstreckt sich von den Roggenfeldern zu den Auslandsmärkten und bis zu den Straßen- oder Binnenschiffstransporten. Sie operieren mit großen Befrachtungsgesellschaften, die die gesamten Frachtreedereien in der ganzen Welt beherrschen, und häufig verfügen sie sogar in zahlreichen Ländern über ihre eigenen Hafenanlagen. Ein auf viele Länder verstreutes, kunstvoll verflochtenes System, über örtliche Büros, politische Kontakte und dunkle Quellen Druck auszuüben, ermöglicht es ihnen, über Informationsquellen zu verfügen, die so genau sind, daß selbst der CIA, der gegenwärtig ziemlich außer Atem ist, sich gern an sie wendet. Unter Einsatz der kompliziertesten Mechanismen des zeitgenössischen Kapitalismus manipulieren sie den Markt, handeln mit der komplizenhaften Unterstützung der Großbanken und unterwandern die politische Macht.

Am Morgen des 2. Juni telefonierte Belusow mit dem in Manhattan gelegenen luxuriösen Büro von Michael Fribourg, dem Inhaber der Continental Grain Company. Dieser Konzern beliefert 25 % des Welt-Getreidemarktes, besitzt Dutzende von Frachtflugzeugen und nicht weniger als rund hundert angeschlossene Gesellschaften, deren Tätigkeiten vom Brotbacken zur Hühnerzucht reichen und Dinge wie die Herstellung und den Vertrieb von Fertiggerichten einschließen. Continental kontrolliert darüber hinaus Felder und Mühlen in Venezuela, in Puerto Rico, in Ecuador, Guadeloupe und Zaïre, Rinderzucht in Argentinien, Ländereien und Wintersportstätten in Spanien.

Die im belgischen Arlon von einem aus Metz stammenden Exilfranzosen gegründete Firma Continental Grain befindet sich nach wie vor vollständig im Besitz der Familie Fribourg. Die Firma ist 1922 endgültig in die Vereinigten Staaten übergesiedelt, und ihr derzeitiger Präsident Michael Fribourg hat 1944 die amerikanische Staatsbürgerschaft angenommen, nachdem er den Krieg beim Geheimdienst mitgemacht hat.

Fribourg, der den Befürwortern der Entspannung eng verbunden ist, hat sich häufig nach Moskau begeben und kennt die sowjetische Führungsclique ganz genau. Belusow war vor allem 1963 in Ottawa einer seiner Gesprächspartner bei den Verhandlungen, die der Periode der Entspannung voraufgingen.

Doch an jenem Morgen hatte der verantwortliche Abgesandte der UdSSR wenig Glück: Fribourg war in Paris, wo er an Arbeitstagungen teilnahm, und als sein New Yorker Büro versuchte, ihn zu erreichen, hatte er die französische Hauptstadt bereits verlassen. Doch Bernard Steinweg, Schwager Fribourgs und Mitglied der Geschäftsführung von Continental, befand sich noch in Paris. Sowie er von Belusows Anruf wußte, flog er zusammen mit dem in Rußland geborenen Gregoir Ziw, der für die Außenbeziehungen der Firma verantwortlich war, nach New York. Die beiden Männer wurden von Clarence Palmby, einem der Continental-Vizepräsidenten, empfangen. Die Karriere dieser Persönlichkeit ist ein hervorragendes Beispiel für die Brüchigkeit der Wände, die angeblich den Sektor Privatwirtschaft von der Bundesadministration trennen. Der einstige Milchhändler Palmby hatte anfangs für den U.S. Feed Grain Council gearbeitet, der unter der Kontrolle der großen Konzerne mit der Aufgabe betraut ist, die amerikanischen Getreideexporte zu entwickeln. Kurz darauf wurde er zur Nummer zwei des Landwirtschaftsministeriums ernannt, während sein Sohn Tom vom führenden Getreidelobbyisten, der Cargill Company, engagiert wurde.

Im Ministerium kontrollierte Clarence Palmby ein Schlüsselorgan, die USDA, die die Aufgabe hat, den Umfang der Regierungszuschüsse je nach den Schwankungen der Welthandelskurse festzulegen und den Exporteuren zuzuteilen.

Im März 1972 wurde Palmby von Fribourg eine Stellung angeboten. Am 23. Mai reichte er seine Demission ein, und am 8. Juni trat er als Vizepräsident für Planung und Entwicklung in Fribourgs Firma mit einem Jahresgehalt von 110 000 Dollar ein – dreimal soviel, wie er bei der Behörde bezogen hatte.

Während Palmby und Gregoir Ziw den Vertreter von «Exportchleb», Leonid Kalitenko, an der Bar des Madison Hotel trafen, rief Belusow in Wazyata am Stadtrand von Minneapolis an, wo sich der Hauptsitz der Cargill Inc. befindet. Die im Besitz der beiden Familien Cargill und MacMillan befindliche Firma Cargill Inc. ist das größte Privatunternehmen der Vereinigten Staaten. Mit 5027 Millionen Dollar Jahresumsatz 1972 und 9 Mrd. Dollar 1975 ist diese Firma zum kraftvollen Symbol der Konsumkapazitäten amerikanischer Verbraucher geworden. Cargill beherrscht den Weltmarkt sowohl hinsichtlich des Umfangs der Umsätze als auch der extremen Diversifikation der Tätigkeiten, die von peruanischen Anschovis-Fabriken bis zu Versicherungsgesellschaften reichen. Heute besitzt die Firma Fühler in vierunddreißig Ländern, und ihr Auslandsgeschäft wird von einer Schweizer Filiale, der in Genf ansässigen Tradax, abgewickelt. Die mit Continental verbundene Firma Cargill, erster Exporteur für Weizen, Mais und Gerste aus Argentinien, kontrolliert seit 1935 praktisch sämtliche kanadischen Weizenexporte.

Dieser Mischkonzern besitzt Sojaverarbeitungswerke in Spanien, Westdeutschland, Belgien und Frankreich; im übrigen hat es diese Minnesotaer Firma zu einiger Geschicklichkeit gebracht, politische Gelegenheiten auszunutzen. 1968 verkündete sie, sie sei bereit, im Süd-Korea des Diktators Park Chung Hee eine riesige Zucht anzufangen, und die amerikanische Regierung sollte zu 95 % die Finanzierung übernehmen. Diese lokale Tochterfirma mit der Bezeichnung Korea Cargill sollte geleitet werden von Seung Man Park, der während des Korea-Krieges mit den amerikanischen Streitkräften Verbindung hatte. Der Verantwortliche für Bau und Technik, Myung Chon Chang, hatte von 1966 bis 1968 in Süd-Vietnam gearbeitet. Eine große Anzahl von Mitarbeitern waren Veteranen des Korea-Krieges, und alle erhielten eine militärische Ausbildung, was – nach Edwin Fuller, dem Vizepräsidenten Cargills für Asien – «aus ihnen perfekte Arbeiter macht».

Aufgrund des Volumens ihrer Finanzoperationen besitzt die Cargill Inc. Kreditlinien bei vierzig Banken, und vor allem bei acht der zehn größten amerikanischen Bankinstitutionen. Diese Firma unterhält wie das gesamte Getreidegewerbe Sonderbeziehungen zur Chase Manhattan Bank. Das Haus der Familie Rockefeller gilt nach Ansicht der Cargill-Bosse als «Führer der Bankwelt», und die Koordinierung zwischen diesen beiden Mächten reicht zurück bis ins Jahr 1933, als John Peterson die Geschäftsführung der Chase verließ, um die Leitung des Finanzreferats bei Cargill zu übernehmen. Im Jahre 1945 hieß es in einem Bericht der Firma aus Minnesota, daß «unter den zahlreichen Gläubigern der bedeutendste die Chase Manhattan Bank ist, das größte Bankhaus der Welt».

Die Getreidefirma unternimmt keine größere Finanzaktion, ohne zunächst die New Yorker Bank zu befragen, und diese gemeinsame Wirtschafts- und Finanzstrategie findet sich im politischen Bereich wieder. Obwohl sich die Meinungen der Inhaber und Geschäftsführer von Cargill mit den konservativsten Haltungen der Republikanischen Partei decken, ist die Firma auf keine ideologische Richtung festgelegt und schöpft sich aus dem politischen Fischteich ohne Ansehung der Etiketten jene heraus, die ihr am nützlichsten sein können. Die demokratischen Senatoren von Minnesota Hubert Humphrey und Walter Mondale, Vizepräsident Jimmy Carters, haben stets die Großzügigkeit des Konzerns genossen. Humphrey, Bürgermeister von Minneapolis, begab sich häufig zum Sitz von Cargill. Was Mondale angeht, so hat der *Congressionnal Record*, das amtliche amerikanische Journal, die Beträge aufgeführt, die er von der Firma erhielt, als einer der Erben dieses Imperiums zum Mitarbeiterstab des Senators gehörte.

Obwohl Cargill sämtliche Präsidentschaftskandidaten der Vereinigten Staaten hofiert hatte, machte der Konzern nie ein Hehl daraus, daß er stets enger mit Richard Nixon verbunden war als mit irgendeinem anderen amerikanischen Politiker. Die Beziehungen reichten sehr weit zurück, und es ist durchaus fraglich, ob sie von Anfang an politischer Opportunität entsprangen. Die streng kommunistenfeindliche Haltung von Eisenhowers Vizepräsidenten, sein unerschütterliches Eintreten à la Savonarola für die Mittelklasse führten gewiß zu einer tiefen Komplizenschaft mit diesen Reichen des Mittleren Westens, die mit Genugtuung die Schlappen der kommunistischen Welt registrierten, ohne noch daran zu denken, sie auszunutzen.

Nach seinen politischen Niederlagen fand Nixon, der wieder seine Anwaltstätigkeit für in Schwierigkeiten befindliche kleine Unternehmen aufgenommen hatte, erneut zu Cargill, einem der Kunden der Kanzlei Mudge, Stern & Baldwin. Im Frühjahr 1964 begab er sich in Minnesotas Hauptstadt, und die Konzerngrößen organisierten für ihn eine Konferenz im Minneapolis Press Club. Es war sein erstes öffentliches Auftreten seit seiner Niederlage in Kalifornien. Nixon gelang ein seine weitere Karriere ermutigender Erfolg.

Im Jahre 1970 hielt der Cargill-Konzern Einzug in die Büros des Weißen Hauses. Einer der Vizepräsidenten, William Pearce, wurde von Nixon als Sonderberater für Handelsfragen im Range eines Botschafters bestellt. Pearce nutzte seine Managementerfahrungen, um die Haltung des Kongresses geschickt umzuorientieren, Änderungen der Gesetzgebung in einem für die Firmen günstigeren Sinne zu erreichen und vor allem, um auf die Ausweitung der Handelsbeziehungen mit der Sowjetunion hinzuwirken. Zusätzlich war Cargill im Handels- und Wirtschaftsrat USA–UdSSR vertreten, jenem Nervenzentrum der ökonomischen Ost-West-Entspannung. Schließlich brachte der gewitzte Konzern seinen Ehrenpräsidenten Fred Seed in der Leitung des Staatsrates für den amerikanisch-chinesischen Handel unter.

Cargills Präsident Erwin Kelm war also gar nicht überrascht, als ihn Belusow anrief. Die Verkäufe an die Sowjetunion bildeten einen Teil der kommerziellen Möglichkeiten, die seit mehreren Jahren von seiner Firma programmiert und eingeplant waren.

Als sich Cargills Geschäftsleitung, nämlich Kelm, sein Assistent Barry Saunders und die Verantwortlichen für die Sektoren Weizen, Gerste und Mais später mit Belusow und Sakun trafen, schienen die Russen am Kauf von Gerste oder Mais nicht interessiert zu sein und weigerten sich beharrlich, das Thema Weizen anzuschneiden. Als Kelm und seine Mannschaft vorschlugen, die Verhandlungen am nächsten Morgen wiederaufzunehmen, war die Antwort der Sowjets negativ: «Es ist nicht erforderlich, diesen Kontakt weiter fortzusetzen; wir werden uns wieder melden.» Drei Tage darauf wurde Saunders im Hotel Regency angerufen, um zu hören, daß Belusow, Kalitenko und Sakun abgereist waren.

Am 3. Juli flog Bernard Steinweg von Continental Grain nach Washington. Er war mit Carroll Brunthaver verabredet, dem Nachfolger Palmbys bei der USDA. Wie sein Vorgänger kommt Brunthaver von den Getreidefirmen. Er war Ökonom bei Cook Industry in Memphis, einer Firma, die sich gleichfalls an den Transaktionen beteiligte.

In dieser Zeit lagen die Weltpreise für Weizen unter den amerikanischen Preisen, und die Russen waren entschlossen, in den Vereinigten Staaten größere Einkäufe zu tätigen. Fraglich war allerdings, wie die Regierungspolitik hinsichtlich der Exportzuschüsse aussehen würde. Nur wenn der Agrarminister entschlossen war, den im vergangenen Jahr festgesetzten Satz von 60 Dollar pro Tonne Weizen – 1,63 Dollar pro Bushel – beizubehalten, wäre angesichts eines Inlandspreises von 2,70 Dollar pro Bushel die Konkurrenzfähigkeit der amerikanischen Konzerne gewährleistet.

Offensichtlich war Brunthaver, der seit weniger als zwei Wochen im Amt war, wenig interessiert an den Einzelheiten der Verhandlungen, der Höhe der fraglichen Beträge und vor allem den möglichen Rückwirkungen auf die Inlandspreise.

Ein Jahr später versicherte Steinweg vor einem Unterausschuß des Senats, Brunthaver in Begleitung des Vizepräsidenten von Continental, James Good, und des Washingtoner Firmenvertreters Samuel Sabin getroffen zu haben. Steinweg erklärte, er habe dem Chef der USDA bedeutet, daß die Sowjets vier Millionen Tonnen Mehl, fünf Millionen Tonnen Hartweizen und vielleicht zwei Millionen Tonnen Mais zu kaufen wünschten. Diese Zahlen stellten den größten Handelsvertrag dar, der jemals in der Geschichte der Vereinigten Staaten von privater Hand auf dem Getreidesektor ausgehandelt worden war. Carroll Brunthaver stritt ab, solche Andeutungen von seiten Steinwegs erhalten zu haben. Er habe sich damit begnügt, seinen Gesprächspartner zu beruhigen, indem er ihm die traditionelle Position seines Ministeriums erneut bestätigte: die Exporte sollten die üblichen Zuschüsse erhalten, unabhängig von der Höhe der Beträge.

Beruhigt kehrte Steinweg nach New York zurück, fand Fribourg vor und setzte die Diskussionen mit den Sowjets fort. Am 5. Juli erklärte Belusow, Exportchleb wünsche zu kaufen: 5 Mio. t Mehl, 500000 t Hartweizen und 4,5 Mio. t Futtergetreide.

Die Verträge der Continental sahen vor, daß die Lieferungen bei Übergabe der Frachtpapiere bar bezahlt werden sollten. Aber diese Verkäufe waren nicht im Rahmen des Kredits kontingentiert, den die UdSSR mit der Bekanntgabe am 8. Juli in Höhe von 750 Mio. Dollar erhalten hatte.

Am Morgen des 6. Juli verließen Belusow und seine Mannschaft das Regency, um sich im Hotel Hilton einzumieten. Am gleichen Tage klingelte nachmittags das Telefon in Memphis im Büro von Ned Cook, dessen Firma zwischen 10 und 18 % der amerikanischen Getreideexporte kontrolliert. Die in Tennessee ansässige Firma Cook Industry, deren Wohlstand auf dem Baumwollhandel beruht, war Neuling im Getreidehandel. Bei der zu 40 % im Besitz der Familie Cook befindlichen Firma handelt es sich um das einzige Unternehmen, das seine Aktien direkt in der Öffentlichkeit verkauft. Die äußerst tüchtige Führung durch den derzeitigen Inhaber Ned, der an der Yale-Universität sein Diplom gemacht hat, hat daraus eine der amerikanischen Firmen gemacht, deren Expansion höchst dynamisch verlaufen ist. Das nächste Treffen wurde für den kommenden Morgen 9.30 Uhr im Hilton verabredet.

Danach rief Belusow Philip McCaull an, den geschäftsführenden Vizepräsidenten der Louis-Dreyfus Corporation, die die am wenigsten bekannte der großen Gesellschaften war. Diese Firma, die 10 % des amerikanischen Getreidehandels abwickelt, ist im Besitz der in Paris ansässigen Familie Dreyfus, welche so verschiedene Beteiligungen aufzuweisen hat wie Investitionen in Glasfabriken, zwei in London und Frankreich ansässige Reedereien der Handelsmarine und die Bank Louis-Dreyfus, die bei der Finanzierung von Geschäften mit dem kommunistischen Osten sehr aktiv ist. Die Familie Dreyfus kontrolliert außerdem die Europäische Hypothekenbank (die fünftgrößte Hypothekenbank Europas).

Belusow schlug McCaull vor, ihn zwei Tage später zu treffen. Am

99

nächsten Tag traf sich Patrick Gardner, Vizepräsident von Louis-Dreyfus, mit Brunthaver in Washington. Brunthaver, der nach wie vor wenig Interesse zeigte, sicherte zu, daß die Regierung ihre Politik der Zuschüsse nicht aufgeben und alles tun werde, um den amerikanischen Weizen beim Welthandelspreis (1,63 Dollar pro Bushel) zu halten.

Am gleichen Tage flogen Ned Cook von der Firma Cook Industry und William Sparks, der Leiter der Abteilung Getreide, nach New York, um Belusow und Kalitenko zu treffen.

Tatsächlich erwarteten die Verantwortlichen von Exportchleb aber schon den Besuch von Barry Saunders von der Cargill Inc., den sie vier Tage lang hingehalten und dann am Vorabend angerufen hatten. Saunders wurde begleitet von Melvin Middents, dem Weizenfachmann bei Cargill, und Tom Connally, dem Leiter des New Yorker Büros.

Seit zwei Tagen war Saunders durch ihm vorgelegte Berichte beunruhigt. Alles schien seinen normalen Gang zu gehen bei Continental Grain, wo eine außergewöhnlich hohe Schiffstonnage für die Verschiffung nach russischen Häfen fertiggemacht wurde. Brunthaver hatte ihm gegenüber nicht die geringsten Angaben gemacht. Um 14 Uhr unterzeichnete Belusow den Vertrag mit Cargill Inc. über den Kauf von einer Million Tonnen roten Winterhartweizen. «Es ist der dickste Vertrag, den ich jemals in meinem Leben ausgehandelt habe», sagte Saunders später.

Nachdem er das Hotel verlassen hatte, traf sich Ned Cook mit den Russen. Er schloß mit ihnen einen Vertrag über 300000 Tonnen ab.

Nach ihm schlossen Gérald Louis-Dreyfus und seine beiden Vizepräsidenten Theo Joseph und Patrick Gardner ebenfalls mit den Russen einen Vertrag über 750000 Tonnen ab. Am gleichen Tage telefonierte die sowjetische Delegation mit Karl Brasmer, dem Vizepräsidenten der Bunge Corporation, dem New Yorker Ableger des lateinamerikanischen Finanzimperiums der Familien Bunge und Born, deren Inhaber feste freundschaftliche Beziehungen zu hohen Würdenträgern des brasilianischen Militärregimes haben. Brasmer und Bunge-Präsident Walter Kelin trafen sich mit den Unterhändlern des Exportchleb und setzten am frühen Morgen ihre Unterschrift unter einen Vertrag über 600000 Tonnen.

Am 8. Juli gab das Weiße Haus den Abschluß des Vertrages mit der UdSSR bekannt, und zwar über 750 Mio. Dollar Kredit zum Einkauf von Weizen. Theoretisch erstreckte sich dieser Kredit auf eine Laufzeit von fünf Jahren. Faktisch werden die Russen die Gesamtheit der Summe bereits in der ersten Saison ausgeschöpft haben.

Am 9. Juli unterzeichneten die Russen einen weiteren Vertrag mit Cook über 300 000 Tonnen Weizen.

Am gleichen Tag notierte die Chicagoer Börse, die sämtliche Tendenzen aus der Welt des Getreides angibt, den Bushel Weizen mit 2,44 Dollar. Dies bedeutete für die USDA einen Finanzzuschuß von 81 Cents für den Export. Am 11. Juli verlangten die Wirtschaftsbehörden des Weißen Hauses von Brunthaver einen Bericht über den Stand und das Ausmaß der Transaktionen. Dieser konnte nur vage Andeutungen liefern, ohne genauere Angaben der Tonnage. Am 13. Juli verließen die Russen die Vereinigten Staaten in dem Bewußtsein, ihren Auftrag durch äußerste Ausnutzung aller Raffinessen der Marktwirtschaft erfüllt zu haben.

Doch die außerordentliche Findigkeit, die Belusow und seine Gefährten bewiesen haben, wurde teilweise dadurch zunichte gemacht, daß die Schätzungen der sowjetischen Fachleute sich als viel zu optimistisch erwiesen. Das Getreidedefizit betrug in Wirklichkeit 60 Mio. t, und das Volumen der aus den USA mit heimgebrachten Verträge erlaubte keine ausreichende Versorgung.

Ende Juli kauften Belusow und Kalitenko in Kanada 3,5 Mio. t und bei Cook Industry noch einmal 300 000 t, bei der Dreyfus Company 1,5 Mio. t, bei Cargill 1 Mio. t und 550 000 t bei der Schweizer Gruppe Garnac Grain Company.

Es war eine regelrechte Komödiensituation. Jede Firma war an heiklen Geschäften beteiligt, und wußte doch nicht, welche Mengen die Konkurrenten verkauft hatten und wie hoch die Gesamtmenge der sowjetischen Einkäufe war. Diesmal fiel die Rolle des Gehörnten Peter Petersen zu, dem amerikanischen Handelsminister. Am 31. Juli gab er von Moskau aus bekannt, daß seine Unterhaltungen mit den Kremlherren über eine Ausweitung des amerikanisch-sowjetischen Handels in der Sackgasse steckten. Nicht ein einziges Mal waren Petersen und sein Ministerium über die laufenden Verhandlungen in New York informiert worden.

Insgesamt handelte es sich um mehr als 19 Millionen Tonnen, die am amerikanischen Markt aufgenommen werden sollten.

Doch George Schultz, Herbert Stien und Gaspar Weinberger, die drei ökonomischen Musketiere Nixons, wurden nervös, als Nachrichten über diese Transaktionen durchzusickern begannen, die schwere innenpolitische Folgen haben konnten. Das Ausmaß der Zuschüsse für den Export ähnelte immer mehr einem regelrechten Überfall auf das Finanzministerium. Arthur Burns, Präsident der Bundesbank, wies auf die möglichen inflationistischen Auswirkungen hin. Das Bäckersyndikat teilte mit, daß eine Preiserhöhung für Mehl zu befürchten sei, die zu einem höheren Brotpreis führen würde.

Die Farmer empörten sich und wiesen mit Bitterkeit auf ihre Abhängigkeit von den Getreidekonzernen hin. Die Verträge an der Chicagoer Börse wurden zu einem Zeitpunkt geschlossen, als die Ernte noch auf dem Halm stand.

Der bei Vertragsschluß festgesetzte Preis hängt natürlich von der Ernte ab, aber vor allem von den Absatzmöglichkeiten auf den Märkten. Und nur die sechs Konzerne haben darüber sämtliche Informationen. So haben die Farmer von Texas und Oklahoma, die unwissend gehalten wurden, im Juni zum Preise von 1,40 Dollar pro Bushel verkauft und dabei Millionen Dollar verloren. Jedenfalls verfügen die Konzerne über Druckmittel verschiedenster Art, um widerspenstige Farmer gefügig zu machen. Sie kontrollieren aufgrund von Abmachungen mit den Gewerkschaften sämtliche Transportmittel auf der Schiene und der Straße. Wenn er seine Ernte nicht auf dem Halm verderben sehen will, muß der Bauer Nachlässe von 20, 30 und manchmal sogar 50 Cents für jeden verkauften Bushel Weizen hinnehmen.

Earl Butz, der Agrarminister, und William Simon, der Wirtschaftsminister, behaupteten, daß diese Verkäufe – wie hoch sie auch sein mochten – auf die Inlandspreise nur minimale Auswirkungen haben würden. Aber am 22. August war die Entscheidung gefallen. Am 24. bestellte der Leiter der USDA, Charles Pence die Konzernspitzen für den nächsten Tag nach Washington. Am 25. August erläuterte Carroll Brunthaver die neue Regierungspolitik in Sachen Export.

Die Firmen sollten eine Woche Zeit haben, um sämtliche vor dem 23. August geschlossenen Verträge zu regeln. Für diese sollten sie Zuschüsse bis zu 47 Cents pro Bushel erhalten. Nach Ablauf dieser Fristen würde die Regierung den Preis von 1,63 Dollar nicht mehr halten. Dieser Schritt seitens der Administration war in Wirklichkeit ein juristischer Kunstgriff, der darauf abzielte, dem möglichen Protest der amerikanischen Farmer vorzubeugen, von denen ein großer Teil für Richard Nixon gestimmt hatte.

Was die Tatsachen anbetrifft, war die Entscheidung des Landwirtschaftsministers ein Schlag ins Leere. Die Verträge waren praktisch alle geregelt, und die Sowjets hatten bereits den zweiten Teil ihrer Operationen begonnen, nachdem sie mehr als eine Milliarde Dollar in die Kassen der Getreidefirmen zahlten. Auf die öffentlichen Stellen kamen Förderleistungen für den Export in Höhe von mindestens 210 Mio. Dollar zu – zu Lasten der amerikanischen Steuerzahler.

Seit dem Monat September nisteten sich die sowjetischen Experten mit gleicher Diskretion in London ein. Sie traten in Kontakt mit den Reedereien, die in den ehrwürdigen Büros der «Baltic Exchange» zusammengefaßt sind und zwei Drittel der Welt-Schiffstonnage abwickeln. Höchste Geheimhaltung umgab diese Verhandlungen; nicht einmal Pim Junior and Co., eine englische Niederlassung der Continental Grain, sollte das Volumen des von Michael Fribourg verkauften Getreides kennen. Trotzdem entwickelten sich die Dinge von nun ab immer schlechter für die Russen. Die in New York verabschiedeten Verträge sahen vor, daß der Transport zu den sowjetischen Häfen zu einem Drittel durch amerikanische Schiffe übernommen wird, zu einem weiteren Drittel durch sowjetische Schiffe und im übrigen durch unabhängige Reedereien. Die Russen wurden rasch gewahr, daß sie nicht über eine ausreichende Anzahl von Schiffen verfügten, die sich für derartige Transporte eignen. Sie mußten in Amsterdam und Oslo andere Schiffe suchen. Die Neuigkeiten sickerten durch, und innerhalb von drei Tagen stiegen die Frachtkosten nach den Notierungen der Baltic Exchange von 9 auf 13 Dollar pro Tonne.

Zu diesen finanziellen Schwierigkeiten kamen noch logistische Probleme hinzu. Die Befrachtung der ursprünglich vorgesehenen Supertanker mußte storniert werden, als bekannt wurde, daß die sowjetischen Häfen gar nicht in der Lage waren, Schiffe mit Kapazitäten über 100 000 t aufzunehmen.

Ende Dezember 1972 trafen die ersten Schiffe in Odessa, Riga, Leningrad ein und fanden verstopfte Häfen mit veralteten, ungeeigneten Anlagen vor. Bestimmte Schiffe mußten mehr als einen Monat warten, ehe sie entladen wurden – und das vermehrte für den russischen Staat die Transportkosten. Diese Häfen verfügten nicht über eine ausreichende Anzahl von Silos, um das Getreide zu lagern, und es fehlten die Voraussetzungen, es zu trocknen – eine unausweichliche Maßnahme, will man verhindern, daß das Korn verdirbt. Die für diese Arbeit erforderlichen Maschinen befanden sich alle in Sibirien. Die zentrale Planung wurde zur erbärmlichen Improvisation. Abfahrbereite Züge wurden entladen, die Fracht auf die Kais gestapelt, wo sie verrottete. Alle verfügbaren Waggons, selbst vollkommen veraltete und beschädigte, wurden herangeholt, um das kostbare Getreide zu den Ebenen im Norden zu transportieren.

Es kam aber noch schlimmer: Beim Öffnen zahlreicher Frachträume konnten die genarrten Kommunisten den Geruch verdorbener Ladung und einen Hauch von Fäulnis wahrnehmen. Die amerikanischen Befrachter hatten von der Schiffahrtsadministration eine Erhöhung der traditionellerweise zugebilligten Förderungsbeträge erhalten, um ihre Konkurrenzfähigkeit auf dem Weltmarkt zu bewahren. Diese Zuschüsse wurden für jeden Transport ausgezahlt, und zwar erst bei Rückkehr des Schiffes in einen amerikanischen Hafen. Die mit den Hafenbehörden unter einer Decke steckenden Schiffseigner beluden ihre Schiffe nur zur Hälfte, um die Anzahl der Touren zu erhöhen. Sie bezogen von der amerikanischen Regierung während des Jahres 1973 55 Mio. Dollar.

Vor allem die den Sowjets erwachsenen Mißhelligkeiten verdeutlichen die extreme Wirksamkeit des Systems, das die Konzerne errichtet haben, um ihre Operationen geheimzuhalten. In bestimmten Häfen wie New Orleans versuchten sie, die Inspektoren zu beeinflussen, die den guten Zustand des Getreides bezeugen sollten. Ganze Schiffsladungen Getreide mit verdorbenen Körnern und einem an schlechtgewordene Milch erinnernden säuerlichen Geruch wurden in betrügerischer Absicht verschifft. Die Bunge Corporation hat zugegeben, mehr als 3 Mio. Dollar innerhalb von zwei Jahren dafür verwandt zu haben, die Kontrolleure zu bestechen, damit sie falsche Zertifikate ausstellen und über die Qualität der zu begutachtenden Ware die Augen verschließen. Einundzwanzig Mitarbeiter der amerikanischen Tochtergesellschaft der Schweizer Firma Garnac Grain Corporation wurden wegen Betrugs verfolgt. Der Konzern Cook Industry wurde angeklagt, «den Transport, die Art und das Gewicht mehrerer Frachten gefälscht» zu haben, und zwar im Verein mit einer Firma in New Orleans namens Mississippi River Grain Elevator. Die Veruntreuungen sollen sich auf Hunderttausende von Dollar zum Schaden der Sowjetunion belaufen haben. Zwei Abgesandte des Landwirtschaftsministeriums begaben sich nach Odessa, um die Frachten zu prüfen. Der gelieferte Weizen wies eine mindere Qualität auf als der bestellte, und in manchen Fällen waren ganze Schiffsladungen verdorben.

Trotz dieser Vorkommnisse erklärte Erwin Kelm, Cargills Präsident: «Wir haben von ganzem Herzen ein Interesse am Gemeinwohl, aber wir müssen feststellen, daß das Publikum anscheinend nicht die Leistungen versteht, die wir erbringen. Das ist sehr frustrierend.»

Und Clarence Palmby, der Vizepräsident der Continental Grain, behauptete: «Unsere Bankiers nehmen den Kopf in die Hände, wenn sie die kleinen Gewinnspannen sehen, die wir manchmal erzielen.»

Die Ergebnisse von Cook Industry, dem einzigen Konzern, bei dem Einzelheiten der Abwicklung bekannt geworden sind, ermöglichten ein ziemlich genaues Bild der Auswirkungen der sowjetischen Käufe auf die Gewinne der Getreidegesellschaften. Für das am 31. Mai 1972 auslaufende Steuerjahr betrug der Nettogewinn der Firma 7,9 Mio. Dollar, um 1973 auf 53,6 Mio. Dollar und 1974 auf 91,1 Mio. Dollar zu steigen.

Hinsichtlich des Verdikts der «Supermärkte» haben die Firmen eine Defensivstrategie angenommen. Sie wissen, daß die Verbraucher sie zum großen Teil für die Inflation verantwortlich machen, insbesondere für die Hausse der Lebensmittelpreise, die innerhalb von vier Jahren aufs Doppelte gestiegen sind. Immer weniger ertragen die Farmer ihre Bevormundung. An der Chicagoer Börse bewegt sich der gegenwärtige Preis um 3,80 Dollar pro Bushel, was jede Regierungsförderung ausschließt.

Die Regierung hat die Reaktionen der öffentlichen Meinung passiv zur Kenntnis genommen. Ein mit der UdSSR ausgehandelter Vertrag über fünf Jahre sieht den Verkauf von 8 Mio. t Getreide jährlich ohne Eingriff der Regierung vor. Das ist eine überflüssige Erklärung: die Regierung kontrolliert weder die Landwirtschaft noch die Exporte. Das Außenministerium hat sich im übrigen beeilt, jedes Mißverständnis auszuschalten: Der Weizen darf nicht als politische Waffe benutzt werden, während die Tinte unter den Dokumenten von Helsinki noch nicht ganz trocken ist.

Den Bossen der Getreidekonzerne ist es unangenehm, im Mittelpunkt des öffentlichen Interesses zu stehen. Ihre Leistungsfähigkeit wird durch Anonymität garantiert. Sie können darin sogar auf die Loyalität der UdSSR bauen. Man muß annehmen, daß für die Kreml-Herren die Erhaltung ihrer Macht nur durch entsprechende wirtschaftliche Versorgungsleistungen zu gewährleisten ist. Der XXV. Kongreß der Kommunistischen Partei der UdSSR war der Kongreß der Abrechnung mit den für die Kartoffel-Mißernte Verantwortlichen. Die Schlappen in diesem idyllischen landwirtschaftlichen Bereich haben Dimitri Polianski, einen Freund Tscheljepins, seinen Posten als Agrarminister gekostet, vor allem aber seinen Platz im Kreis jenes Clubs altersschwacher Greise, aus denen sich das sowjetische Politbüro zusammensetzt. Auf diese gnadenlose Weise werden die Schlappen eines Systems der politischen Entscheidung eines einzelnen angelastet.

Seit dem Juli 1975 sind die sowjetischen Goldverkäufe auf 100 Mio. Dollar gestiegen. Im gleichen Augenblick nahm die Außenhandelsbank der UdSSR auf dem hoch spekulativen Eurodollarmarkt eine mittelfristige Anleihe über 350 Millionen auf, wofür die in London niedergelassene sowjetische Moscow Narodny Bank eingeschaltet wurde. Am 20. Juli verkaufte Cook zwei Millionen Tonnen Getreide

105

und Cargill Inc. 1,2 Mio. t, all das für über 460 Mio. Dollar. Einige Tage danach kauften die Russen bei Cook 1 Mio. t plus eine weitere Million in Kanada sowie 750000 t in Australien. Kurz darauf sickerten Einzelheiten über den Vertragsabschluß vom 16. Juli mit Continental Grain durch; hier ging es um 4,5 Mio. t Mais und 1,1 Mio. t Gerste. Allen Schätzungen zufolge werden die russischen Einkäufe auf dem Weltmarkt dieses Jahr über 30 Mio. t ausmachen.

Da Moskau die günstigen Verkaufsbedingungen und die langfristigen Kredite seit der Jackson-Gesetzesänderung von 1974 nicht mehr ausnutzen kann, ist die UdSSR gezwungen, die Erträge ihrer Goldminen und ihrer Erdölbohrungen zu benutzen, um ihre Einkäufe zu bezahlen. Sie hat ihre Kohlenwasserstoffverkäufe an die Satellitenländer reduziert und die Rechnungen um 150 % erhöht. Und im Namen eines wohlverstandenen proletarischen Internationalismus fordert sie Bezahlung in Dollar. Dieser außerordentliche finanzielle Aufwand, die Rückkehr zu einem System des Tausches, das der Praxis der rückständigsten Länder entspricht, läßt die Zukunft der Landwirtschaft des kommunistischen Staates in schlechtem Licht erscheinen; er riskiert, sich in einigen Jahren auf dem Niveau Indiens zu befinden.

Ungewöhnlich mutet das außergewöhnliche Verständnis an, das die Sowjetführer den Ländern mit zweifelhafter politischer Moral entgegenbringen. Die Troika Podgorny–Kossygin–Breschnew gibt der Welt ein Lehrstück in Toleranz. Nach Verhandlungen mit dem franquistischen Spanien und dem Griechenland der Obristen wenden sich die Kremlherren heute an das südafrikanische Regime. Sie haben am 20. Februar 1976 drei Millionen Tonnen Mais in Pretoria gekauft, um die Fütterung ihres Viehs sicherzustellen. Eine Maßnahme, die weit entfernt ist von den fieberhaften Diskussionen über die besten Methoden, den «rassistischen, faschistischen und imperialistischen Staaten» den Tod zu bringen.

Die sowjetischen Funktionäre wissen, daß sie noch viel weiter gehen müssen auf dem Wege der Kompromisse. Die westlichen Geschäftsleute, diese Pioniere mit den Diplomatenkoffern, sollen sie dabei so weit unterstützen, daß das gegenwärtige Abgleiten in einen Zustand endemischer Knappheit gebremst werden kann.

Jarvis International Construction und Butler Corp. aus Kansas City bauen riesige Speicher. Gewaltige Mengen von Schädlings- und Unkrautbekämpfungsmitteln wurden bei Stauffer Chemical Co. in Westport und bei Rohem and Haas in Philadelphia gekauft. Die Firma Triple «F» Feed of Texas (Brenwood) ist dabei, einen Vertrag über 25 Mio. Dollar abzuschließen für die Produktion von konzentriertem

Eiweiß für die Viehfütterung, während F.M.C. Corporation (Chicago) neue Tomatenvarianten akklimatisiert und das Erntesystem in der Republik Moldau verbessert.

Der Minister für Chemie-Angelegenheiten Leonid Kostandow hat bedeutende Verträge über mehr als 600 Mio. Dollar mit PPG, Union Carbide, Du Pont und Dow Chemical unterzeichnet. Ein gewaltiger Komplex für Ammoniakdünger wird im Gebiet von Kujbyschew in Zusammenarbeit mit Occidental Petroleum d'Armand Hammer errichtet. Die Russen werden bezahlen, indem sie einen Teil der Produktion in die Vereinigten Staaten ausführen. Die Export-Import Bank hat kürzlich ein Darlehen über 180 Mio. Dollar für die Verwirklichung dieses Projekts zugesagt.

Besser noch: Am 18. Dezember 1976 hat die Sowjetunion darum gebeten, die amerikanischen Aufklärungssatelliten mitbenutzen zu dürfen, um eine genaue Analyse ihrer Ernte für 1977 treffen zu können. Es ist schon ein Leckerbissen, sich vorzustellen, daß die beiden «Landsat», an deren Diensten den Sowjets so gelegen ist, Spionagesatelliten sind, die seit mehreren Jahren vom CIA benutzt werden.

2.

Die Netze der Finanzspinne
Wodka-Cola

Als das Finanzimperium von Michele Sindona rissig wurde – zuerst in den Vereinigten Staaten, dann in Italien –, konnte jedermann durch die bei jeder neuen Enthüllung breiter werdenden Risse einen Blick auf die phantastische Verflechtung von Verfahren der Steuerhinterziehung, von Einflußkanälen und gekaufter politischer Klientel erhaschen. Zur gegenwärtigen Stunde ist das Dossier der Affäre Sindona eine perfekt sezierende Kurzdarstellung der Machenschaften dieses multinationalen Konzerns heimatloser Finanziers, Bindeglied zwischen den großen Gesellschaften und den Steuerparadiesen.

Die Affäre begann in New York im Büro eines Mannes mit dem Beinamen «der Weise von Wall Street», André Meyer. Der aus Frankreich stammende amerikanische Präsident von Lazard frères et Cie ist seit vierzig Jahren in diesem Amt.

Die Bank Lazard frères ist äußerst aktiv in der Politik des Transfers billiger kapitalistischer Kredite in die Länder des Ostens.

Meyer sichert die Verbindung zwischen der Familie Rockefeller und den französischen Banken. Lazard frères ist beispielsweise wichtigster Aktionär der Bank von Paris und der Niederlande, deren New Yorker Niederlassung, Paribas Corporation, unter der Führung des Vizepräsidenten der Chase International, Robert Craft, eröffnet wurde. Als große Abteilung innerhalb der Chase Manhattan umfaßt die Chase International im Schoße ihrer Geschäftsleitung außer André Meyer noch David Rockefeller und John Jay McCloy, den ehemaligen Präsidenten der Weltbank. André Meyer sitzt in den Aufsichtsräten von etwa sechzig Multis und verwaltet die persönlichen Vermögen von Rockefeller, Giovanni Agnelli, den Kennedys sowie die Zinsen von so ungleichen Mandanten wie dem Vatikan und dem Konzern ITT.

Meyers Mann des Vertrauens, Felix Rohaytn, ein junger Virtuose der Hochfinanz, sitzt im Vorstand von ITT und spielt eine vorherrschende Rolle in der Strategie der Diversifikation der Tätigkeiten und der Übernahme von in Schwierigkeiten befindlichen Firmen. Im Jahre

1965 handelte Rohaytn die Übernahme von Avis-Autoverleih durch ITT aus. Die Angelegenheit wurde für 52 Mio. Dollar abgeschlossen. In ihrer strategischen Aktivität für kommerzielle Imperien auf der nimmer ruhenden Suche nach neuen Finanzmitteln bieten diese Firmen regelmäßige Einnahmen über den Umweg kassierter Prämien und gewaltiger Effektenportefeuilles.

1969 wurden Verhandlungen angeknüpft zum Erwerb der in Connecticut ansässigen amerikanischen Versicherungsgesellschaft Hartford, deren Aktivum 2 Mrd. Dollar darstellte. Der Abschluß dieser Operation dürfte den dicksten Brocken darstellen, den ITT jemals aufgenommen und verdaut hat.

Der Chef der Kartellschutzabteilung Richard McLaren, ehemaliger Anwalt aus Chicago, der früher auf die Verteidigung großer Firmen spezialisiert war, war durch dieses Vorgehen von ITT beunruhigt. Er hielt es für dringend notwendig, den von den Konzernen betriebenen Fusionen ein Ende zu setzen, weil – so fügte er hinzu – «diese Konzentration zu einer gefährlichen Verschiebung der wirtschaftlichen und sozialen Ordnung führt». Er bestätigte damit die Einwendungen und die Gegenuntersuchungen über die von ITT unternommenen Annexionsmaßnahmen.

Am 7. August 1970 schickte Ned Gerrity sen., Vizepräsident von ITT und Verantwortlicher für die Außenbeziehungen der Firma, einen kurzen Brief an seinen Freund Spiro Agnew, seinerzeit Vizepräsident, in dem er sich über die Unabhängigkeit des Handelns von McLaren beunruhigt zeigte.

Am 24. August empfing Handelsminister Maurice Stans John Ryan, einen Anwalt aus Washington, der als «Horchposten» von ITT qualifiziert wird, in der Bundeshauptstadt. Im Bericht, den er William R. Merriam, dem Vizepräsidenten von ITT, schickte, unterstrich Ryan: «Stans und Mitchell werden Kleindienst (im Watergate-Skandal angeklagter stellvertretender Justizminister) bitten, etwas für McLaren zu tun. Es ist eine rhetorische Frage, die hier aufgetaucht ist. Wie wird McLaren reagieren, oder wenn Sie wollen, bis zu welchem Punkt wird er ein guter Republikaner sein?»

Im gleichen Augenblick vollbrachten Rohaytn und Geneen ihren Gewaltstreich. In Verletzung sämtlicher geltender Anti-Trust-Bestimmungen und trotz des Mißtrauens der Kommission für Börsentätigkeiten erwarb ITT 1 700 000 Aktien von Hartford für 30 Mio. Dollar und sicherte sich so eine Kontrollmehrheit. Es war eine strategisch geschickte Maßnahme.

Diese Manipulation verlangte äußerste Diskretion. Die Aktien mußten in den «Kühlschrank» gelegt werden, um die Legalisierung der Operation durch die Administration Nixon abzuwarten.

André Meyer, der über die internationale Finanzierungslandschaft bestens informiert war, erhielt die Zustimmung der italienischen Zentralbank und verhandelte über die Deponierung der Aktien in einer Bank, die an den Geschäften des Vatikan beteiligt ist, die Mediobanca. Ihr Verwalter Michele Sindona hatte sich in wenigen Jahren den Ruf einer dynamischen Persönlichkeit erworben. Bei einer Provision von 1,3 Mio. Dollar und in der Erwartung des Fusionsvertrages akzeptierte die Mediobanca die Aufbewahrung der Aktien und ließ andere glauben, sie sei der Eigentümer. Der Transfer erfolgte über Vermittlung der Zürcher Niederlassung der Bank Dreyfus. Enrico Cuccia, einer der Verwalter der Mediobanca, der dem italienischen politischen Führer Ugo la Malfa, dem Präsidenten der Republikanischen Partei, nahestand, erhielt vom Außenminister die erforderlichen Genehmigungen für die Realisierung dieser Operation.

Später behauptete Sindona, Enrico Cuccia habe die Bilanz von Mediobanca gefälscht, und er, Sindona, habe nichts von der Transaktion Hartford–ITT gewußt.

Die Dinge entwickelten sich ganz wie geplant. McLaren, der Mann der Antitrustmaßnahmen, wurde abgesägt. Im Jahre 1972 beschäftigte sich ITT peinlich genau mit der Vorbereitung des republikanischen Parteikonvents in San Diego und spendete dem Ausschuß 400000 Dollar für Nixons Wiederwahl. Kaum war der freundliche Präsident wieder in sein Büro eingezogen, verschwanden auf einmal wie im Zeichentrick-Märchen sämtliche Handhaben gegen die armen Verantwortlichen von ITT wie durch Zauberhand.

Die Transaktion ITT–Hartford wurde genehmigt. In zwei Jahren stieg die Versicherungsfirma von dem fünften zum dritten Rang auf. Ihre Gewinne steigerten sich noch um 60 %, und sehr bald stellte sie ein Viertel der Erträge von ITT.

Doch immerhin hatte diese Episode die extreme Verfügbarkeit und die totale Flexibilität des italienischen Finanziers Sindona erwiesen, der engagiert den Bau eines Imperiums auf der Grundlage von Holdings betrieb.

Im Jahre 1974, dem Jahr seines Sturzes, kontrollierte Sindona einhundertsechsundvierzig Firmen, die auf einige Länder mit so mildem Steuerklima wie Liechtenstein, Luxemburg, Schweiz, Panama und Liberia aufgeteilt waren. Das zwielichtige Wirken Sindonas hatte 1943 begonnen. Er nahm teil an der Vorbereitung der amerikanischen Landung in Sizilien, die vom Gangster Lucky Luciano orchestriert wurde.

Seit 1946 gehörte er einer triumphierenden und allmächtigen Christdemokratie an. Von einem alten Generalsekretär der Partei des rechten Zentrums bis zu Giulio Andreotti, dem gegenwärtigen Ministerpräsidenten, erlauben ihm seine Beziehungen und seine liebenswürdigen Neigungen, freundschaftliche Bande zu den bedeutendsten italienischen Politikern herzustellen, mit Ausnahme der Kommunisten.

Trotz harter Schelte für den Kapitalismus ist der Vatikan tatsächlich ebenso in kapitalistische Organisationen integriert wie die Etablissements Rothschild in Frankreich, der Schweizer Crédit in Zürich und London, die Chase Manhattan, der Bankier Trust und die Bank Morgan in den Vereinigten Staaten. Allein in Amerika ist der Vatikan in erheblichem Maße beteiligt an General Motors, Shell, Gulf Oil, General Electric, Bethlehem Steel, IBM, TWA.

In Italien hielt der Vatikan bis zum Aufkreuzen von Sindona Anteile an IANA (Italo-American Nuovi Alberghi), der das Hotel Hilton in Rom gehörte, und an der CIGA (Compagnia Italiana Grandi Alberghi), welche die Mehrheit der italienischen Luxushotels kontrollierte. Eine der Vertrauenspersonen des Vatikans, Massimo Spada, saß im Präsidium von Lancia, im stellvertretenden Präsidium der mächtigen Banco di Roma, des italienischen Bankinstituts (mit 10 Mrd. Lire), bei der Société méridionale financière (122 Mrd. Lire Kapital) und beim Institut central financier (150 Mrd. Lire Kapital).

Dieser selbe Massimo Spada und der Vatikan finden sich wieder im Führungsbeirat von Finsider, einem Staatsunternehmen mit 195 Mrd. Lire, das über vierundzwanzig Firmen 90 % des gesamten italienischen Stahls produziert. Finsider ist eins der Elemente der mächtigsten staatlichen Gruppe IRI, die unter dem faschistischen Regime gegründet wurde und vor allem die italienischen Reedereien kontrolliert, Alitalia, die Autostrada del Sol, das Telefonnetz und Alfa Romeo, eine Firma, an der auch der Vatikan als Aktionär beteiligt ist. Die Bank Santo Spirito wird zu 90 % von der IRI kontrolliert. Aber ihr Präsident Marquis Giovanni Battista Sacchetti und sein Direktor Luigi Mennini sind zwei von den bekanntesten Persönlichkeiten des Vatikans. Desgleichen sind Vittorino Veronese, Präsident der Banco di Roma, und Prof. Silvio Golzio, Präsident der Italienischen Kreditanstalt, die zwei der größten Finanzinstitute der Halbinsel leiten, Mitglieder der 1935 eingerichteten «Stiftung Pius XII.» für das Laienapostolat. Dieses Institut, dessen Präsident bis 1969 Massimo Spada war, wird heute von Kardinal Villot geführt, dem engsten Mitarbeiter von Paul VI.

Ein anderer Vertreter klerikalen Geschäftssinnes ist der Graf Enrico Galeazzi, ein Vertrauter von Pius XII. Dieser Mann mit dem Spitznamen der «Laienpapst» hatte lange Jahre hindurch die normalerweise einem Kirchenmann vorbehaltene Aufgabe eines «Gouverneurs des Vatikanstaats» inne. Eine aristokratische Abstammung und eine kosmopolitische Bildung befähigten ihn, sehr frühzeitig zahlreiche amerikanische Geschäftsleute für die Investitionspolitik des Heiligen Stuhls zu interessieren. Als Intimus des ultrakonservativen New Yorker Kardinals Spellman blieb Galeazzi gleichermaßen durch eine unerschütterliche Freundschaft mit Joseph Kennedy, dem Vater des Stammes, verbunden. Galeazzi saß im Vorstand der Investitions- und Kreditgesellschaft Invest (25 Mrd. Lire Kapital).

Im Jahre 1968 wechselte er in die Leitung der «Allgemeinen Immobiliengesellschaft» über, die zu den größten Bauunternehmen der Welt im Eigentum des Vatikans zählt. 1958 verfügte die Firma über einen großen Landbesitz in Roms Umgebung. Rechtzeitig vor den Olympischen Spielen in Italien verkaufte er einen großen Teil davon an das Olympische Komitee zu einem Spekulationssatz und erhielt die Exklusivaufträge für den Bau eines Teils der olympischen Anlagen, der Autostraße zur Verbindung mit Rom und 15 Sportkomplexen. In Frankreich kontrollierte die Vatikanfirma die Société immobilière des Champs-Élysées, die vornehmlich die Büros der PanAm baute, und erwarb 70 % der Aktien der Watergate Improvement Inc., Washington.

Unter Wahrung der Prinzipien ökonomischen Gedeihens weiß der Vatikan sich mit dem atheistischen Materialismus äußerst gut zu arrangieren. Eine seiner Firmen, Ceramica Pozzi (23 Mrd. Lire Kapital), versorgt Italien mit sanitären Einrichtungen. 1967 schmachtete Kardinal Mindszenty, der ungarische Erzbischof, immer noch im Innern der Botschaft der Vereinigten Staaten in Budapest, wohin er sich nach dem Aufstand von 1956 geflüchtet hatte. Zur gleichen Zeit verabschiedete der Vatikan über seinen «Außenminister», Mgr. Casaroli, einen Vertrag mit der kommunistischen Regierung. Die Firma Ceramica Pozzi ließ sich im Ungarland nieder und errichtete dort ein Werk.

Anfang 1969 tauchte Sindona im Finanzbereich des Vatikans auf. Letzterem gehörten erhebliche Anteile an Snias Viscosa, einer Chemiegruppe, die auf die Herstellung von Fasern und Kunsttextilien spezialisiert ist. In London ist die mächtige Bankgruppe Hambros Bank seit langem als Finanzvertreter für Snias Viscosa tätig. Hambros besitzt in Italien das Schwesterunternehmen Banca Privata Financiara, deren Inhaber Sindona ist. Die Investitionspolitik der Hambros Bank wird durch die Firma Westminster Hambros Trust Ltd. wahrgenommen, die gemeinsam Hambros und der ehrwürdigen Westminster Bank gehört; auch darin tauchte Sindona als Berater auf.

Der fünfundfünfzig Jahre zuvor in Patti bei Messina geborene Michele Sindona hatte Jura studiert, ehe er in Mailand ein Steuerberatungsbüro eröffnete, das sehr rasch von den Vertretern multinationaler Gesellschaften aufgesucht wurde, die in Italien investieren wollten. Sehr häufig ließ sich Sindona von diesen Firmen mit Aktienpaketen bezahlen. Um 1957/58 zählte er mehr als rund fünfzig ausländische Mandanten und hatte bald ein persönliches Vermögen, das er klugerweise nach Liechtenstein in eine Briefkastenfirma namens Fasco AG überschrieb. Diese Firma blieb die vorgeschobene Basis Sindonas beim Ausbau seines Finanzreichs. Im Jahre 1959 erhielt die Fasco AG die Mehrheit an der Banca Privata Finanziara, deren privilegierter Partner außer der Hambros Bank die Continental Illinois Bank (Chicago) war; deren Präsident und Inhaber David Kennedy wurde 1969 in Nixons Kabinett Finanzminister.

Im Juni 1969 begann ein Rundtanz der Effekten. Der Vatikan verkaufte einen Teil seiner Aktien der Allgemeinen Immobilienfirma an die Paribas Transcompany (Luxemburg), die mit Rothschild verbunden war und von der mächtigen Banque de Paris et des Pays-Bas kontrolliert wurde. Einen Monat zuvor hatte Sindona der Gruppe allgemeiner italienischer Versicherungen ein Paket abgekauft, das 3,5 % sämtlicher Aktien der Immobilienfirma des Vatikans darstellte. Auf diese Weise konnte er am 14. Juni 1969 in den Führungsbeirat der Firma einsteigen. Sieben Monate später erwarb er über die Luxemburger Holding ein Drittel des Vermögens der «Générale immobilière».

Seit dieser Zeit war er der einflußreichste Finanzberater des Heiligen Stuhls. Er importierte nach Italien eine typisch angelsächsische Tätigkeit: die «Investitionsbank» nach der amerikanischen Bezeichnung, oder die «Kaufmannsbank» nach der englischen Bezeichnung. In einer Welt, wo die Interessenverbindungen durch die persönlichen Beziehungen gewebt werden, wußte der kleine Sizilianer solche Beziehungen geschickt auszunutzen. Sein Freund Graham Martin, amerikanischer Botschafter und Kommunistenfeind, auf Posten in Rom, erklärte ihn zum «Mann des Jahres». Zwei Jahre darauf bezeichnete ihn das *Time Magazine* als «den wichtigsten Italiener seit Mussolini». Vor allem dank David Kennedy erhielt Sindona Kontakt zu Paul Marcinkus, einem amerikanischen Prälaten. Marcinkus und Kennedy stammen beide aus derselben Stadt in Illinois, Cicero, und kannten sich schon viele Jahre.

Der amerikanische Bischof, der die Auslandsreisen von Paul VI.

organisierte, hatte bald die Gunst des Heiligen Vaters errungen und wurde 1969 an die Spitze der Vatikanbank gestellt, die 10 500 Konten verzeichnet, die Einzelpersonen und religiösen Orden gehören.

In Wirklichkeit hatte Marcinkus die Aufgabe, ein riesiges bewegliches und unbewegliches Vermögen zu verwalten, das diversifiziert und geographisch auf etwa zehn Länder verteilt ist. Er verwaltete außerdem die Geheimfonds des Vatikans und dessen in Fort Knox lagernde Goldreserven.

Dank des Entgegenkommens und des Einflusses der Christdemokraten ist Roms Sankt Peter von der Steuer auf die Dividenden, *cedolare* genannt, seit 1963 befreit, und zwar laut Beschluß des Mitte-Links-Kabinetts von 1962. Die jährliche Erneuerung dieses Vorrechts wurde im Laufe der Jahre von der öffentlichen Meinung immer kritischer kommentiert.

Im Jahre 1968 verkündete die Regierung Giovanni Leone, daß diese Maßnahme im Laufe der kommenden zwei Jahre überprüft und der Vatikan letztlich gezwungen werden könnte, Nachzahlungen zu leisten. Angesichts dieser drohenden Gefahren war Marcinkus der Mann, dem die doppelte Aufgabe oblag, den Vatikan aus seinen ökonomischen Bindungen in Italien zugunsten neuer Engagements im Ausland zu lösen und den transnationalen Einsatz des so zurückgewonnenen Kapitals zu organisieren. Die Beweglichkeit der von Sindona eingerichteten und kontrollierten Organisation kam diesem Vorhaben sehr zustatten; hierbei wurde in der ersten Phase die Firma Immobiliare Generale verkauft.

1971 lancierte Sindona ein öffentliches Kaufangebot, um zu versuchen, die Kontrolle über Bastogi zu gewinnen, die größte italienische Holdinggesellschaft, deren Aktiva auf über 200 Mio. Dollar geschätzt werden und die vor allem erhebliche Teile von Montedison kontrolliert, dem Giganten auf dem öffentlichen Sektor der Chemie. In dieser Angelegenheit wurde Sindona unterstützt von der Hambros Bank, der Continental Illinois und der amerikanischen Bank Morgan, die seit eh und je mit dem Vatikan verbunden war.

Diese Initiative rief eine lebhafte Reaktion der Regierung hervor. Guido Carli, derzeit Gouverneur der Bank von Italien, blockte das Manöver ab. Michele Sindona hatte nämlich systematisch das Mißtrauen bestimmter politischer und administrativer Kreise erweckt, die sich seiner ersten Aktivitäten erinnerten und ihm vorwarfen, er habe dazu beigetragen, daß Teile der italienischen Wirtschaft unter ausländische, insbesondere amerikanische Kontrolle geraten sind.

Angesichts dieser Behinderung machte Sindona einen Rückzug.

Die Fasco International S.A., eine Holding, die im Steuerparadies Luxemburg angesiedelt ist, kontrollierte seine amerikanischen Interessen. Und in Richtung dieses Kontinents liefen jetzt seine offensiven Bestrebungen. 1972 kaufte er einer Holdinggesellschaft für 40 Mio. Dollar 21,6 % der Aktien der Franklin National Bank ab, die über 5 Mrd. Dollar an Aktiva aufwies und 104 Niederlassungen in Manhattan und Long Island hatte. Das war zu einer Zeit, als die Spekulation um den Dollar in vollem Gange war. Marcinkus transferierte in Sindonas neue Gesellschaft einen bedeutenden Teil der Gelder des Vatikans mit der Hoffnung auf rasche Gewinne. Um auch die kleinen Aktionäre zu erreichen, veranlaßte er eine Werbeaktion mit Plakaten: «2,50 Dollar pro Monat», verkündete die lächerliche Schlagzeile, «und Sie sind Inhaber der Franklin National».

Um seine mächtigsten Konkurrenten auszuschalten, hatte sich Sindona in Wirklichkeit auf eine Politik der Darlehen verlegt, die den Unternehmen zu äußerst großzügigen Zinssätzen gewährt wurden. Da er dies nicht allein durch die an seinen Schaltern eingezahlten Einlagen finanzieren konnte, machte er laufend Anleihen auf einem heißen Geldmarkt hoch spekulativen Charakters ohne jegliche Regierungskontrolle: dem Eurodollarmarkt. 500 Milliarden Dollar, die sich allen restriktiven kreditpolitischen Maßnahmen entziehen, stehen den Unternehmen und Banken, welche flüssige Mittel suchen, kurzfristig zur Verfügung.

Interesse an den kapitalistischen Finanzen haben die kommunistischen Staaten seit Beginn ihrer Existenz. Im Jahre 1919 gründeten die Sowjets in London die Moscow Narodny Bank, heute in der King William Street Nr. 24–32, nach wie vor im Alleinbesitz der UdSSR. 1921 eröffneten sie in Paris am Boulevard Haussmann 79–81 die Handelsbank für Nordeuropa, die nach ihrem Telegrammwort den Beinamen Eurobank erhielt und am Anfang der Schaffung des Eurodollarmarktes stand.

Im Laufe der letzten sechs Jahre trieb der Entspannungswind zahlreiche kommunistische Institute in die künstlichen Steuerparadiese der bürgerlichen Welt, darunter die Bank des COMECON, die East-West United Bank, die in Luxemburg angesiedelt wurde.

Doch die Moscow Narodny Bank und die Eurobank sind die aktivsten in der Politik der lebhaften und totalen Zusammenarbeit mit dem Westen. Zur gegenwärtigen Stunde ist die Eurobank, im Eigentum der Staatsbank der UdSSR und der Bank für den Außenhandel, das größte ausländische Bankinstitut, das in Paris ansässig ist. Diese Bank, die zweieinhalbmal größer ist als ihr amerikanisches Gegenstück, die Bank of America, arbeitet beständig mit so bedeutenden kapitalistischen Instituten wie der Chase Manhattan, der Swiss Bank Corporation, der Canadian Imperial Bank of Commerce, der Morgan Guaranty Trust, der First National Bank of Chicago usw. zusammen. Die Aufzählung ist nicht erschöpfend. Die französische Kommunistische Partei hat ihr ihre Werte und die Verwaltung ihrer Beteiligungen anvertraut.

Die Eurobank spielt auch eine wesentliche Rolle in der Handelsexpansion in Richtung des kommunistischen Blocks. 40 % ihrer Aktivitäten stellen Import-Export-Transaktionen dar, von denen die größte Zahl die UdSSR betrifft. Nur 15 % ihrer Aktivitäten entfallen auf Frankreich. 45 % ihrer Tätigkeit beruht auf verschiedenen Geschäften, die mit dem Eurodollarmarkt zu tun haben.

Nun besteht die vorrangige Aktivität auch einer der kommunistischen Welt unterstehenden Institution im wesentlichen im Spekulieren und im Hintergehen der nationalen gesetzlichen Vorschriften. Es ist nutzlos, sich auf juristische Formalitäten zu versteifen. Die Eurobank ist zwar legal im Register der Pariser Handelskammer eingetragen; wollte man aber mit aller Macht darauf hinaus, daß es sich um ein französisches Unternehmen handelt, so wäre das etwa ebenso seriös wie die Erklärung, der Crédit Lyonnais wäre spanisch, weil er in Madrid eine Filiale unterhält, oder die Chase Manhattan sei sowjetisch seit Eröffnung ihrer Büros in Moskau.

All jene, die immer noch dem revolutionären Sprücheklopfen der Kremlherren über den drohenden Fall des Kapitalismus vertrauen, sollten sich vor Augen halten, daß die Gegenwart ihrer Banken, die in enger Symbiose mit dem großen Kapital arbeiten, in evidentem Widerspruch steht zu einem solchen Eventualfall. Besser noch: die Banktransaktionen, die Verbindungen und Beziehungen, die sie schaffen, erlauben den Zugang zu höchst vertraulichen Informationen über die Stabilität und die wirtschaftliche Zukunft des Westens. Niemals bisher scheinen die kommunistischen Banken versucht gewesen zu sein, dieses Informationsnetz dazu zu verwenden, den sogenannten ideologischen Gegner zu schwächen. Das Vertrauen, das jeder Börsenplatz, jedes Finanzierungsinstitut ihnen nach wie vor bezeugt, spricht nicht gerade für eine revolutionäre Gesinnung.

Der Fall der Moscow Narodny, mit der der glühende Antikommunist Sindona Geschäfte abwickelte, ist gleichermaßen pikant. Sie befand sich im Besitz von fünfzehn Aktionären, die sämtlich Organe des sowjetischen Staates sind, und avancierte auf geheimnisvolle Weise durch tolerante gesetzliche Vorschriften zur britischen Bank mit Sitz in London und unterstand damit den englischen Gesetzen und der Kontrolle der Bank von England. Die Bank Moscow Narodny eröffnete eine erste Niederlassung in Beirut und 1971 eine weitere Filiale in Singapur. Im Jahre 1975 beteiligte sich die Bank Moscow Narodny im Konsortium an einundzwanzig Kreditgeschäften mittlerer Laufzeit über eine Gesamtsumme von mehr als 2,645 Mrd. Dollar. Das zeigte ziemlich genau ihre Vitalität. Trotzdem führten die Verbindungen, die sie zu den zweifelhaftesten Personen unterhielt, schließlich dazu, daß ihre asiatische Niederlassung in Schwierigkeiten geriet. Seit 1971 hatte diese Filiale eine äußerst wirksame offensive Strategie gepflegt. Ausgehend von netto 400 Mio. Dollar an Aktiva, konnte sie Ende 1974 mehr als 1,1 Mrd. Dollar an Aktiva aufweisen und ließ mit dieser Summe weitgehend alle ihre amerikanischen Konkurrenten hinter sich, u. a. die First National City Bank und die Chase Manhattan. Sie beteiligte sich aktiv an riesigen Immobilienspekulationen, nicht nur auf der Insel, sondern auch in Hongkong, Thailand und Indonesien.

Einer der treuesten Kunden der Bank blieb der Mischkonzern Mosbert Holding Ltd., eine in Hongkong eingetragene Firma, die von Amos Dawe, einem Chino-Kanadier, geleitet wurde. Im Verlauf der letzten zehn Jahre hatte Dawe mehr als zweihundert Industriefirmen, Handelsunternehmen und Finanzierungsgesellschaften erworben, die in ganz Südostasien und Australien verstreut waren und deren Finanzwert 380 Mio. Dollar überstieg. Im Jahre 1974 handelte Amos Dawe den Kauf dreier kalifornischer Banken aus. Er nahm eine Mehrheitsbeteiligung an der Peninsular National Bank von Burlingame auf, und zwar durch Zahlung von drei Millionen Dollar an das Central Banking System Inc., Oakland. Im Sommer darauf erwarb er zwei weitere Banken an der Westküste der Vereinigten Staaten. Kurz darauf mußte er Konkurs anmelden, und die Untersuchung ergab, daß die Moscow Narodny allein ihm über 40 Mio. Dollar für Geschäfte vorgeschossen hatte, die an der Grenze der Strafbarkeit lagen. Um einer eventuellen Vertrauenskrise vorzubeugen, entschieden sich die Gosbank (die sowjetische Staatsbank), und die Wneschtorgbank (die Bank für den Außenhandel), zwei der Hauptaktionäre, für eine Finanzspritze von 16 Mio. Dollar, um das Kapital der Moscow Narodny Bank zu erhöhen.

Im gleichen Augenblick verringerten die Sowjets die Aktivitäten der in Wien eingerichteten Donau-Bank, die die Finanzierung des Handels Richtung Osten fördern sollte. Der Manager Wassili Morsin hatte in einem Jahr 102 Mio. Dollar verliehen, und zwar insbesondere 9 Mio. an österreichische Gesellschaften, deren Instabilität rasch zu Konkursen führte.

Es ist zu wünschen – das wäre nur billig und gerecht –, daß die Moscow Narodny künftig mehr Sorgfalt zeigt bei der Wahl ihrer Kunden und der Orte, wo sie investiert. Kürzlich hat sie in Moskau ein Büro eröffnet. Wird sich das Mißgeschick verschärfen?

Im Monat November 1972 schlossen sich der wieder als Bankier tätige David Kennedy, Sindona und Maurice Stans zusammen. Das Treffen wurde vorbereitet von Harold Gleason, dem ehemaligen Manager für Public Relations. Sindona schlug Stans vor, sich mit einer Million Dollar am Wahlfeldzug Nixons zu beteiligen. Es ist bekannt, daß bestimmte Mitglieder der Democrazìa Cristiana in Italien bereits seit vielen Jahren von seiner Großzügigkeit profitiert hatten. Sindona wollte die Einstellung der vom International Revue Service eingeleiteten Untersuchung seiner Finanzierungsmethoden und des Geldtransfers erreichen.

Einen Monat davor hatten Sindona und sein Partner Carlo Bordoni 15 Mio. Dollar, die zum Kapital der Franklin Bank gehörten, auf dem Eurodollarmarkt untergebracht. Diese Ziffer mag klein erscheinen, stützt man sich auf die Aktiva der Bank, die 5 Mrd. Dollar vertrat. Doch das Netto-Inlandskapital der Gesellschaft ging nicht über 19 Mio. Dollar hinaus. Die Summe wurde in zwei Abschnitten beigebracht: am 10. und am 24. Oktober 1972 bei der Interbanca, einer Mailänder Finanzierungsgesellschaft, bei der Sindona gleichzeitig Direktor und Aktionär war. Kurz darauf wurde das Geld auf zwei Banken des Sizilianers aufgeteilt, die Amincor Bank AG, in der Schweiz ansässig, und die Banca Unione de Milan, und sodann kurzfristig auf dem Eurodollarmarkt placiert, und zwar für einen befristeten Zeitraum, der alle sechs Monate verlängert werden konnte.

Zu Beginn des Jahres 1973 schien die Zukunft der Franklin Bank ungewiß zu sein. Die Verluste aufgrund verlängerter und mißglückter Spekulationen waren groß. James E. Smith, der an eine unabhängige Institution des Schatzministeriums angeschlossen war, wurde beauftragt, die zukünftigen Möglichkeiten der Bank auszuloten. Sein lakonischer Bericht fiel übertrieben optimistisch aus.

Doch Anfang Mai erlebte das Unternehmen eine Spannungs-Baisse, die vielen als Zeichen eines nahen fatalen Ereignisses erschien. Im Laufe der vergangenen vier Monate hatte die Bank 40,4 Mio. Dollar an Verlusten erlitten. Während eines Wochenendes schlug Paul Luftig, damals Präsident von Franklin, Sindona vor, einen von Manufacturers Hanover Trust ausgearbeiteten Sanierungsplan zu akzeptieren, der unter der Voraussetzung einer Beteiligung ein Darlehen von 30 Mio. Dollar vorsah. Sindona weigerte sich, unterstützt von Smith, entließ Luftig aus seinen Funktionen und führte Harold Gleason in die Leitung der Bank ein. Das Ziel Sindonas war es, eine Kapitalerhöhung um 50 Mio. Dollar durchzuführen, die den 20 000 Aktionären seiner Ansicht nach das Vertrauen in die Bank zurückgegeben hätte. Sindona wollte außerdem vom Besitz von 21,6 % des Kapitals zur Mehrheits- und absoluten Kontrolle des Finanzierungsunternehmens gelangen.

Die Operation bewirkte genau das Gegenteil. Die Gerüchte über Schwierigkeiten und Pleite sickerten trotz der abgeschlossenen Welt der Wall Street durch und erreichten ein größeres Publikum. Zahlreiche Einlieger standen bald darauf an den Schaltern Schlange, um ihr Geld zurückzufordern. An einem Tage wurden 325 Mio. Dollar, die 11 % der gesamten Einlagen ausmachten, abgehoben.

David Kennedy begab sich daraufhin nach London, um dort die Verantwortlichen von National Westminster zu treffen, einer der großen britischen Clearingbanken, und ersuchte sie, Franklin zu erwerben oder zumindest die von Sindona versprochenen 50 Mio. Dollar zur Investition zu akzeptieren. Angesichts der bestehenden Situation blieben seine Zuhörer äußerst vorsichtig und wollten sich nicht engagieren. Kennedy nutzte seinen London-Aufenthalt auch, um Marcinkus zu sprechen, der aus Rom gekommen war, als er vom drohenden Krach hörte. Die Angelegenheit Franklin hatte in Italien Staub aufgewirbelt, und Marcinkus befand sich in einer schwierigen Situation gegenüber den Vertretern der römischen Kurie. Er bezweifelte, daß die gemeldeten Verluste auf die Vereinigten Staaten beschränkt bleiben würden und fürchtete vielmehr, daß verschiedene Operationen Sindona, an denen der Vatikan beteiligt war, ebenfalls von den Verlusten betroffen sein würden.

Nach seiner Rückkehr traf David Kennedy Sindona in New York. Die beiden Männer beauftragen James Smith, Joseph Barr, einen ehemaligen Staatssekretär unter Lyndon Johnson, und Morris Shapiro, Rechtsanwalt und Aktionär der Franklin Bank, einen Plan auszuarbeiten, wie die Unabhängigkeit des Unternehmens zu gewährleisten sei. Alle konnten mit der Hilfe der Federal Reserve Bank in New York rechnen. Von Mai bis Juli bewilligte diese Ausnahmedarlehen zugunsten Franklins, die sich auf eine Milliarde Dollar beliefen, und zwar zu extrem niedrigen Zinssätzen. Arthur Burns, der Präsident der Federal Reserve, war dafür, Sindona fallenzulassen.

Im Juli mußte Franklin praktisch ihre Zahlungsunfähigkeit erklären. Die Angelegenheit wurde der Regierungsbehörde, die Bankeinlagen aller Unternehmen innerhalb des Federal Reserve System (bis zu 40 000 Dollar pro Privatkonto) versichert, der Federal Deposit Insurance, anvertraut.

Während des Sommers beriet sich deren Präsident Frank Wille mit Vertretern von siebzehn großen Banken, ob man Franklin wieder flottmachen oder erwerben sollte. Anfang des Monats August wurden zwei potentielle Käufer gefunden: Manufacturers Hanover Trust Co. und Chemical Bank in New York, die Rockefeller gehörte.

In letzter Minute gelang es David Kennedy, die European-American Bank und Trust Company für einen Kauf zu interessieren. Dieses 1968 geschaffene Konsortium setzte sich aus mehreren Bankunternehmen zusammen, deren Aktiva mehr als 90 Mrd. Dollar betrug. Es handelte sich dabei um:

Midland Bank (Großbritannien)

Deutsche Bank (BRD)

Société générale (Frankreich)

Société générale de banque (Belgien)

Amsterdam-Rotterdam Bank (Holland)

Creditanstalt (Österreich)

In den letzten Septembertagen gab Sindona bekannt, daß er seine Funktionen an der Spitze der Franklin Bank aufgab, und verließ danach die Vereinigten Staaten. Man fand ihn zwei Wochen später in seiner Genfer Luxusvilla, wo er versuchte, seine italienischen Geschäfte neu zu ordnen, die durch den bekanntgewordenen Skandal in Mitleidenschaft gezogen worden waren.

Daraufhin schrieb die Federal Reserve Bank in New York im Oktober 1974 an James Smith, «es ist im öffentlichen Interesse nicht mehr möglich, weiterhin Geld an die Franklin Bank zu leihen». Ohne Hilfe dieser Bank, die tropfenweise insgesamt 1,7 Mrd. Dollar gegeben hatte, war Franklin endgültig zum Tode verurteilt.

Trotzdem machte James Smith einen letzten Versuch. Am 6. Oktober schickte er ein Telex an Interbanca; hierin kündigte er an, daß die Einlage von Sindona und Bordoni in Höhe von 15 Mio. Dollar nicht erneuert werden sollte.

Am 7. Oktober informierte Interbanca Smith und die Direktoren der Franklin, daß dieses Geld sich gar nicht mehr in ihrer Hand befände, die Bank sei dafür allerdings nicht verantwortlich.

Das war der letzte Streich, den Sindona seinen alten Aktionären gespielt hatte. Am 8. Oktober 1974 meldete Smith im Bundesgericht in Brooklyn den Konkurs an. Unmittelbar danach eröffnete die Federal Deposit Insurance die Versteigerung. Um 5 Uhr nachmittags wurde der Name des Käufers bekanntgegeben: es war die European-American Bank, die damit den größten Bankkonkurs der Geschichte der Vereinigten Staaten beendete. Für 125 Mio. Dollar, 2 Millionen mehr als Manufacturers Hanover Trust Co. geboten hatte, konsolidierte die europäische Gruppe ihre amerikanische Niederlassung und erwarb damit ein Netz von Filialen, das ihr bisher gefehlt hatte.

Immerhin, die Sindona-Sage ist noch keineswegs beendet. Sindona unterhielt immer besonders gute Beziehungen zu Giulio Andreotti. Andreotti, der praktisch seit 1947 ununterbrochen Ministeraufgaben wahrnahm, war nach wie vor der Mann des Vatikans im Schoße der Democrazìa Cristiana. Sindona kannte den derzeitigen Ministerpräsidenten seit zwanzig Jahren.

Sindonas Aktivitäten, die zu Machtverschiebungen zugunsten der Democrazìa Cristiana und des Vatikans führten, riefen den Widerstand einer Gruppe hervor, deren Mitglieder den geschäftlichen Kreisen verbunden waren; diese scharten sich um Republikaner wie Ugo La Malfa und seinen Freund Guido Carli[1], den allmächtigen Gouverneur der Bank von Italien.

Ende des Jahres 1973 hätschelte Sindona ein grandioses Projekt: die Vereinigung seiner sämtlichen italienischen Beteiligungen in einer einzigen Gesellschaft, einer riesigen Holding, deren kombinierte Aktiva diejenigen von Fiat übertreffen müßten. Er erhielt die Genehmigung, zwei seiner Banken zu fusionieren: die Banca Unione und die Banca Privata Financiera. Das neue Unternehmen mit Aktiva von 2 Mrd. Dollar nannte sich Banca Privata. Die Fasco AG hielt 51 % des Kapitals, der Vatikan 15 %. Sindona wollte sodann die Banca Privata und Generale Immobiliare zur Holdinggesellschaft Finambro vereinigen, deren einziges Aktivvermögen seinerzeit eine kleine Mailänder Bank war. Der Plan des italienischen Finanziers war einfach: eine Kapitalerhöhung der Finambro von 770000 auf 30 Mio. Dollar, später dann auf 245 Mio. Dollar zu erreichen. Sodann sollte als letzter Akt die Kontrolle der Finambro an die Liechtensteiner Holding, die Fasco AG, übergeben werden. Das hätte bedeutet, einen beträchtlichen Teil des italienischen Wirtschaftsvermögens zu erwerben.

Unglücklicherweise hatte Ugo La Malfa, Gegner Sindonas, zu dieser Zeit den Schlüsselposten des Finanzministers inne. Allein er hätte

---

1 Bei den Wahlen vom Juni 1976 ließ sich Carli zum Abgeordneten der Republikanischen Partei wählen, deren historischer Führer La Malfa ist. Carli wurde dann von den Kreisen um Agnelli, den Inhaber von Fiat, auf den Präsidentensessel der Confindustria gehievt.

die verlangte Kapitalerhöhung genehmigen können; ihm war bekannt, daß Sindona unter Mißachtung aller Vorsicht bereits der amtlichen Entscheidung vorgegriffen und schon zahlreiche Investoren zur Einlage aufgefordert hatte.

Eugenio Céfis, Präsident der mächtigen Staatsgruppe Montedison, hatte innerhalb von zwei Jahren 250 Mio. Lire an den Zeitungsinhaber Luigi d'Amato geschickt. Dieser, ein alter christdemokratischer Abgeordneter, kontrollierte einen Verlag namens «Esedra», in dem täglich eine Wirtschaftszeitung, *Il Fiorino*, sowie eine Abendzeitung, *Vita*, erschien. Neben diesen beiden Zeitungen hatte Céfis bereits die Kontrolle über drei große italienische Tageszeitungen, die er der Familie Agnelli abgekauft hatte, erworben: *Il Mondo, Il Tempo* und *Il Corriere della sera*. D'Amato war offenbar bereit, die Gelegenheit zu ergreifen, denn seit 1970 war er mit Finmeccanica eng verbunden, einer der größten Unternehmen der mit Montedison rivalisierenden IRI-Gruppe. Der Finmeccanica-Präsident Camillo Crociani, ein alter Faschist, der 1945 zum Tode verurteilt worden war und 1976 als Mann der Kommunistischen Partei Italiens auftauchte, setzte einen Mitarbeiter seines Vertrauens, Certo Puggioni, an die Verwaltungsspitze des Unternehmens Esedra. Das d'Amato ausgezahlte Geld floß über ein IRI-Unternehmen. Eine forcierte Untersuchung ergab, daß Sindona ein großer Teil des Vermögens der Esedra gehörte. Besser noch: Der Finanzier sicherte über die Vermittlung seiner Genfer Bank, der Finabank, illegale Transfers zugunsten von Céfis zu. Das Geld wurde regelmäßig auf einem Nummernkonto der Bank Moscow Narodny in London eingezahlt. Diese Transaktionen wurden durch seinen Partner Carlo Bordoni mit einer Bürgschaft führender Vertreter der italienischen Kommunistischen Partei abgesichert, die enge Verbindungen zu den «kapitalistischen Monopolen» der Halbinsel unterhielten.

Im Mai 1974 verkündete La Malfa, er verweigere die Genehmigung für die nachgesuchte Erhöhung. Das vorhersehbare, aber überzeugende Argument lautete, daß mit einer solchen Maßnahme dem Transfer von Kapital ins Ausland Vorschub geleistet werde. Die Entscheidung des Finanzministers wurde dadurch erleichtert, daß über Franklin die Drohung eines Bankkrachs hing. Die Börse reagierte schlimm auf diese Gerüchte. In Mailand stürzten die Notierungen der Immobiliare Generale innerhalb eines Monats von 800 auf 450 Lire ab.

Jetzt trat auch die Bank von Italien auf den Plan und schnitt Sindona jegliche Rückzugsmöglichkeit ab. Eine Untersuchung deckte die Existenz einer Parallelbuchhaltung auf sowie eines Verlustes der Banca

Privata in Höhe von etwa 260 Mio. Dollar in den Auslandsgeschäften und den Transaktionen zwischen den verschiedenen Unternehmen der Gruppe untereinander.

Die IRI und durch sie hindurch die Democrazìa Cristiana schalteten sich ein, damit die Staatsbank, Banco di Roma, ein Stützungsdarlehen von 100 Mio. Dollar für das Unternehmen Sindonas gewährte. Am 10. Juni trafen drei Verwaltungsabgeordnete der Staatsbank den Sizilianer in New York. Es handelte sich dabei um Ferdinando Ventriglia, Giovanni Guidi und Mario Barone. Die Verhandlungen dauerten mehrere Tage. Am 17. Juni akzeptierte Sindona den Vorschlag, gegen ein Darlehen von 100 Mio. Dollar der Banco di Roma 51 % der Aktien der Banca Privata zu überschreiben und 120 Millionen Aktien von den 229 Mio., die er in der Generale Immobiliare hielt.

Die vier hohen Herren bereiteten eine Transaktion vor, die in aufschlußreicher Weise zeigte, daß der Steuerbetrug Teil der täglichen Führungsmethoden der großen Unternehmen ist – einschließlich der staatlichen Unternehmen.

Es wurde nämlich beschlossen, das Sindona zugedachte Darlehen seiner Firma, der Generale Immobiliare Banking Corporation de Nassau, über die Filiale der Banco di Roma auf den Bahamas zuzuleiten.

Durch diese Kombination hofften die Führer der Staatsgruppe IRI, der die Bank gehörte, das Prinzip der Nichteinmischung des italienischen Unternehmens geachtet zu haben, indem sie törichterweise behaupteten, daß diese Filiale eine ausländische Bank darstellt, die in keiner Weise den italienischen Gesetzen untersteht.

In diesem Zusammenhang sei hier an ein Interview erinnert, das Sindona ein Jahr nach seinem Sturz am 28. April 1975 der Zeitschrift *Newsweek* gewährte und das den ironischen Hinweis enthielt: «Sämtliche amerikanischen Großbanken haben ihre Filialen auf den Bahamas, in Luxemburg oder Liechtenstein, wo sie ihre Gelder anlegen. Das Geld kommt niemals nach Amerika durch, sondern es ist in den Buchhaltungen der amerikanischen Banken eingetragen. Das gleiche Prinzip gilt für die europäischen Großbanken. Die Bankvorschriften sind viel zu ‹gefällig›!»

Am 20. Juli wurde der Vertrag unterzeichnet, und im August wurden 50 Millionen Dollar, die Hälfte der Gesamtsumme, nach den Bahamas transferiert. Die über den drohenden Bankrott der Franklin Bank informierten Aktionäre gerieten in Panik. Die Einlagen der Banca Privata fielen von 900 000 Mio. Lire auf 400 000 Mio. Lire. Die Leitung der Banco di Roma beschloß daraufhin, den zweiten Teil der

Zahlung zu sperren. Es bedurfte der persönlichen Intervention von Guido Carli, um diese Maßnahme rückgängig zu machen, nicht aus Sympathie für Sindona, sondern weil er «die Glaubwürdigkeit des italienischen Banksystems im Ausland bewahren» wollte.

In jedem Falle waren die Beweise gegen Sindona erdrückend. Anfang September hatte die Banca Unione, Mailand, eins der beiden mit der Banca Privata fusionierten Unternehmen, 30 Mrd. Lire bei Devisenumtauschaktionen verloren, 18 Mrd. Lire bei nicht eintreibbaren Darlehen an die Frankfurter Herstatt-Bank, die einige Monate später zusammenbrach, und 104 Mrd. Lire, die in den fiktiven Unterabteilungen der Schweizer und Luxemburger Unternehmen Sindonas untergegangen waren: in der Gadena, Mella, Kilda, Nabusa und im Queriso.

Carli entschied, über die Banca Privata das Liquidationsverfahren zu eröffnen. Um die Verluste nicht so breite Ausmaße annehmen zu lassen, wurden verschiedene andere Staatsbanken wie die italienische Kredit und die Banca Commerciale aufgefordert, bei den Maßnahmen mitzumachen.

Der von all seinen alten Freunden verlassene, von Verfolgung bedrohte Sindona schickte von Genf aus Anfang Oktober ein Schreiben, mit dem er sein Ausscheiden aus der Generale Immobiliare bekanntgab. Kurz darauf flog er in die Vereinigten Staaten. Am 9. Januar 1975 ordneten die Schweizer Behörden die Schließung der Finanzierungsbank in Genf an. Nach Daniel Bodmer, dem Sekretär der Bundes-Bankkommission, wurde dieser Beschluß begründet mit den «Verlusten aus exzessiver Spekulation im Anschluß an Transaktionen mit Edilcentro International Ltd., Bahamas», einer der Generale Immobiliare gehörenden Firma. Nach Angaben der schweizerischen Behörden überstiegen die Verluste die Aktiva der Bank um 19,6 Mio. Dollar.

Verlust an Geld und Prestige! Der Schlag war hart für den Vatikan, dem 49 % des Kapitals der Schweizer Bank gehörten. Die verarmte und diskreditierte klerikale Elite lastete diesen Verlust Mgr. Marcinkus an. Die Offensive wurde von einem sehr hohen Würdenträger, Mgr. Benelli, geführt; kurze Zeit später wurde Marcinkus versetzt.

Nach Massimo Spada hatte der Vatikan 24 Mrd. Francs durch die Banca Unione verloren, an der der Vatikan zu 15 % als Aktionär beteiligt war, sowie 43 Mio. Pfund Sterling bei ungesetzlichen Operationen über die Schweizer Bank.

Der Teil der Generale Immobiliare, der dem Vatikan gehörte, wurde teilweise von Fiat abgekauft; für den Rest zeichnete ein geheimnisvolles Konsortium, von dem sich kurz darauf erwies, daß einer der Aktionäre mit der Kommunistischen Partei Italiens verbunden war.

Mehrere Bankinstitute mit untadeliger Weste haben mit Sindona zusammengearbeitet. In gleicher Weise soll die Banca Privata der National Westminster Bank bei ihren massiven Spekulationsgeschäften mit dem Dollar im Ausland als Agent gedient haben; hierdurch war die Bank in eine schwierige Lage geraten, als die Konvertierbarkeit des Dollar ausgesetzt wurde.

Das Jahr 1974 sah außerdem noch den Fall eines weiteren Abenteurers des Nummernkontos. Tibor Rosenbaum war ein mit der Mafia verbundener Bankier und arbeitete gleichzeitig mit Bernhard der Niederlande zusammen. Er war verantwortlich für die Geschäfte der International Credit Bank, Genf.

Im Jahre 1949 leitete er die Helvis Management Corporation, die den Handel zwischen der Schweiz und Israel sicherte. 1959 war das Unternehmen durch Zahlungen an eine nationalistische und ultrareligiöse israelische Partei mit der Absicht, Verträge vom Gesundheitsministerium zu erhalten, in einen Skandal verwickelt.

Rosenbaum war eng mit Pinhas Sapir liiert, dem Finanzier der Arbeiterpartei und Architekten der Wirtschaftspolitik zur Unterstützung Israels von der Diaspora aus. Seit 1960 hatte Rosenbaum die Leitung der Bank inne und benutzte sie als Schaltstelle für die Cosa Nostra. Die von den Kasinos von Las Vegas abgezogenen Gelder mischten sich mit den Einlagen eines Edmond de Rothschild.

Sehr bald trat Rosenbaum in Verbindung mit Bernie Cornfield. In jener Epoche errichtete Cornfield seine Firma IOS. Rosenbaum, der auch Liberias Botschafter in Österreich war, besaß zahlreiche Verbindungen zu Führungskreisen Westafrikas. Die beiden Tätigkeiten ergänzten sich. Die Zahlungen erfolgten über die Vermittlung von Rosenbaums Genfer Unternehmen, aber gleichfalls hatten die Kunden die Möglichkeit, in der Schweiz durch Erwerb von IOS-Aktien zu zahlen.

Die finanzielle Tüchtigkeit Rosenbaums war so beeindruckend, daß die israelische Regierung ihm 1968 die Verantwortung für den Kauf von militärischem Material übertrug. Bei einer anderen Gelegenheit wurde Rosenbaum von Shimon Perès aufgefordert, aus Gründen der «nationalen Sicherheit» 7 Mio. Dollar innerhalb von vierundzwanzig Stunden aufzutreiben. Rosenbaum beschaffte das Geld und kassierte eine Provision von 500 000 Dollar.

Seit 1966 bereiten Rosenbaum und Cornfield eine spekulative Sache großen Stils in Rom vor: die Kontrolle von Tenuta di Copocotta, 1200 Morgen Land aus dem ehemaligen Landbesitz der königlichen

Familie, aus dem Rosenbaum gerne ein Wohnviertel machen wollte. Er soll für das Terrain 22 Mio. Dollar gezahlt haben und sah ein Liegenschaftsprojekt vor, das sich auf 150 Mio. Dollar belaufen sollte. Cornfield war bereit, über IOS Beteiligungen an Tenuta verkaufen zu lassen. Die Errichtung der Gebäude wurde zum großen Teil durch die Generale Immobiliare gewährleistet. Im Zeitraum von zwei Jahren gab Rosenbaum für den Bau von Straßen und für Kanalisationsarbeiten 6 Mio. Dollar aus. Kurz darauf erfuhr er, daß er die erforderlichen Genehmigungen für die Fortsetzung der Arbeiten nicht erhalten würde. Er intervenierte daraufhin unverzüglich bei seinem deutschen Partner, der Hessischen Landesbank, um diese zu veranlassen, mit der polnischen Polska Handlowska Bank Verbindung aufzunehmen, damit diese wiederum bei der italienischen Kommunistischen Partei vorstellig würde.

Zwei der angesprochenen Führer der PCI, Giorgio Napolitano und Eugenio Peggio, die mehrfach die Bank Rosenbaums in Anspruch genommen hatten, um mit dem Osten Handelsgeschäfte abzuwickeln, reagierten vorsichtig auf die polnische Anfrage. Rosenbaum fuhr mehrmals nach Rom, um sich mit Napolitano zu treffen, offensichtlich ohne Erfolg. In ihrem Streben nach einer allmählichen Machteroberung, für die sie den Eindruck der Unbestechlichkeit wahren müssen, zögerten die Kommunisten, sich mit einem Manne zu verbünden, dessen Transaktionen schon so häufig die Illegalität gestreift hatten.

Rosenbaum versuchte daraufhin, seine Verbindungen zur bundesdeutschen Sozialdemokratischen Partei einzuschalten, etwa durch Willy Brandts Vertrauten Egon Bahr, für den er auf die sozialistische Fraktion der italienischen Mitte-Links-Regierung eingewirkt hatte. Ohne Erfolg. Im Jahre 1970 wurden die 1200 Morgen zur «grünen Zone» erklärt.

Von diesem Augenblick an befand sich Rosenbaum auf der Verliererstraße. Seine Situation verschlimmerte sich durch die Pleite der Frankfurter Herstatt-Bank, in welcher er zahlreiche Beteiligungen hatte. Wie der nicht zimperliche Buchhalter, der in die Kasse greift, um seine Spielschulden zu begleichen, wandte Rosenbaum sich an die Israel Corporation, die von Edmond de Rothschild geführt und kontrolliert wurde. Diese Organisation hatte die Aufgabe, Geld aus zionistischen Kreisen in halböffentliche und öffentliche israelische Unternehmen zu investieren, wie etwa in die Reederei Zim.

Michael Tsur, ehemaliger Generaldirektor des israelischen Handels- und Industrieministeriums, Manager der Israel Corporation und ein Freund Rosenbaums, gab ihm einen Vorschuß von 8,5 Mio. Dollar, die er den Mitteln seiner Organisation entnahm. In Wirklichkeit handelte es sich sogar um 14,5 Mio. Dollar, die von Tsur abgezweigt wurden – nicht nur von Israel Corporation, sondern auch von Zim Navigation und einer dritten israelischen Gesellschaft, der Oil Refineries, zwecks Überweisung an die International Credit Bank Vaduz in Liechtenstein, die ebenfalls Rosenbaum gehörte. Die Existenz dieser beiden Steuerparadiese – Luxemburg und Vaduz – behinderte die Nachforschungen erheblich.

Die Genfer Bank International Credit tätigte sechs größere Investitionen in Israel: 100 % des Vermögens bei der Textilfirma Lodzia, 22 % bei der Textilfirma Ata (mit 51 % Stimmrecht), 51 % bei Rapac, einer großen Firma der Elektronikindustrie, 33 % bei der Galerie für moderne Kunst in Jaffa, 1 Million Dollar in Israel Corporation sowie den Kauf eines Appartements im Hotel Plazza in Jerusalem, das direkt dem International Credit Trust, Vaduz, gehörte.

1972 hatte Rosenbaum Pech bei Investitionen. Er verkaufte die Italo-American Corporation, der vor allem das Hotel du Lac in Rom gehörte, an seinen Schwager William Stern.

Im Jahre 1974 machte Rosenbaum seinem Schwager einen erstaunlichen Vorschlag: ein Käufer wäre bereit, das Hotel du Lac wieder zurückzukaufen, und Stern würde 50 000 Dollar Provision erhalten. Das Geschäft wurde kurz darauf abgeschlossen, und als Käufer entpuppte sich kurz darauf die Horn Holding, Vaduz, eine von Rosenbaum selbst kontrollierte Firma.

Und er war es auch, der sich um den Verkauf des Schlosses Warmelo kümmerte, das der verstorbenen Mutter von Prinz Bernhard der Niederlande gehört hatte. Evlyna Trust, eine Liechtensteiner Firma, die mit International Credit verbunden war, erwarb das Anwesen für 400 000 Dollar. Die Transaktion wurde von einem Vaduzer Anwalt, Herbert Batliner, Berater von Multi-Konzernen und reichen Mandanten, vorgenommen.

Diese Verbindungen brachten Bernhard dazu, bei Edmond de Rothschild zu intervenieren: sein Kamerad vom Bildeberg sollte keine Schritte gegen Rosenbaum einleiten, um so weniger als dieser für Rothschild – der daran Hauptaktionär ist – die Errichtung eines Club Méditerranée in der UdSSR am Schwarzen Meer ausgehandelt hatte. Michael Tsur wurde durch ein Jerusalemer Urteil von 1975 zu fünfzehn Jahren Gefängnis verurteilt.

III.
Die Machtelite der
Entspannungspolitik

1.
Von der militärischen Konfrontation
zur wirtschaftlichen Kooperation

Der Bericht über die stalinistischen Greuel, den Chruschtschow dem XX. Parteitag der KPdSU vorlegte, enthielt keine Überraschungen. Opportunismus und Verleugnung sind zwei Haupttugenden bei der Ausübung der Macht im Rahmen des Kommunismus. Wie Chruschtschow Stalin verleugnet hat, so sagen sich heutzutage Berlinguer, Marchais und Carrillo von Moskau los. Die Mülltonnen der Geschichte müssen schließlich gefüllt werden. Aber diese drei Männer, die sich jetzt als gute Demokraten gebärden, machten Karriere, indem sie voller Eifer und Ausdauer die Perversionen eines Regimes billigten, das ein einziger Angriff auf die Würde des Menschen ist. Die kommunistischen Parteien waren immer bekannt für Denunzianten- und Obskurantentum, und es war ja auch bequem, allen Informationen über Rußland den Stempel der üblen CIA-Nachrede aufzudrücken.

Chruschtschows gehässige Enthüllung wurde mit Verlegenheit zur Kenntnis genommen, durchaus aber nicht als Offenbarung. Thorez, Togliatti, Duclos, Pajetta wußten alle seit langem, was sie von Väterchen Stalins Art zu regieren halten mußten. Sie waren lediglich der Ansicht, daß seine Methoden nicht unbedingt einer internationalen Öffentlichkeit bekanntgemacht werden müßten, die allzu viele «Vorurteile» hatte. Wer diesen Zeitraum als «Entstalinisierung» bezeichnet, verdreht die Tatsachen, denn mit dieser Formulierung würde unterstellt, daß es eine Krise und eine Neubesinnung gegeben hätte. Doch kaum hatte Chruschtschow seinen letzten Besucher des XX. Parteitags bis zur Tür begleitet, als er seine Soldaten und Panzer durch die Straßen von Budapest schickte. Der Ungarn-Aufstand wurde ebenso erbarmungslos unterdrückt wie die Arbeiter-Unruhen in Ost-Berlin und Polen drei Jahre zuvor. Santiago Carrillo, der zu der Zeit in Moskau weilte, nahm das ebenso hin wie die kommunistischen Parteien Frankreichs und Italiens. Und bis zum heutigen Tag kann niemand behaupten, Marchais und Berlinguer hätten sich der zustimmenden Haltung ihrer Parteispitzen widersetzt.

Zwölf Jahre darauf wurde die Politik des Kalten Krieges von der Entspannungspolitik abgelöst. Die manichäische und kriegerische Art, die Probleme zu sehen, wurde zugunsten einer offenbar feiner gesponnenen Annäherung aufgegeben, die auf Stabilisierung und Konfliktminderung beruht. Was den äußeren Rahmen anging, so wurde Chruschtschow von Breschnew und Budapest von Prag abgelöst, und in beiden Fällen hat der Westen völlig ungerührt zugesehen, wie die «Meuterer» zur Räson gebracht wurden.

In den vergangenen drei Jahrzehnten waren die Beziehungen zwischen den Vereinigten Staaten und der Sowjetunion von dreifacher Rivalität gekennzeichnet: auf militärischem, wirtschaftlichem und ideologischem Gebiet.

Die Kuba-Krise 1962 war zugleich das erste Kernwaffenduell zwischen Moskau und Washington und das letzte Beispiel für die Gefahr eines unmittelbaren Zusammenstoßes der beiden Supermächte. Danach schlossen die amerikanische Regierung und das Politbüro ein Abkommen nach dem anderen: 1963 Einstellung der Atomversuche, April 1964 Produktionsbeschränkung bei spaltbarem Material, Januar 1967 Erklärung des Weltraums zur entmilitarisierten Zone. Selbstverständlich wurden dadurch Herstellung und Verkauf von Waffen nicht um das kleinste Schräubchen vermindert. 1975 belaufen sich die Geschäfte, die vom westlichen militärisch-industriellen Komplex und den russischen «Stahlfressern» gemacht werden, zusammengenommen auf 300 Milliarden Dollar. Die Kosten des Materials für die NATO belaufen sich auf 150 Milliarden und die für den Warschauer Pakt auf 110 Milliarden. Der Rest verteilt sich auf verschiedene Transaktionen mit Ländern der Dritten Welt, denn heutzutage ist der «Panzer-Fetischismus» ein besonderes Merkmal unterentwickelter Länder.

In den Vereinigten Staaten dienen 5 Millionen Menschen in den Streitkräften oder sind Zivilangestellte des Pentagons. Weitere 4 Millionen arbeiten in der Rüstungsindustrie, die – aufgrund des mit Zulieferanten arbeitenden Systems – 10000 kleinen Unternehmen und noch einmal mehreren Millionen Beschäftigten ein Einkommen sichert. Das Verteidigungsministerium kann auf die Dienste von 400 Mitgliedern von Interessenverbänden rechnen, von Senatoren und Gruppenvertretern, die in Schlüssel-Organisationen wie die Kernenergie-Kommission, den Senats-Ausschuß für Auslandsbeziehungen und den Ausschuß des Repräsentantenhauses für internationale Angelegenheiten eingeschleust wurden. 6000 Menschen haben mit der Verkaufsförderung und Öffentlichkeitsarbeit für die letzten Raketenmodelle oder die neuesten Verbesserungen am Zündsystem bei Atomsprengköpfen zu tun. Die 20 größten Rüstungsbetriebe wie Lockheed, General Dynamics, General Electric, McDonnell, Rockwell International, Northrop, Hughes Aircraft oder Boeing haben in Washington riesige Büros und umfangreiches Personal.

Über 10 000 hohe Offiziere, die früher leitende Stellungen im Pentagon bekleideten, arbeiten unmittelbar für eine Industrie, für die es im Westen kennzeichnend ist, daß sie sich völlig in Privathand befindet und von den Regierungen finanziert wird. Daß Unternehmen wie Lockheed oder General Dynamics in den roten Zahlen arbeiten, ist nicht Folge von ungünstiger Marktlage oder Verkaufsrückgang, sondern einzig und allein eine Finanz-Taktik, damit noch mehr Subventionen von offizieller Seite fließen. Das Geschäft zwischen Fabrikanten und Politikern ist einfach. Angesichts der Krise, die durch das auf der ganzen Welt verbreitete System hervorgerufen wurde, bleibt die Rüstungsindustrie einer der wenigen Bereiche, die noch national sind und deren Tun sich in der Handelsbilanz eines Landes niederschlagen kann. So wird den für den Außenhandel zuständigen Ministern die – kurzlebige – Befriedigung zuteil, gegen Exportsubventionen ihre Konten ausgleichen zu können.

Diese im Rüstungsgeschäft engagierten Firmen verfügen über stark diversifizierte Märkte, die für die Vereinigten Staaten vom Iran bis zu den südamerikanischen Diktaturen und den Vereinigten Emiraten reichen, für Frankreich und Italien bis Südafrika und Brasilien. Fiat, die wichtigste Waffenschmiede Italiens, arbeitet vornehmlich für die NATO, ein wesentlicher Teil ihrer Aktivitäten erstreckt sich aber auch auf den kommunistischen Osten. Das gleiche gilt für Vickers in Großbritannien. Alle amerikanischen Unternehmen, die den Markt in Süd-Vietnam überschwemmt haben, sind in die Wodka-Cola-Sache verwickelt. Schmidt, Carter, Giscard und Miki wirken nicht sehr glaubwürdig mit ihren Bekenntnissen zur Abrüstung, wenn sie zugleich doch überzeugte Anhänger der Politik des militärischen Wachstums bleiben.

Dieses Wettrennen um den Gewinn ist durch ökonomische Interessen begründet. Der technologische Stand der Rüstung und die äußerste Verfeinerung des Materials schließen jeden bewaffneten Zusammenstoß zwischen den beiden Großen aus. Es handelt sich in der Hauptsache darum, Aufträge über die Herstellung von Material hereinzuholen, das nach einigen Jahren Gebrauch bereits überholt ist und deshalb auf der Stelle durch neues ersetzt werden muß. Die Lage ist im Osten kaum anders, wo das militärische *Establishment* neben der Partei und dem KGB einen der drei Stützpfeiler des Regimes bildet. Es hat unmittelbar einen großen Teil der russischen Industrie in der Hand, besitzt eigene Fabriken und Forschungslaboratorien und spielt bei Haushaltsfragen stets eine entscheidende Rolle.

Das State Department gab am 25. Februar 1976 zu, daß die Vereinigten Staaten seit 1972 winzige Kugellager in der Sowjetunion herstellen lassen, die für das Steuerungssystem der MIRV-Fernlenkwaffen mit Mehrfach-Sprengköpfen unerläßlich sind. Auch in diesem Fall beruhte die Entscheidung, die Embargo-Politik aufzugeben, ausschließlich auf wirtschaftlichen Gründen. Nach Auskunft des Pentagons stellten mehrere italienische und schweizerische Vertragsfirmen der NATO seit Jahren ähnliche Artikel her, mit denen sie die Sowjets versorgten.

Wer mit westlichen Raketen handelt, ist allerdings gezwungen, dem Drängen der kommunistischen Militärs eine gewisse Zurückhaltung entgegenzusetzen. Die Spitzen der Roten Armee bestehen beim Abschluß von Verträgen über Koproduktionen zwischen ihren Unternehmen und den «militärfaschistischen Lobbies» darauf, daß der neueste Stand der Technik zugrunde gelegt wird. Aber die westlichen Unternehmen werden hier durch politische Erwägungen gehindert und können nur kurzfristige Lieferverträge abschließen. 1975 einigte sich Rolls-Royce mit Peking darauf, für 160 Millionen Dollar Triebwerke zu liefern, die für Jagdflugzeuge bestimmt waren. Kurz darauf kaufte die Volksrepublik China von Frankreich Hubschrauber. Nach Aussage des Instituts für Strategieforschung in London besteht die gesamte chinesische Luftwaffe aus einigen ziemlich nutzlosen MIGs, die von den Russen Ende der 50er Jahre zurückgelassen wurden.

Auch von den Vereinigten Staaten würden die Chinesen gern Material für die U-Boot-Abwehr und ferngelenkte Panzer-Abwehrraketen kaufen, vor allem aber elektronische Ausrüstungen, die für die Chinesen den entscheidenden Schritt auf technisches Neuland bedeuten würden.

Die Erzeugung gegenseitiger wirtschaftlicher Abhängigkeit, durch die Kriege unmöglich würden – dies Dauer-Argument, das auf beiden Seiten von den Befürwortern des Ost-West-Handels herangezogen wird –, entbehrt zum Teil der Grundlage. Die kommunistische Welt und der Westen streben im wesentlichen danach, ihre wirtschaftliche Stellung mit Hilfe der «ganz und gar bewaffneten Entspannung» immer besser auszubauen. Da auch weltanschauliche Gegner beliefert werden, wächst in einigen Gebieten die Möglichkeit blutiger Zusammenstöße. Paradoxerweise unterstützt die Entspannung den Waffenhandel und vergrößert die Gefahr örtlich begrenzter Kriege. Die kleinen Streitigkeiten zwischen Provinzmächten, die noch aus weltanschaulichen Gründen Krieg führen, können leicht eskalieren und dann bewaffnete Interventionen heraufbeschwören, die lebenswichtige wirtschaftliche Interessen schützen sollen. Das ist der Fall in Südafrika, wo die multinationalen Gesellschaften an die 35 Milliarden Dollar investiert haben. Die Integration von Osten und Westen legt auf der Ebene von Rüstungsbetrieben das Schwergewicht auf solches Material, das auf der Grenze zwischen konventioneller Waffe und taktischer Atomwaffe liegt. Die wirkliche Gefahr für die Zukunft beruht auf dieser Verniedlichung der atomaren Bewaffnung und auf den bis ins äußerste vereinfachten Regeln für ihre Anwendung. Als die Großmächte stillschweigend übereinkamen, ihre Rivalität nicht mehr mit Waffengewalt auszutragen, gab es noch zwei andere Gebiete, auf denen sie miteinander im Wettstreit lagen: die Wirtschaft und die Ideologie.

Im Jahre 1953 endete das Wettrennen um die Nachfolge Stalins mit dem Sieg Chruschtschows, dem es gelang, Malenkow, als dieser ihn gerade überholen wollte, raffiniert ein Bein zu stellen. Malenkow war so unvorsichtig gewesen, am heiligen Dogma von der «Vorrangigkeit der Schwerindustrie» zu rütteln. Er sprach sich für die Bereitstellung von Konsumgütern und die Befriedigung der Bedürfnisse in der Bevölkerung aus, die durch die Kapricen des verstorbenen Diktators ausgeblutet war. Chruschtschow brauchte nur heftig gegen die Ketzerei einer solchen «rechtsgerichteten Haltung» zu Felde zu ziehen – schon hatte er das Führungspatent in der Tasche, saß auf dem Stuhl der Macht und machte beinahe auf der Stelle just die Politik, die sein Gegner vorgeschlagen hatte.

Chruschtschow, als unerfahrener Vorkämpfer, praktizierte das *stop and go*-Verfahren und unternahm zahlreiche Ansätze zu Reformen, die dann plötzlich abgebrochen wurden. Vor allem machte er den Fehler, lautstark die Überlegenheit des sozialistischen Wirtschaftssystems zu loben, das «in fünfzehn Jahren den Vereinigten Staaten weit voraus sein wird». Das war ungeschickt angesichts des viele Jahre andauernden sowjetrussischen Rückstandes gegenüber anderen modernen Industriesystemen. Die Schande, die der Parteisekretär durch seine unerfüllbaren Voraussagen heraufbeschworen hatte, machte vielen Angehörigen der sowjetischen Regierung zu schaffen.

Als Chruschtschow 1957 seinen Sputnik in die Umlaufbahn schickte, war er politisch schon fast tot. Seine Gegner warfen ihm vor, er hätte sich von der Automatisierung, wie sie in Industrie und Landwirtschaft

Amerikas schon üblich war, faszinieren lassen und weder zu wählen noch zu entscheiden vermocht. Der Hilferuf an seine kapitalistischen Rivalen kam zu spät, sein Sturz im November 1964 war nicht mehr aufzuhalten. Seine Nachfolger warfen ihm sogar «Nachgiebigkeit gegenüber den Imperialisten» vor. Tatsächlich bedeutet das Dreigespann Breschnew–Podgorny–Kossygin eine Rückkehr zu stalinistischen Gepflogenheiten, zumindest dem äußeren Anschein nach. Auf dem XXV. Parteitag sprach sich Juri Andropow, Leiter des KGB, für den weiteren Ausbau der Entspannungspolitik aus. Eine Rede, die deutlich machte, wie eng der Apparat der Unterdrückung mit den wesentlichen politischen Ansichten des Regimes verbunden war.

Bei Breschnew zeigten sich allerdings sehr bald dieselben Neigungen wie bei seinem Vorgänger. Offensichtlich übt der Gedanke an eine Zusammenarbeit mit kapitalistischen Firmen und an die Möglichkeit, ihre technischen Errungenschaften in Anspruch zu nehmen, auf die kommunistischen Führer die gleiche gefährliche Anziehungskraft aus wie ein Kanonenofen im Winter.

Mit dem Eintritt in die Phase der Entspannungspolitik war keine Rede mehr von wirtschaftlicher Rivalität. Die letzten Jahre unter Chruschtschow hatten ja auch den schmerzhaften Zusammenbruch marxistischer Vorstellungen von der unvergleichlichen Überlegenheit, die aus der «Verstaatlichung der Produktionsmittel» entstehen sollte, mit sich gebracht. Leider hatte niemand den unbedeutenden Einwand vorgebracht: Ob das Unternehmen nun in Privat- oder Staatshand ist, welchen Vorteil hat ein Arbeiter davon, der in jedem Fall denselben autoritären Arbeitsbedingungen unterliegt?

Zu Beginn der sechziger Jahre wurde vollends klar, daß es nicht mehr möglich war, eine Politik umfangreichen Transfers von Mitteln und Rohstoffen zwischen den einzelnen Wirtschaftszweigen zu verfolgen. Auf eine Periode «extensiven» Industriewachstums, das hauptsächlich auf der Vergrößerung der Arbeiterzahl beruhte, mußte eine Zeit «intensiven» Wachstums folgen, das sich auf die Entwicklung der Produktivität und bessere Ausnutzung der gegebenen Möglichkeiten stützte. Nach drei Jahren interner Beratungen kündigte Kossygin im September 1965 vor dem Plenum des Zentralkomitees an, es werde eine Wirtschaftsreform eingeleitet. Diese schien einen Kompromiß darzustellen zwischen den Ansichten derer, die eine äußerst zentralisierte Verwaltung befürworteten und den Vorschlägen der Wirtschaftswissenschaftler Liberman und Birman, die diese Entwicklung angeregt hatten.

Unternehmen der Industrie, des Bausektors, des Transportwesens und des Handels wurden in ein neues System der Unternehmensleitung, der Planung und der wirtschaftlichen Anreize eingespannt. Wichtigste Bestandteile der Reform waren die Wiedereinsetzung des Gewinns als Bemessungsgrundlage für die Leistungen der Unternehmen, zunehmende Dezentralisierung von Investitionen und die Einführung einer *capital charge*. Tatsächlich haben sich die Grundzüge des sowjetischen Systems in der Wirklichkeit kaum geändert, und die Korrekturen, die von Partei-Integristen am Modell der plötzlichen Umorientierung von 1965 angebracht wurden, haben seine Wirkung stark vermindert. Schlimmer noch: unter dem Vorwand, das Gleichgewicht zwischen den beiden Richtungen müsse vollständig gewahrt werden, blieb die Rolle der zentralen Ministerien und der Planer unangetastet, während zugleich Initiativen der Unternehmensführer und Entscheidungen auf Firmenebene stark eingeschränkt wurden. 1965 waren 25000 Unternehmen mit 70 % der sowjetischen Produktivkraft von der Reform erfaßt. Ende 1970 hatten 41000 Unternehmen das neue System eingeführt, und der Plan für 1971 bis 1975 sah dessen Ausdehnung auf die gesamte Wirtschaft (mit Ausnahme der Kolchosen) vor.

Aber die UdSSR bleibt eine Hochburg der konservativen Haltung inmitten des streng kontrollierten COMECON. Es ist schwierig, eine zentrale Bürokratie, die sich hinter ihrer Macht verschanzt, davon zu überzeugen, daß die Beibehaltung ihrer Privilegien angesichts einer Änderung der industriellen Umwelt nicht möglich ist. Selbst die Armee, der ja vom System her eine Vorzugsstellung eingeräumt wird, hatte Bedenken, allzu großzügige Dezentralisierungs-Maßnahmen gutzuheißen, durch die eine vorrangige Versorgung des militärischen Bereichs gefährdet werden könnte. In einigen Fällen ist die zentrale Kontrolle der Wirtschaft ganz offensichtlich von Vorteil, vor allem bei der Ausbeutung riesiger Gebiete, die reich an Rohstoffen sind, was von oben her überwacht werden muß, vor allem, was die Investitionen und den Transport angeht.

Schließlich treten die führenden Funktionäre der Sowjetunion jetzt ins Computer-Zeitalter ein, allerdings mit einem Generationensprung. Sie sind hingerissen von den großen Computer-Programmen im Westen und sehen darin ein Mittel, die Wirksamkeit ihrer zentralen Planung zu vergrößern. Sie meinen, daß sich durch Druck auf einige Knöpfe die Funktionäre des Gosplan im Besitz eines Höchstmaßes an Informationen befänden, nach denen sie ihre Anweisungen geben könnten.

Das scheint in doppelter Hinsicht zweifelhaft. Das System wird nie in befriedigender Weise funktionieren, solange objektive wirtschaftliche Maßstäbe fehlen, die auf tatsächlichen Handelsbeziehungen beruhen. Um so mehr, als gerade jetzt in den Vereinigten Staaten die Riesencomputer aus allen Entscheidungszentren zurückgezogen werden, weil sie zu falschen Lösungen und ungenauen Schätzungen beigetragen hatten.

Diese Saurier des elektronischen Zeitalters werden nun durch Kleincomputer ersetzt, die genau umrissene Fragestellungen bearbeiten und im jeweiligen Werk selbst eingesetzt werden. Sie sind wahre Gebrauchsmaschinen, sind in den Produktionsprozeß nahtlos einbezogen und können von Sekretärinnen bedient werden, die IBM ausbildet. Sie sind schneller und komplexer als die großen Modelle, und statt für alle großen Fragestellungen mathematische Lösungen auszuspucken, ermöglichen sie dank des Zugriffs zu begrenzten Informationen sofortige Entscheidungen.

Auch hier liegt für die Sowjets, die sich voll Neid die Nase am Schaufenster plattdrücken, die eigentliche Schwierigkeit weniger in der Frage: «Können wir es uns leisten, ihnen die Dinger abzukaufen?» als in der bangen Überlegung: «Ob sie uns die wohl verkaufen wollen?»

Bisher war die Antwort von IBM, wie von den meisten ihrer kapitalistischen Kollegen, regelmäßig ablehnend. Es ist Schluß mit den Wirtschafts-Transaktionen, den Preisnachlässen und den großzügigen Zahlungszielen. Die UdSSR erhält nur noch dann Unterstützung, wenn sie einen Teil ihrer Eigenständigkeit aufgibt.

Schon beim letzten Parteitag beklagte Breschnew sich darüber, daß sein Wunsch nach einer Verfassungsänderung nicht auf Beifall gestoßen sei. Es ging dabei um Veränderungen, die die Anerkennung und den Einsatz des Privateigentums an Produktionsmitteln im gesamten Bereich der Sowjetunion ermöglichen sollten. Seit zwei Jahren arbeiten Expertengruppen in der Stille des Kremls an diesem Problem.

Nun kann selbstverständlich Wladimir Zagladin, Mitglied des Zentralkomitees, sich in liebenswürdiger Weise über unseren schlechten Gesundheitszustand Sorgen machen und erklären, daß «die gesellschaftspolitische Unsicherheit im Westen zum Dauerzustand geworden ist, wo es praktisch unmöglich ist, einen einzigen Menschen zu finden, der jetzt noch bereit wäre, den Kapitalismus als das beste Gesellschaftssystem der Welt zu verteidigen». Genosse Zagladin, ein wohlbekannter Mann, scheint dabei zu vergessen, daß es seinem Land als erstem gelungen ist, den Klassenkampf an der Spitze zu beseitigen,

138

und zwar *dank* der Zusammenarbeit mit den Kapitalisten und der Anwendung des Systems der Koproduktion. In der Tat herrscht völlige Übereinstimmung zwischen Kendall und Kossygin. Aber das westliche System läßt noch zu, daß man Rechte in ihm fordert, für die Erhaltung von Freiheiten und die Verbesserung von Lebensbedingungen kämpft. Kein Zweifel, daß die allzeit hilfsbereiten Kommunisten gern ihr Modell exportieren würden. Nach Meinung der *overworld* lassen sich die wirtschaftliche Leistungsfähigkeit des Westens und die totalitäre Gesellschaftsordnung der sozialistischen Staaten ja zwanglos zu einem System integrieren.

Im Sommer 1976 waren die COMECON-Länder mit 60 Milliarden Dollar bei Privatunternehmen verschuldet, und der Lebensstandard in der Sowjetunion lag nach wie vor deutlich unter dem in den meisten Satellitenstaaten.

Die Entspannung dient als Vorwand für die vergrößerten Anstrengungen im ideologischen Kampf, dem einzigen Gebiet, auf dem die Kommunisten bei einer Offensive eine Niederlage nicht zu fürchten haben.

Es ist äußerst ungerecht zu behaupten, die Kommunisten verstünden sich nicht auf Reklame und spektakuläre Handstreiche. Schließlich haben sie innerhalb eines Jahres zwei höchst wichtige publikumswirksame Unternehmungen eingeleitet und zum glücklichen Ende geführt: in Helsinki hat Moskau angesichts eines internationalen Publikums erreicht, daß ihm die Länder endgültig zugesprochen wurden, die seit 1946 Bereitstellungsräume für seine Truppen waren, und im Juni 1975 konnte sich anläßlich der Konferenz der Schwesterparteien in Ost-Berlin jeder vom Unabhängigkeitsstreben der kommunistischen Parteien des Westens überzeugen. Das allerdings wäre viel wichtiger und glaubwürdiger gewesen, wenn die Führer an der Spitze des Apparats der westlichen kommunistischen Parteien ihr Vorgehen auch konsequent durchgehalten hätten. Wenn man schon darauf besteht, daß Frankreich nicht die Tschechoslowakei ist und daß Bulgarien nichts mit Italien gemein hat, dann hätte man auch noch sagen müssen, daß die DDR, Polen und Ungarn nichts mit Moskau zu tun haben. Und daß dieser Drang zur Unabhängigkeit, der da so spät verkündet wurde, allen Ländern zugestanden werden muß, die unter sowjetischer Vormundschaft stehen. Die Entscheidung, die DDR als Ausrichter der Tagung zu wählen, war ein geschickter Schachzug. Die Partei Erich Honeckers ist Moskaus toter Briefkasten, und der Mauerbau war nötig, wie man hört, weil das Land vor der Invasion von Tausenden westlicher Arbeitsloser geschützt werden mußte, die in der Hoffnung, im Osten Arbeit zu finden, vor dem Checkpoint Charlie ihre Zelte aufgeschlagen hatten.

In Wirklichkeit bot diese Konferenz reichlich Gelegenheit, die Strategie der kommunistischen Welt erneut zu bekräftigen: Weiterentwicklung der politischen Entspannung zwischen den Regierungen, Ausbau der wirtschaftlichen Integration mit Firmen und Beibehaltung des im Osten gegebenen gesellschaftlichen Status quo.

Die französische KP hat fünfundzwanzig Jahre gebraucht, bis sie den Begriff ‹Diktatur des Proletariats› aufgab. Das gibt ihr im Zeitplan einen vorzüglichen vorletzten Platz, hinter der portugiesischen und vor der japanischen KP. Diesen Entschluß als Fortschritt zu bezeichnen, wäre ebenso übertrieben wie der Versuch, einen motorisch Behinderten, der gerade die ersten Buchstaben des Alphabets entziffern kann, als eifrigen Proust-Leser hinzustellen.

Die Hand, die Georges Marchais den Christen hinhält, trifft sich mit dem Arm des Erzbischofs von Paris, François Marty, den dieser im Protest gegen französische Waffenverkäufe erhoben hat. Beide Männer sind Produkte von Kirchen, die sich jeweils zu Horten einer konservativen Grundhaltung entwickelt haben, und so bewegen sie sich völlig sicher auf dem Boden moralischer Prinzipien. Wie aber will der französische Kardinal seinen Schäflein die Haltung des Vatikans erklären, der in unseren Tagen nicht nur einer der Hauptaktionäre italienischer Rüstungsfirmen ist, sondern auch schamlos spekuliert und für die Vermehrung seiner irdischen Güter mit gottlosen Marxisten Handel treibt?

Die vielgerühmte Unabhängigkeit der italienischen KP ist ein Gerücht, das bis auf Palmiro Togliatti und Luigi Longo zurückgeht. Die Kommunisten aus der Via Bottega Oscure sind Prahlhänse sie haben stets den wichtigen Entscheidungen Moskaus zugestimmt, und Berlinguer tut sich bei all seinen Bekenntnissen zur Demokratie doch schwer mit einigen zweifelhaften Ereignissen der Vergangenheit. 1945 erklärte der tschechische Kommunistenführer Clement Gottwald: «Unsere Kommunistische Partei muß einen revolutionären demokratischen – und nationalen – Weg gehen.» 1946 sagte sein polnischer Kollege Gomulka: «Die Volksdemokratie wird in Polen nicht die Diktatur des Proletariats bedeuten. Unsere Demokratie wird nicht so aussehen wie die in Rußland.» Und der Ungar Rákosi meinte im selben Jahr: «Wir können den Sozialismus nicht aufbauen, ohne einen nationalen Weg zu suchen, der frei ist von taktischer Berechnung.»

Drei Aussagen, die man schwerlich vergessen kann, auch wenn der italienische Parteisekretär mit der kläglichen Ausrede kommt, Moskau

140

und Rom lägen so weit voneinander entfernt. Ob die Kommunistische Partei nun unter dem Schirm der NATO oder dem Schutzdach des Warschauer Paktes sitzt, sie hat immer dieselbe Hautfarbe. Es ist absurd zu behaupten, eine autoritäre Partei mit einem Stimmenanteil von 15 % werde liberal, wenn sie es auf 30 % bringt. Im Verlauf des letzten Wahlkampfes lobte alles den maßvollen Ton der italienischen KP. Dabei vergaß man nur zu erwähnen, daß ihr oberstes Gesetz der demokratische Zentralismus bleibt, was sie jeder Demokratie im Inneren ebenso abhold sein läßt wie die Parteien Osteuropas. Aber außer einigen Menschen, die sich zu lange in unserer Epoche aufgehalten haben, glaubt niemand mehr, daß die Sowjets den Eisernen Vorhang auf der Höhe von Neapel niedergehen lassen wollen. Das Problem liegt an anderer Stelle.

Eugenio Peggio, der Wirtschaftsexperte der italienischen KP, hat zum Teil recht, wenn er erklärt: «Die wirtschaftliche Krise Italiens ist keine Erfindung der kapitalistischen Welt, sondern eine Tatsache.» Aber er geht leider nicht weit genug. Es gibt da eine eigentümliche Erscheinung im Lande: eine große Anzahl Arbeitsloser ist auf der Suche nach Arbeitgebern – aber die haben sich verflüchtigt. Das Industrie- und Wirtschaftspotential Italiens ist abgewandert, z. B. nach Polen, in die UdSSR, nach Ungarn und in Steueroasen. Die Arbeiter, die nicht so einfach auf Reisen gehen können, blieben am Strande der Adria zurück. Pirelli und Montedison sind nicht am Ende, aber *out*, und die KP müßte wahrhaftig ein gesichertes gesellschaftliches Klima schaffen, wenn internationale Kapitalisten und solche von jenseits der Alpen sich zu neuen Investitionen überreden lassen sollen. Dann würden wir erleben können, wie eine von Schlagworten beherrschte Gesellschaft entsteht, in der angesichts des Primats, den die Produktion genießt, eben denen das Streikrecht abgesprochen wird, die vier Jahre zuvor den Großteil der Massen stellten, die von Turin bis Neapel zu Protestmärschen gegen Amerikas Angriffe auf Vietnam auf die Straße geschickt wurden.

2.
Ideologische Bastionen des Wodka-Cola-Systems

Lebte Max Weber heute, würde zweifellos ein Stipendium der Ford-oder Rockefeller-Stiftung es ihm ermöglichen, seinen Aufsatz «Die protestantische Ethik und der Geist des Kapitalismus» zu schreiben. Denn Macht und Überlebensfähigkeit der großen Unternehmen rühren nicht nur daher, daß sie über eine wirtschaftliche Kapazität verfügen, mit der sie das gesellschaftliche Umfeld und politische Entscheidungen beeinflussen können. Es gehört wesentlich zur Taktik der multinationalen Machtgruppen, kluge Köpfe zu kaufen und ihren Ehrgeiz unter Aufsicht zu halten und so in der Manipulation des intellektuellen Bereichs dieselbe Fähigkeit zur Innovation und Vorausschau zu beweisen wie auf dem Gebiet der Wirtschaft und Finanzen. Es gibt in den Vereinigten Staaten 25 000 Stiftungen mit einem der Vermögenssteuer nicht unterworfenen Kapital von 20 Milliarden Dollar. Diese Art Konzentration findet sich auch auf dem Gebiet philanthropischen Tuns. Das Einkommen der 596 wichtigsten Stiftungen ist mehr als doppelt so hoch wie der Nettogewinn der 50 größten Handelsbanken im Lande. Das gegenwärtige Einkommen der Ford Foundation, die an der Spitze aller Stiftungen steht, belief sich in den letzten dreißig Jahren auf insgesamt 2 Milliarden Dollar.

Mit dieser Zahl übersteigen ihre finanziellen Möglichkeiten die vieler UNO-Mitgliedsstaaten. Der Familie Rockefeller stehen zwei Organisationen zur Verfügung: einmal eine Stiftung, deren aktives Vermögen sich 1973 auf 980 Millionen Dollar belief, zum anderen der Rockefeller Brothers Fund mit einem Vermögen von 200 Millionen Dollar, dessen genaue Finanzlage jedoch nie offengelegt wurde. Durchaus beachtlich ist die scheue Zurückhaltung, die von den Verwaltern dieser Konzerne für Menschenfreundlichkeit an den Tag gelegt wird. Wie unauffällig sie sich verhalten, zeigt sich daran, daß zwei Drittel von ihnen noch nie einen Jahresbericht über ihre Tätigkeiten veröffentlicht haben. Die spärlichen Einzelheiten, die mitgeteilt, die Auskünfte, die überhaupt gegeben werden, beziehen sich ausschließlich auf die Unternehmungen, die ohnehin der Öffentlichkeit bekannt werden sollen.

Die Existenz und das Wirken der Stiftungen ruhen auf einem Fundament aus Zweideutigkeiten in der Gesetzgebung und dem Entgegenkommen der Steuerbehörden, die hier in groben Umrissen wiedergegeben werden:

1. Sie können mit ihrem Vermögen Geld auf dem Kapitalmarkt aufnehmen oder Tätigkeitsbereiche aufkaufen.
2. Die Familie darf auf diese Weise erworbenes Einkommen behalten.
3. Der Erbe bestimmt, wer in der Verwaltung der Stiftung mitarbeitet und kontrolliert die Investitionen. Jede Gesellschaft kann ihr Einkommen um zwanzig Prozent vermindern (20 % *charity deduction*), indem sie einer Stiftung Gelder zukommen läßt oder ihr einen größeren Teil ihres Besitzes überschreibt, um der Versteuerung zu entgehen.

Schon immer ähnelten diese Organisationen mehr internationalen Banken als wohltätigen Gesellschaften, und die angebliche Unabhängigkeit ihrer großzügigen Stifter ist ein Ammenmärchen.

Henry Ford hatte seiner Stiftung 90 % der Aktien der Ford Company überschrieben, wobei er in keiner Weise den wirtschaftlichen Einfluß einbüßte, den eine solche Übertragung eigentlich bedeuten müßte. Auf diese Weise wurden neun Zehntel der Aktiva des drittgrößten Unternehmens der Welt der Besteuerung entzogen. Diese kluge Maßnahme führte außerdem dazu, daß die Erben des Imperiums von Detroit keine Erbschaftssteuern zahlen mußten.

Wahrlich ein Taschenspielertrick: «Nichts in den Händen, alles in den Taschen.» Das versteht nur derjenige schwer, in dessen Kopf noch strenge Vorstellungen vom Nutzen der Staatsaufsicht spuken.

Die Ford Foundation hat sich dem Wandel der Denkweisen angepaßt und im Lauf der Jahre ihr allzu herausfordernd bestücktes Portefeuille neu garniert, indem sie 92,7 Millionen Aktien der Ford Motor Company im Wert von 4 Milliarden Dollar verkaufte, belieh oder investierte.

Im selben Zeitraum hat sie Anteile von Time Inc., Magnovox General Mills, Pepsi-Cola, American Motors, Exxon, Gulf Oil, IBM, Lockheed, Boeing und Dow Chemical gekauft. Von 1950 bis 1962 hat sie Darlehen in Höhe von über 300 Millionen Dollar an Wirtschaftsunternehmen vergeben. Zwar ist sie eine Organisation, deren Satzung vorsieht, daß «all ihre Tätigkeiten ausschließlich wohltätigen Zwecken dienen», aber sie hat 1 Million Aktien der Ford Motors darauf verwendet, die Philco Corporation aufzukaufen, wobei sie jede Aktie um 4

143

Dollar unter dem Börsenkurs bewertete, was einem Preisnachlaß von 4 Millionen Dollar entspricht. Da der Börsenkurs den in den Büchern ausgewiesenen Wert der Stiftung um das Doppelte überstieg, gewann sie bei diesem Schachzug mehr als das Doppelte hinzu. Selbstverständlich braucht dieser Vermögensvorteil nicht versteuert zu werden.

Es ist leicht einzusehen, daß eine solche Einrichtung auf bestimmte Kapitalisten verführerisch wirken mußte, die eine Industrie-Kathedrale errichteten, bei der die Spitzbögen der christlichen Nächstenliebe und des Geschäftsinteresses sich im Schlußstein des Gewölbes vereinigen, das Macht heißt.

John McCloy, der frühere amerikanische Hochkommissar für Deutschland, leitete die Ford Foundation von 1953 bis 1965. Auf seinen Rat und den seines Mitarbeiters, Shepard Stone, hin gründeten die Essener Kanonenkönige die Krupp-Stiftung, die mit ihrem Vermögen von 159 Millionen ihrer ruhmreichen älteren Schwester in Amerika wie aus dem Gesicht geschnitten ist. Durch diesen Trick übernahmen sie erneut die Kontrolle über ihre Stahlwerke, die unter alliierte Verwaltung gestellt worden waren. Innerhalb eines Jahres flossen der Stiftung aus dem Industrie-Imperium 2 Millionen DM zu.

Die Familie Rockefeller beweist dasselbe Geschick, wenn es darum geht, sich den formaljuristischen Schlingen zu entziehen und dabei zugleich Besitz, Macht und Einflußmöglichkeiten unversehrt zu erhalten.

Die Rockefeller-Stiftung wurde 1913 ins Leben gerufen. Ihr Hauptziel war es, der Familie den Einfluß über ihr Öl-Imperium zu erhalten, das zwei Jahre zuvor in sieben verschiedene Gesellschaften aufgeteilt worden war, nachdem eine Entscheidung des Obersten Gerichtshofs die Standard Oil wegen Monopolismus zur Aufteilung gezwungen hatte. Heute ist diese Stiftung die Hauptaktionärin der Standard Oil Company (Exxon) von New Jersey. Sie verfügt über 4 300 000 ihrer Aktien, die einen Wert von mehreren hundert Millionen Dollar repräsentieren. Darüber hinaus besitzt sie 2 Millionen Aktien der Standard Oil von Kalifornien, 300 000 der Mobil Oil und 300 000 der Continental Oil. Weitere Rockefeller-Stiftungen von geringerer Größe verfügen zudem über 3 Millionen Exxon-Aktien, 300 000 Mobil-Aktien und 450 000 Aktien der Standard Oil of Ohio.

Die Aktiva dieser Unternehmen, bei denen die Rockefellers Mehrheitsaktionäre sind, belaufen sich auf über 50 Milliarden Dollar. So bleibt die Petroleumpfütze, in die die Rockefellers ihre Füllhalter tauchen, um damit ihre Schecks für Mildtätigkeit ausfüllen, heil, ungetrübt und in ihrem Besitz.

Innerhalb der Rockefeller-Stiftung wären außerdem noch folgende Interessen hervorzuheben: die Chase Manhattan Bank (drittgrößte Bank der Welt, 18 Milliarden Dollar), Metropolitan und Equitable (zweit- und drittgrößte Versicherungsgesellschaft mit jeweils 25 und 13 Milliarden), Eastern Airlines (830 Millionen Dollar), Consolidated Natural Gas (1 Milliarde Dollar) und das Rockefeller Center (300 Millionen Dollar). Die Aktiva dieser Gesellschaften belaufen sich insgesamt auf 58 Milliarden Dollar.

In Wirklichkeit beeinflussen die Rockefeller-Stiftung und die Ford Foundation die politische und gesellschaftliche Entwicklung in entscheidender Weise. Es sind private Einrichtungen, die aber an die Stelle von Regierung und öffentlichen Gruppierungen treten und eine zur offiziellen Verwaltung parallele Einrichtung darstellen mit ungeheuren Möglichkeiten, die öffentliche Meinung unter Druck zu setzen und zu beeinflussen. Seit 1945 hat in den Vereinigten Staaten kaum eine Persönlichkeit einen einflußreichen politischen Posten innegehabt, ohne irgendwann einmal von einer dieser beiden Stiftungen beschäftigt oder bezahlt worden zu sein. Wir werden noch sehen, wie sie unablässig in entscheidendem Maße die amerikanische Außenpolitik bestimmen.

Eine tiefergehende Analyse zeigt, wie unauflöslich wohltätige Fassade, Machtausübung und Vermögensverwaltung ineinander verwoben sind.

Mehr noch als die Familien Mellon und Du Pont nährt die Familie Rockefeller die märchenhaften Erzählungen über die Familie und bekräftigt die Legende, in ihnen personifiziere sich Amerikas Stärke. Das Gesamtvermögen der Dynastie verteilt sich auf über 200 Unternehmen. Diese Zahl enthält: 6 der 10 bedeutendsten Industrieunternehmen Amerikas, 6 der 10 größten Banken, 5 der 10 bedeutendsten Versicherungsgesellschaften und 3 der wichtigsten Großunternehmen in anderen Tätigkeitsbereichen. Die Bilanzsumme dieser 20 Wirtschafts- und Finanzriesen beläuft sich auf 640 Milliarden Dollar.

Über diese kaufmännischen Tätigkeiten hinaus gibt es neben der Stiftung und dem Rockefeller Brothers Fund auch die Rockefeller University, das Rockefeller Center, das Colonial Williamsburg, den Rockefeller Family Fund, das Museum of Modern Art in New York sowie die Universität von Chicago.

Die Aufgabe, diese philantropischen und steuerfreien Tätigkeiten mit der nur wirtschaftlichen Betätigung unter einen Hut zu bringen, liegt bei einer losen Gruppierung, die selbst den Fachleuten kaum bekannt ist: der Rockefeller Family and Associates, die John D. Rockefeller jr., Sohn des Stifters und Vater von Nelson, David, Laurence und Wintrop ins Leben gerufen hat. Ihr gehören die Familienmitglieder und die wichtigsten leitenden Angestellten an. Sie ist vorrangig damit beschäftigt, alle Probleme aufzuarbeiten und zu durchdenken, die mit der rechtlichen Seite, der Leitung des Unternehmens, den Investitionen, der Geldaufnahme und der Philantropie zu tun haben, soweit sie sich den einzelnen Organisationen innerhalb ihres Imperiums stellen. Einem der Angehörigen dieser Gruppe, Charles B. Smith, zufolge sind ihre Ziele eindeutig: «Dafür sorgen, daß die Familie mehr und immer mehr verdient.» Fünfzehn Mitglieder der Rockefeller Family and Associates haben 118 leitende Positionen in 97 verschiedenen Unternehmungen inne. Allein J. R. Dillworth, Finanzberater und Vertrauter der Familie Rockefeller, gehört folgenden Verwaltungsräten an:

Rockefeller Center,
R. H. Macy,
I.B.E.C.,
Chase Manhattan Bank,
Chrysler,
Omega,
United Nuclear,
Commonwealth and European Investment Fund,
Provident Lear Society,
Trans-America Overseas Finance,
Carbon Limestone.

Von den erwähnten 97 Unternehmen weisen einige eine Bilanzsumme oder einen Jahresumsatz von über einer Milliarde Dollar auf: es handelt sich dabei um:

American Motors,
Bendix,
Chase Manhattan Bank,
Chrysler,
C.I.T. Financial,
Eastern Airlines,
S. S. Kresge,
Lincoln First Bank,
R. M. Macy.

Zu den weiteren Empfängern großzügiger Zuwendungen von seiten Rockefellers gehören die Vereinten Nationen und die Organisation Amerikanischer Länder (OAS). Die Familie Rockefeller hat in diesen Organisationen erheblichen Einfluß dadurch, daß sie Leute an die

146

richtigen Stellen setzt, mitunter als Experten, und Gelder zur Verfügung stellt sowie gemeinsam mit den Untergruppierungen dieser Organisationen und der Stiftung oder der Universität Arbeitsprogramme erstellt.

Aber der unrentabelste Einsatz bleibt wohl der für die republikanische Partei, die laut Theodore White «ebenso von den Rockefellers abhängt wie die Stiftung und die Universität».

Dennoch hat Nelson Rockefeller es nie geschafft, auf der Bühne des politischen Schattentheaters Fuß zu fassen.

Die eigentliche politische Karriere Nelson Rockefellers ist nie über die Grenzen des Staates von New York hinaus gediehen, dessen Gouverneur er von 1958 bis 1974 war.

Am 1. September 1961 wurde das Strafgesetzbuch des Staates New York um den Artikel 20035 erweitert. Die Unterschrift des Gouverneurs Rockefeller machte dieses Gesetz rechtskräftig, das «jeden, der für schuldig befunden wird, einem Beamten, einem öffentlichen Bediensteten oder jemandem, der eine öffentliche Funktion erfüllt, Geschenke angeboten zu haben», mit einem Jahr Gefängnis und 1000 Dollar Geldstrafe bedroht. Von 1967 bis 1974 streute Nelson Rockefeller über 3 Millionen Dollar und andere Beweise seiner Großzügigkeit um sich. Nur die Hälfte davon ging an Stiftungen. Von 1961 bis 1964 vermachte er der Stiftung der Regierung von Albany 31 046 949 Dollar. Es handelt sich dabei um eine wohltätige Stiftung, die keine Steuern zahlt.

Diese mildtätigen Einrichtungen haben ferner den Zweck, die Kontrolle über Wirtschaftsunternehmen zu gewährleisten.

Der Rockefeller Brothers Fund ist seit 1962 der Hauptaktionär von Chrysler. Von diesem Unternehmen besitzt er 80 000 Aktien, darüber hinaus für 1,6 Millionen Dollar Schuldverschreibungen der Chrysler Financial and Realty Corporation. J. R. Dillworth, der Präsident der Stiftung, leitete von 1962 bis 1970 auch dies Unternehmen der Kraftfahrzeugbranche.

Außerdem finanziert der Rockefeller Brothers Fund den Rat für internationale Beziehungen, der de facto ein Vollzugsorgan der amerikanischen Außenpolitik ist, und dessen Präsident, David Rockefeller, zugleich der Chase Manhattan Bank vorsteht.

Die großen Stiftungen sind die Vorzimmer zur Regierungsmacht. John Foster Dulles war erst Präsident der Carnegie-Stiftung zur Friedenssicherung und Völkerverständigung, dann der Rockefeller-Stiftung, bevor er Außenminister und Verfechter des Kalten Krieges wurde. Dean Rusk, von 1961 bis 1969 Außenminister, war von 1953 bis 1960 Präsident der Rockefeller-Stiftung. Seit 1969 ist er Sonderberater von Nelson Rockefeller. John Gardner, Minister für Gesundheit, Erziehung und Wohlfahrt, war von 1955 bis 1965 Präsident der Carnegie Corporation mit Sitz in New York. Dwight Eisenhower war Verwaltungsratsmitglied bei der Ford Foundation und der Carnegie-Stiftung. Robert McNamara, von 1961 bis 1968 Verteidigungsminister, jetzt Präsident der Weltbank, saß im Verwaltungsrat der Ford Foundation und leitet die Robert Kennedy-Gedächtnis-Stiftung sowie seine eigene Institution.

Henry Kissinger war Leiter des «Projekts für Sonderaufgaben», das dem Rockefeller Brothers Fund angeschlossen ist. Douglas Dillon und Robert Roosa, die zwischen 1960 und 1965 Finanzminister waren, sitzen im Vorstand der Rockefeller-Stiftung. Der Vize-Präsident der Ford Foundation, David Bell, war sechs Jahre lang als Budget-Direktor Kennedys dessen Berater im Weißen Haus, dann Verwalter der internationalen Entwicklungshilfe-Organisation. Ralph Bunche war Sekretär des Rockefeller Brothers Fund. Cyrus Vance, Außenminister unter Jimmy Carter, hat im Vorstand mehrerer Rockefeller-Stiftungen gesessen. Paul Hoffman, ehemaliger Präsident der Ford Foundation, war Amerikas Delegierter bei den Vereinten Nationen. Max Millikan, ein Mitarbeiter Nelson Rockefellers, war stellvertretender Leiter des CIA John Conally, Nixons Finanzminister und früherer Gouverneur von Texas, gehörte der Verwaltungsspitze der Sid W. Richardson Foundation an. Arthur Schlesinger und John K. Galbraith, beides Kennedy-Berater, sind Mitglieder des Verwaltungsrates im Twentieth Century Fund. John McCloy und Eugene Black, frühere Präsidenten der Weltbank, saßen in den Verwaltungsräten der Ford Foundation und der Rockefeller-Stiftung. Mindestens vier Mitglieder des Kabinetts Nixon hatten ihre eigene Stiftung. Es handelt sich dabei um Maurice Stans (Handelsminister), John Volpe (Verkehrsminister), George Romney (Sozialminister) und David Packard (Staatssekretär im Verteidigungsministerium).

Die endgültige Koordinierung dieser Organisationen erfolgt im Rat für internationale Beziehungen, wo sich die Spitzenleute der Geschäftswelt, der Politik, der Finanzen, der Universitäten und der Presse regelmäßig treffen. Keine einzige wichtige Entscheidung in der amerikanischen Politik wurde getroffen, die nicht von diesem Rat ausgearbeitet und vorgeschlagen worden wäre. Gegenwärtig steht ihm David Rockefeller vor, finanziert wird er vom Rockefeller Brothers Fund, der Ford Foundation und der Carnegie-Stiftung. Diesem erlauchten Kreise gehören 1400 Persönlichkeiten an, über die Hälfte davon seit

1946. Am Sitz dieses Rates im Harold Pratt House, einem vierstöckigen Gebäude an der Ecke von Park Avenue und 68. Street in New York, wurde unter Jubel der Begriff «Entspannung» geboren. Nur ein Hinweis auf den Einfluß des Rates: von den 82 Persönlichkeiten, die John F. Kennedy in den Generalstab des Außenministeriums geholt hatte, gehörten 64 dem Rat an, Republikaner wie Demokraten. Sein Außenminister, Dean Rusk (Demokrat), und sein Finanzminister, Douglas Dillon (Republikaner), waren beide im Rat und der Rockefeller-Stiftung vertreten. Sieben Berater und Staatssekretäre, vier führende Persönlichkeiten im Pentagon waren dieser Organisation verbunden. Das gleiche gilt für die beiden Sonderberater Kennedys, Mac George Bundy (Republikaner) und James Schlesinger (Demokrat), der später für den CIA zuständig war, dann für das Verteidigungsministerium, aus dem er von Gerald Ford entfernt wurde, woraufhin er in der Regierung Carter das Energie-Ministerium übernahm.

Der Einfluß des Rates auf Handlungen der Regierung wurde nie geleugnet. 1939 richteten der Außenminister Cordell Hull und der Kriegsminister Henry Stintson, der eine Mitglied, der andere Präsident des Rates, mit dem Geld der Rockefellers Arbeitsgruppen ein zur Untersuchung wirtschaftlicher, strategischer und politischer Fragen des Krieges. Nach Aussage des einflußreichen amerikanischen Journalisten Joseph Kraft (ebenfalls Ausschußmitglied) verfügte die amerikanische Exekutive bereits 1942 über «eine vollständige Sammlung von Vorschlägen und Analysen, die in der Nachkriegszeit angewendet werden konnten». 1942 wird John McCloy (Ratsmitglied) als Stellvertreter Stintsons ins Kriegsministerium berufen. 1945 wurden als Ergebnis der Pläne des Rates die Vereinten Nationen, die Weltbank und der Internationale Währungsfonds ins Leben gerufen. Siebenundvierzig Mitglieder der amerikanischen Delegation bei der Gründungssitzung der Vereinten Nationen gehörten dem Rat an. Unter ihnen sind hervorzuheben: Edward R. Stettinius, der zur Führung der Morgan Bank gehörte und Außenminister war, Nelson Rockefeller, Minister für lateinamerikanische Angelegenheiten, John Foster Dulles, republikanischer Sprecher für die Außenpolitik und John McCloy, Staatssekretär im Kriegsministerium.

1946 war der Vorsitzende dieses Rates Allen Dulles, Rechtsberater der Rockefellers und später Leiter des CIA.

1947 hatte ein weiteres Ratsmitglied, George Kennan, Leiter des politischen Planungsbüros im Außenministerium und später Botschafter in Moskau, die Aufgabe, die Politik des Kalten Krieges zu vertreten und zu begründen. In der Zeitschrift Foreign Affairs veröffentlichte er eine folgenschwere Analyse, in der er seine Thesen über die Bedrohung durch den Kommunismus und die Methoden, ihn einzudämmen, entwickelte. Dieser Artikel wurde zwanzig Jahre lang peinlich genau befolgt und enthob die amerikanische Diplomatie der Verpflichtung, auch nur den kleinsten Versuch zum Nachdenken zu unternehmen. Was immer die Mitglieder dieser kleinen Herrschaftsgruppe propagierten, wurde vom gesamten intellektuellen *Establishment* Amerikas und der westlichen Welt aufgenommen und verteidigt.

Dieser Ausverkauf des kritischen Geistes erklärt sich insbesondere dadurch, daß die Universitäten und Forschungsinstitute fest in der Hand der ökonomisch-finanziellen Macht sind.

107 der 191 wichtigsten intellektuellen Zentren der Vereinigten Staaten hängen aufgrund ihrer Finanzierungsweise ganz wesentlich von der Ford Foundation ab. 18 unterliegen aus denselben Gründen der Überwachung durch die Rockefeller-Stiftung. Von den 12 berühmtesten Universitäten Amerikas, die über ein Institut für internationale Studien verfügen, verdanken 11 ihre Existenz der Großzügigkeit der Ford Foundation. Es sind dies: Columbia, Harvard, Chicago, Berkeley, UCLA, Cornell, Indiana, das Massachusetts Institute of Technology, die Michigan State University sowie die Universitäten Stanford und Wisconsin. In ihnen gibt es 95 Forschungszentren, von denen 83 von der Ford-Stiftung und 5 von der Carnegie-Stiftung finanziert werden.

Im Jahre 1945 rief die Rockefeller-Stiftung in Columbia das erste Institut für Rußlandkunde ins Leben und finanzierte es. Dies Institut stand in unmittelbarer Verbindung mit der Militärakademie und dem Seekriegszentrum der Universität, dessen Leiter, Schyler Wallace, einige Jahre darauf geschäftsführender Direktor der Ford Foundation wurde. Eingerichtet wird das Institut von Geroid Robinson, der auch sein erster Leiter war. Bis zu diesem Zeitpunkt war er Leiter des Bereichs «Untersuchung und Analyse» der sowjetischen Abteilung bei der OSS gewesen, der Vorgängerorganisation des CIA. Joseph Wilits, Leiter der Abteilung Sozialwissenschaften in der Rockefeller-Stiftung, gewährte dem Institut, auf fünf Jahre verteilt, eine Zuwendung von 1 250 000 Dollar. Wilits ist wie Robinson und Schyler Wallace Mitglied des Rates für internationale Beziehungen. Das Ziel des Instituts für Rußlandkunde ist es, «Studenten für Führungspositionen und technische Aufgaben in den Regierungseinrichtungen auszubilden, deren Aktivitäten auf das Ausland gerichtet sind». Zu den 1960 von den Studenten genannten aussichtsreichsten *Einstellungsmöglichkeiten* zählten: der CIA, das Außenministerium, die internationale Entwicklungsbehörde, die amerikanische Informationsbehörde, die nationale Sicherheitsbehörde. Anschließend folgten die Chase Manhattan Bank, die First National City Bank, Mobil, Standard Oil of New Jersey. Und als Schlußlichter die Vereinten Nationen und andere internationale Organisationen. 1968 teilte der Leiter der Schule, Andrew Cordier, der außerdem Berater des Außenministeriums und der Ford Foundation war, die wenig erstaunliche Tatsache mit, daß 40 % der Absolventen in Regierungsdienste treten, während 30 % sich auf die großen Banken und das internationale Geschäftsleben verteilen.

Als das Institut für Rußlandkunde ins Leben gerufen wurde, waren vier von fünf Vorstandsmitgliedern zugleich im Außenministerium, der OSS und dem Rat für internationale Beziehungen beschäftigt. Im Jahre 1947 gewährte die Rockefeller-Stiftung einigen Studenten Stipendien in Höhe von 75 000 Dollar. Von 1947 bis 1953 vergab die Carnegie-Stiftung 140 Studienzuschüsse an Studenten des Instituts, die im übrigen auch noch regelmäßig Stipendien der Columbia University bezogen.

Die Nachfolge von Robinson in der Leitung des Institutes übernahm Philip Mosely, Präsident des gemeinsamen Ausschusses für slawistische Studien und verantwortlicher Leiter des Ausschusses für weltweite Forschungsaufgaben des Social Sciences Research Council, der von den großen Stiftungen und dem CIA finanziert wurde.

In demselben Jahr, 1947, wurde die Gründung eines Zentrums für Rußlandkunde an der Universität Harvard erwogen. Die Initiative dazu ging von John Gardner aus, einem erfolgreichen Absolventen der OSS, späteren Gesundheitsminister und Präsident der Carnegie Corporation. Gardner verfügt über enge Beziehungen zu einem bedeutenden Rechtsanwalt der Wall Street, Deverdeaux Josephs, der im Rufe steht, mit den Bankiers Robert Lovett, John McCloy und Douglas Dillon die Gruppe von Männern zu stellen, die Amerikas wirtschaftliche Probleme am genauesten kennt. Josephs hat mehrere Schaltstellen der amerikanischen Finanz unter sich, so die New York Life Insurance Company, das Rockefeller Center, die American Smelting and Refining Company. Während des Frühjahrs 1947 arbeiteten Gardner und die Leitung von Harvard eifrig an der Konkretisierung dieses Studienprogramms, das in Zusammenarbeit mehrerer Universitäten durchgeführt werden sollte. Man erwog, den Vorsitz Clyde Kluckhohn anzutragen, Professor in Harvard und ehemaliger Mitarbeiter der OSS.

Mitte Oktober 1947 fanden zwei Zusammenkünfte zwischen Gardner, Kluckhohn, dem Präsidenten von Harvard und Charles Dollard von der Carnegie Corporation, einem früheren Mitarbeiter von Deverdeaux Josephs, statt. Sie führten zur Gründung des Zentrums. Seine Finanzierung wurde durch die Carnegie-Stiftung sichergestellt, die auf fünf Jahre verteilt dafür 750000 Dollar zur Verfügung stellte. 1953 trug die Ford Foundation einen Teil der Kosten für das Zentrum. 1949 legte das Zentrum ein großangelegtes Projekt zur Untersuchung des Gesellschaftssystems in der UdSSR vor. Bekannt wurde es unter dem Namen *Refugee Interview Project*; seine Ergebnisse beruhten auf gründlichen und zahlreichen Befragungen sowjetrussischer Flüchtlinge. Dies Projekt wurde durch ein Institut der U.S. Air Force finanziert. Die auf diese Weise gewonnenen Informationen gingen ans Pentagon sowie an den CIA und dienten der Unterstützung antikommunistischer Propaganda. Eine Reihe von Angehörigen der Marine, der Land- und Luftstreitkräfte und der Kriegsakademie sowie der Industrie arbeiteten als Dozenten oder Fachleute am Zentrum für Rußlandkunde mit.

In den Jahren 1950 bis 1960 entwickelte sich die Harvard University zum Sammelplatz der amerikanischen Antikommunisten, zu denen auch Henry Kissinger gehörte.

Ab 1954 leitete er das internationale Seminar in Harvard, das gänzlich vom CIA finanziert wurde und an dem sich alljährlich Leute wie der Franzose Raymond Aron, der Brite Bertrand Russell, der Schwede Olof Palme und der türkische Sozialistenführer Bülent Ecevit beteiligten.

1956 koordinierte er die «Sonderstudien» des Rockefeller Brothers Fund und wurde Nelson Rockefellers außenpolitischer Berater. In vielen Ländern sind die Interessen der Rockefellers und die Verbindungen des CIA unlösbar miteinander verknüpft.

Die Bedeutung und Vielfalt des Rockefeller-Imperiums machen es verständlich, daß Nelson von jeder Regierung zu den wichtigen Erörterungen über Spionagefragen herangezogen wurde. Unter Nixon saß er im Foreign Intelligence Advisory Board, das die Stoßkraft der verschiedenen para-diplomatischen Tätigkeiten des CIA und der nationalen Sicherheitsbehörde überwachen und auswerten sollte.

1957 veröffentlichte Kissinger ein Buch: «*Nuclear Weapons and Foreign Policy*», in dem er eine Verhärtung der – wahrhaftig schon recht starren – Front gegen die Kommunisten und den Einsatz taktischer Atomwaffen empfiehlt. Das Buch war das Ergebnis von Überlegungen einer Studiengruppe beim Rat für internationale Beziehungen. Dieser Gruppe gehörten an: ein früherer CIA-Chef, zwei ehemalige Spitzen des Pentagons, der Präsident der Carnegie Institution von Washington, Mac George Bundy, William A. M. Burden, schon damals Direktor von Lockheed und der Manufacturers Hanover Trust Company, sowie David Rockefeller. Wenige Monate darauf wurde Kissinger zum Berater des Pentagon ernannt.

1961 begrüßte er überschwenglich den Beginn der amerikanischen Intervention in Vietnam. Im Wahljahr 1968 stürzte er sich für den republikanischen Präsidentschaftskandidaten in die Schlacht. Als die Wahl vorbei war, hatte Nixon Rockefeller geschlagen, aber vor allem hatte Kissinger gezeigt, was er konnte. Mit den wärmsten Empfehlungen Nelsons wurde er außenpolitischer Berater des neuen Präsidenten.

Jeder Angriff auf die herrschende Lehrmeinung wurde rasch und gründlich unterdrückt. 1966 verlor Stanley K. Sheinbaum seine Ämter an der State Michigan University und fand auch keine andere Stellung. Er hatte es gewagt, auf die Zusammenarbeit dieser Universität mit dem CIA in Süd-Vietnam hinzuweisen. In Stanford leitete Ronald Hilton eines der ältesten lateinamerikanischen Institute und gab seit 1948 den *Hispano-American Report* heraus, die einzige Veröffentlichung aus Universitätskreisen, die der Politik der großen Unternehmen auf dem südamerikanischen Kontinent kritisch gegenüberstand. 1960 machte sich David Packard im Namen der stillen Teilhaber von Stanford stark und verlangte, die Universität solle Hiltons Veröffentlichungen inhaltlich überwachen. Wenige Monate später stellte die Ford Foundation für die Schaffung eines Komitees für Lateinamerikakunde, das als Konkurrenzunternehmen zu dem Hiltons gedacht war, 42 Millionen Dollar zur Verfügung. 1963 wurde der Druck auf Hilton so stark, daß er seine Stellung und seine Zeitschrift aufgeben mußte. Zwei Wochen nach seinem Fortgang bekam Stanford von der Ford Foundation 550 000 Dollar, ausschließlich für Untersuchungen zu lateinamerikanischen Fragen.

Ebenso wurde die Zielrichtung des Hoover-Instituts im Jahre 1960 durch die Laune seines Gründers und Gönners verändert. Sein liberaler Direktor wurde entlassen, an seine Stelle trat ein konservativer Wirtschaftswissenschaftler, Wesley Glem Campbell, ehemaliger Mitarbeiter im Pentagon, in der amerikanischen Handelskammer und im Institut für amerikanisches Unternehmertum. Der frühere Präsident Herbert Hoover definierte die Schwerpunkte des Instituts neu, das bis dahin die Aufgaben eines unpolitischen Archivs erfüllt hatte. Sein Ziel, wird nun erklärt, «muß es sein, durch Untersuchungen und Veröffentlichungen die üblen Auswirkungen der Lehre von Karl Marx, des Kommunismus, des Sozialismus, der materialistischen Wirtschaftslehre und des Atheismus aufzudecken und die Gültigkeit des amerikanischen Systems erneut zu bestätigen». Packard, Standard Oil, Gulf Oil, Union Carbide und Lockheed, die wichtigsten stillen Teilhaber des Instituts, sind mit diesem Rechtsruck zufrieden und erhöhen ihre Zuwendungen. Ein Jahr nach dem Amtsantritt Campbells stieg das Jahresbudget von 400 000 Dollar auf über 2 Millionen. Das Hoover-Institut stellte der Regierung Nixon eine große Anzahl von Fachleuten zur Verfügung, die dem Büro für Fragen der internationalen Sicherheit im Verteidigungsministerium beigeordnet wurden und die Aufgabe hatten, die Außenpolitik und militärischen Aktivitäten zu koordinieren.

Alle Angehörigen der an der Macht befindlichen *overworld* sind von diesem Pragmatismus durchdrungen und beherrschen die feine Kunst, das Meßbuch und das Scheckbuch zugleich zu handhaben. Der Tabakmagnat James B. Duke nahm sich John Rockefeller zum Vorbild, als er seine eigene Stiftung ins Leben rief. Heute ist die Duke Endowment mit über 600 Millionen Dollar Reinvermögen die viertgrößte mildtätige Einrichtung der Vereinigten Staaten. Mit Hilfe der methodistischen Kirche, die von ihr finanziert wird, hat sie die vollkommene Kontrolle über ihre Schäflein in North Carolina, wo ihre Tabakplantagen liegen. Keine Gewerkschaft hat je unter dieser Bevölkerung Fuß fassen und wirken können. Für europäische Patriarchen wie bei Michelin, I.C.I., Hoechst und Akzo, die sich in ihrem Selbstverständnis als freie Unternehmer von ihren Sozialpartnern immer mehr verfolgt fühlen, wird der Süden der Vereinigten Staaten immer attraktiver. Gleichzeitig paßt sich die Duke Endowment ohne jede Schwierigkeit den Gegebenheiten des modernen Wirtschaftslebens an. Ihr Präsident gehört dem Verwaltungsrat der Morgan Bank an und ist Direktor der General Motors sowie der Eisenbahngesellschaft Penn Central Railroad.

Zwei Drittel des Nettoeinkommens der Exxon stammen aus Geschäften in zweiundfünfzig Ländern, was die Rockefeller-Stiftung dazu verpflichtet, im weltweiten Stil das zu tun, was der Duke Endowment in einem Staat gelingt. Der Gabensegen ergießt sich oft über ein Gebiet, auf dem sich Bohrtürme und Pipelines befinden. 1966 gab die Stiftung 1 Million Dollar für Erziehung und Ausbildung der Elite in Nigeria, aber nur 1000 Dollar für Kentucky, wohl nicht zuletzt deshalb, weil dieser afrikanische Staat der größte Erdölproduzent des Kontinents werden soll.

Im selben Jahr empfing Kolumbien 2 Millionen Dollar, ebenfalls von der Rockefeller-Stiftung.

In der Außenpolitik verschmelzen Handlungen der Regierungen oft mit den Programmen der großen Stiftungen. Im Laufe der vergangenen dreizehn Jahre haben drei mildtätige Stiftungen der Rockefellers

18 Millionen Dollar erhalten, die von der internationalen Entwicklungsbehörde stammen.

Die Ford Foundation beschäftigte 1973 850 Menschen in den Vereinigten Staaten und 920 im Ausland. 1975 waren ihre liebsten Armen nach wie vor Indien, Indonesien und Brasilien, mit ihren entgegenkommenden Regime. Die Stiftungen lindern nicht im geringsten die Leiden der Masse in der Dritten Welt, sondern helfen nur dem Seelenfrieden ihrer Herrscher. Die sind, was die Politik angeht, wahrhafte Mischlinge. Ihre Hauptsorgen haben mehr mit denen von New Yorker oder Pariser Bürgern als mit den Problemen der Slumbewohner um ihre eigenen Hauptstädte herum zu tun.

Gewiß, es sind auch durchaus ehrenwerte Persönlichkeiten mit unbezweifelbar humanitären Absichten im Handel mit der Mildtätigkeit engagiert. Das aber ändert nichts daran, daß die Stiftungen in erster Linie das Instrument einer politischen Ordnung sind, die zum Ziele hat, die wirtschaftliche Vorherrschaft dieser *overworld* zu sichern.

3.

Die Trilaterale Kommission

Dieser Ausschuß setzt sich zusammen aus zweihundert Persönlichkeiten der Vereinigten Staaten, Europas und Japans. Dazu gehören: Alden Clausen, Präsident der Bank of America, J. P. Austin, Präsident von Coca-Cola, Peter Petersen, Präsident von Lehman Brothers, und sein Mitarbeiter, George Ball, beide frühere Minister, J. K. Jamieson, Präsident von Exxon, Lee Morgan, Präsident von Caterpillar, David Packard, Präsident von Hewlett Packard Company, Robert Roosa, ehemaliger Finanzminister und Mitarbeiter von Averell Harriman, Michael Blumenthal, Direktor der Rockefeller-Stiftung und Präsident von Bendix, Cyrus Vance, Direktor der Rockefeller-Stiftung und Teilhaber von Simpson Thatche.

Auf europäischer Seite gehören dazu: Giovanni Agnelli, Fiat-Gewaltiger, Kurt Birrenbach, Präsident der Thyssen-Gruppe, Pierre Jouven, Präsident von Pechiney-Ugine-Kuhlmann, Baron Lambert, Bankier, John Loudon, Präsident der Royal Dutch Petroleum, Sir Eric Roll, geschäftsführender Direktor der Warburg Bank und früherer Präsident der Bank of England, Hans Günther Sohl, Vorsitzender des Bundesverbandes der deutschen Industrie, Sir Ready Gedder, Präsident von Dunlop, Guiseppe Glisenti, Direktor der Rinascente, Jacques de Fouchier, Präsident von Paribas, Sir Frank Roberts, Präsident von Unilever und Lloyds Bank, Edmond de Rothschild, Olivier Giscard d'Estaing, Präsident der Compagnie financière, und Raymond Barre, französischer Premierminister.

Ebenso sind alle Angehörigen der japanischen *Zaibatsu* vertreten: Chujiro Fujino, Präsident der Mitsubishi-Gruppe, Sumio Hara, Präsident der Bank von Tokio, Benichiro Komai, Präsident von Hitachi, Akio Morita, Präsident von Sony, Eiji Toyota, Präsident von Toyota, Takeshi Watamabe, Präsident der Trident International Finances.

Das Unternehmen mit der Bezeichnung «Trilaterale Kommission» wurde erdacht, finanziert und angeregt von einem einzigen Mann: David Rockefeller. Der Gedanke kam ihm im Anschluß an Gespräche, die er gegen Ende 1972 mit dem Holländer Max Kohnstam, dem geschäftsführenden Direktor der Europäischen Universität in Florenz, und mit George Franklin führte. Heute ist Kohnstam der europäische und Franklin der nordamerikanische Leiter des Dreier-Ausschusses, in dem alle versammelt sind, die sich als Bewahrer und Verteidiger westlicher Wertvorstellungen gegen die Angriffe von links betrachten.

Unter den ihm angehörenden Journalisten finden sich mehrere Chefredakteure, so: Arigo Levi (*La Stampa*, die Agnelli gehört), Theo Sommer (*Die Zeit*), M. Fisher (*Financial Times*), Richard Holbrooke (*Foreign Policy*), Hedley Donovan (*Time*), Shintaro Fukushima, Präsident des Kyodo News Service, und Kazuhige Hirasawa, Fernseh-Kommentator bei der Japan Broadcasting, Arthur Taylor, Präsident der CBS, André Kloos, Intendant des sozialistischen holländischen Rundfunks, und John Loudon, Chef der Shell, Direktor der Chase Manhattan Bank und vor allem des atlantischen Institutes. Dies Institut wurde 1960 als Folge einer Resolution anläßlich einer NATO-Tagung ins Leben gerufen. Es soll «die Zusammenarbeit zwischen den Anrainerstaaten des Atlantiks anregen und die kulturellen und geistigen Werte des Abendlandes hochhalten».

Loudon schlug David Rockefeller die Zusammenarbeit zwischen diesem Institut und der Trilateralen Kommission vor, die seit Dezember 1975 tatsächlich stattfindet. Aber dieser Verein von Herrschaftseliten ist teuer. Für Veranstaltungen in aller Welt und Untersuchungen, um die man «alte Strategen» bittet, die seit Jahren als Aushängeschild dienen, wie der niederländische Nobel-Preisträger Jan Tinbergen, gibt Rockefeller fast eine Million Dollar pro Jahr aus und beklagt sich bitter darüber, daß niemand ihm die Last auch nur zum Teil abnehmen mag. Die Liste der Professoren, die dem Ausschuß angehören, reicht von Graham Allison und Robert Bowie, Professoren in Harvard, bis zu Andrew Shonfield. Weiterhin gehören dazu Ralf Dahrendorf, Leiter der London School of Economics, Richard Cooper, Professor in Yale, Paul McCraken, ehemaliger Wirtschaftsberater des amerikanischen Präsidenten und Professor an der University of Michigan, Henry Owen, Leiter des Forschungsprogramms zur Außenpolitik am Brooking-Institut, Edwin Reischauner, ehemaliger Botschafter in Japan und Professor in Harvard, Charles M. Robinson, Präsident der Marcona Corporation und Direktor des Stanford Institute, Elliot Richardson, früherer Handelsminister und Mitglied des internationalen Woodrow-Wilson-Zentrums, Carol Wilson, Professor an der Management-Schule, Alfred Sloam vom MIT, und vor allem Zbigniew Brzezinski, Absolvent des Instituts für sowjetrussische Forschungen in

Harvard, Professor an der Columbia University, nachdem er im Planungsstab des Außenministeriums unter Johnson gearbeitet hatte. Brzezinski ist achtundvierzig Jahre alt, polnischer Abstammung, trägt Bürstenhaarschnitt und hat asketische Gesichtszüge. Er gehört zu den wenigen Spezialisten für amerikanisch-sowjetische Beziehungen, die eine antikommunistisch geprägte Ausbildung durchlaufen haben. «Zbig» stand schon einige Jahre im Dienst von David Rockefeller und wurde 1973 bei deren Gründung Leiter der Trilateralen Kommission. Er brachte einen damals unbekannten Gouverneur in diesen Ausschuß, einen unauffälligen Teilnehmer, der militanter Baptist war wie Rockefeller und wenig von internationalen Fragen verstand. Er organisierte für ihn Reisen und Treffen mit wichtigen Europäern und Japanern. Und nun hat Jimmy Carter den rechten Nimbus des Weitgereisten, Welterfahrenen und ist der 39. Präsident der Vereinigten Staaten, Brzezinski aber, inzwischen sein wichtigster Berater in außenpolitischen Fragen, folgt ihm überallhin. Welch schönes Unternehmen für die Wodka-Cola-Strategen, die da mit demokratischer Liste die republikanische Unternehmung Kissinger–Nixon von 1968 wiederholen.

Ohne jeden Zweifel hatte in den Augen der *overworld* der Gouverneur von Georgia das ideale Profil eines Präsidentschaftskandidaten. Carter geht an die Politik und an das Sammeln von Wählerstimmen mit denselben Methoden heran wie Geschäftsleute und Bankiers, die sich darum bemühen, möglichst viele Aufträge hereinzubekommen oder einen möglichst hohen Einlagenbestand zu erzielen, gleichgültig woher, und ohne politische Vorbehalte.

Carter gelangte an die Spitze einer Regierungshierarchie, in der alle Posten mit Mitgliedern der Trilateralen Kommission besetzt sind, die den Rockefellers nahestehen. Brzezinski ist Oberhaupt des nationalen Sicherheitsrats im Weißen Haus und hat die Stellung inne, die von 1968 bis 1972 Kissinger bekleidete. In dieser Eigenschaft überwacht und bestimmt er die Außenpolitik des Präsidenten, oder vielmehr Carters Haltung gegenüber den Tatsachen und Gegebenheiten des *global business*. Vizepräsident Walter Mondale, Liebling der Liberalen, gehört dem Ausschuß ebenfalls an.

Ebenso gehört dazu der neue Außenminister Cyrus Vance, neunundfünfzig Jahre alt, Direktor der Rockefeller-Stiftung, unter Kennedy und Johnson Staatssekretär im Verteidigungsministerium, Unterhändler bei den Pariser Vietnam-Verträgen.

Sein ernsthaftester Mitbewerber um diesen Posten war Paul Warnke, sechsundfünfzig Jahre, auch er unter Lyndon Johnson

Staatssekretär im Verteidigungsministerium, danach einer der Mitarbeiter von Clark Clifford[1], dem Staranwalt der Geschäftsleute, der mit allen demokratischen Präsidenten seit Truman eng zusammengearbeitet hat. Clifford, der unter Johnson als McNamaras Stellvertreter für das Pentagon verantwortlich war, vertritt gemeinsam mit Warnke die Interessen von Firmen wie Standard Oil of California (ein Unternehmen der Rockefeller-Gruppe), Hughes Tool (Howard Hughes), El Paso Natural Gas, Du Pont, General Electric. All diese Firmen verdienten während des Vietnam-Krieges recht gut, danach richteten sie ihre Tätigkeiten erneut auf die kommunistischen Märkte.

Warnke und Vance waren, gemeinsam mit Paul Nitze, einem Fachmann für internationale Beziehungen, der während des Kalten Krieges durch die Schule Dean Achesons gegangen war, die drei herausragenden Gestalten in dem aus achtundzwanzig Mitgliedern bestehenden und von Carter schon 1971 ins Leben gerufenen Rat für Außenpolitik und Verteidigung. Nitze ist einer der Delegationsleiter bei den amerikanisch-sowjetischen Gesprächen über die Begrenzung atomarer Rüstung. Anläßlich seiner Wahlkampagne wurde dieser Gouverneur aus den Südstaaten auch von einem anderen bedeutenden Ministrablen tatkräftig unterstützt: George Ball, sechsundsechzig Jahre, ehemaliger Staatssekretär im Außenministerium unter Kennedy und Johnson, Geschäftsführer der mächtigen Lehman Brothers Bank, deren Inhaber, Peter Petersen, in seiner Eigenschaft als Handelsminister unter Nixon zu den eifrigsten Befürwortern der Entspannung gehörte.

Brzezinski und Ball haben wiederholt erklärt, daß sie weder Bedenken gegen eine Beteiligung der italienischen Kommunisten an der Regierung noch gegen einen Dialog der italienischen Kommunisten mit der Regierung in Washington haben.

Die Analysen, die in *Foreign Affairs* veröffentlicht werden, der Zeitschrift des allmächtigen Rates für internationale Beziehungen, dem Nitze, Ball, Warnke und Brzezinski selbstverständlich angehören, befürworten diese entspannte und herzliche Annäherung der internationalen Interessen. Carter übernimmt getreulich Thesen und Ziele der Trilateralen Kommission und empfiehlt eine verstärkte Zusammenarbeit zwischen den Industrienationen mit dem deutlichen Hinweis: «Unser Eintreten für die Sicherheit Europas und Japans ist nicht zu trennen von der Frage unserer eigenen Sicherheit.»

1 Er wurde im Februar 1977 von Jimmy Carter in die Türkei und nach Griechenland entsandt, um die Zypern-Krise zu lösen. Gleichzeitig reiste ein weiteres Mitglied der Trilateralen Kommission, der Gewerkschaftler Leonard Woodcock, an die Spitze einer Delegation nach Vietnam.

Am 15. März 1976 hielt er seine erste Rede über die Entspannung und bezog sich darin häufig auf die Kommission. Er hielt diese Rede vor dem Chicago Council of Foreign Relations, der gänzlich von der Familie Rockefeller finanziert wird. Carter bekannte sich selbstverständlich zu dieser Politik und wandte sich gegen die «kriegerischen Stimmen derer, die empfehlen, unser Land solle zur Politik des Kalten Krieges gegen die UdSSR zurückkehren».

Ein Bericht, den die Trilaterale Kommission in Auftrag gegeben hat, heißt die *Krise der Demokratien*. Gedruckt wurde er an der überaus konservativen Universität von New York, Herausgeber war Samuel Huntington, Professor in Harvard und Mitglied des Rates für internationale Beziehungen.

Huntington wurde Carters Berater für Verteidigungspolitik. In seiner Analyse, die von allen Mitgliedern der Trilateralen Kommission gebilligt wurde, vertrat er die Ansicht, es gebe «möglicherweise wünschenswerte Grenzen für die immer weitere Ausbreitung der politischen Demokratie. Je demokratischer ein System ist, desto mehr ist es bedroht. (...) Im Lauf der letzten Jahre hat das Funktionieren der Demokratie wohl unleugbar das Versagen herkömmlicher Mittel zur gesellschaftlichen Kontrolle und somit eine Begrenzung der öffentlichen Macht mit sich gebracht.»

Huntington, Brzezinski und ihre Mitarbeiter gelangten zu zwei Feststellungen: «Das Vertrauen der Bevölkerung in ihre politischen Führer hat abgenommen.» Schlimmer noch, zu einem Zeitpunkt, da man vielleicht nicht mehr genug geeignete Leute findet, «haben auch die politischen Führer mitunter Zweifel an der moralischen Rechtfertigung ihrer Macht und *denken nach über die Rechtmäßigkeit der Hierarchie, der Ausübung staatlicher Gewalt, der Geheimpolitik und von Täuschungsmanövern. Das alles sind Maßnahmen, die in gewissem Umfang unerläßliche Begleiterscheinungen des Regierens sind. Ein Niedergang der Politik ist nicht unmöglich, er könnte zum Kampf für den Sozialismus führen.»*[1]

Es wäre falsch, von mangelndem Gleichgewicht im Austausch zwischen der UdSSR und den Vereinigten Staaten zu sprechen. Kendall und seine Mitstreiter haben nicht nur Wodka importiert. Von ihren Besuchen in kommunistischen Regierungskreisen haben sie auch eine Reihe von Eindrücken und Überzeugungen mitgebracht, die von ihren Experten sogleich zu Richtlinien für die Machtausübung umgearbeitet

---

1 Hervorhebung durch den Verfasser.

wurden.

Es gibt, und die Analyse bestätigt das, keinen einzigen politischen Führer mehr, der den Sowjet-Kommunismus oder seine Ableger Berlinguer, Marchais, Carrillo als Drohung ansähe. Im Gegenteil! Sie blicken mit ebensolcher Gemütsruhe darauf wie auf die Sozialdemokratie mit ihren Vertretern Palme, Schmidt, Callaghan oder Mitterrand.

Im März 1976 jubelte ein interner Bericht der Trilateralen Kommission darüber, welch fruchtbare Kontakte man mit den deutschen sozialdemokratischen Politikern geknüpft habe und wie diese sich einigen von der Kommission vertretenen Thesen angeschlossen hätten. Einige Wochen später erklärte Willy Brandt: «Ich habe Vertrauen zu den italienischen Kommunisten.» Bald darauf stellte Helmut Schmidt, dessen maskuliner Antikommunismus doch gewöhnlich mit Händen zu greifen ist, sich ihm an die Seite und fügte hinzu: «Eine Beteiligung von Kommunisten an der Regierungsverantwortung muß nicht unbedingt eine Katastrophe sein.»

Einige Wochen zuvor hatte der hochgebildete Professor Andrew Shonfield, europäisches Mitglied der Trilateralen Kommission und verantwortlich für das Königliche Institut für internationale Angelegenheiten, in Chatham House gemeinsam mit dem Institut für Weltwirtschaft und internationale Angelegenheiten, dessen Wissenschaftler den Kreml beraten, eine Reihe anglo-sowjetischer Begegnungen zum Thema europäische Sicherheit und Ost-West-Handel herbeigeführt. An dieser Konferenz nahmen auf britischer Seite und unterstützt von James Callaghan, der gegenwärtig Labour-Premierminister ist, Shonfield, Sir Eric Roll, Lord Kearton, Präsident der British National Oil Corporation, und Hughes Scanlon teil, ein Gewerkschaftsführer, der «sich für die Entspannung aufreibt» und der hier neben reaktionären Bankiers und Industriebossen saß.

Die Militärs können sich von ihrem Sold weiterhin Zinnsoldaten kaufen und damit die Schlacht von Verdun, den Überfall auf Pearl Harbor, den Kessel von Dien Bien Phu oder die Vernichtung von fünfundzwanzig sowjetischen Divisionen bei Montélimar im Sandkasten durchspielen. Die Politiker können zur Bewahrung der nationalen Unabhängigkeit den Bau eines sechsten Atom-U-Boots anregen. Beide Berufsgruppen sind schon längst von der Verantwortung weit abgerückt, was Ausdruck für den Niedergang ihrer Macht ist.

Wirklich beunruhigt sind die *global managers* durch die Gefahren eines plötzlichen Einbruchs, den die Überwachungsapparaturen der Bürokratie nicht zu erfassen vermögen. Ihr unmittelbares Ziel bei diesem weltumfassenden Spiel ist es deshalb, den Überbau der Entscheidungen im Osten wie im Westen völlig zu beherrschen. Die politische Stabilität, die sie zur Weiterentwicklung ihrer Tauschgeschäfte brauchen, muß ihrer Ansicht nach einhergehen mit einer Festigung der «Ordnung» und der «Werte» sowie einer Ablehnung des «Chaos». Totalitäre Regierungen und faschistische Führer haben solche Argumente schon immer benutzt, um die Unterdrückung der Freiheit zu rechtfertigen. Welch ungeheures Paradox der Geschichte ist dies Vorgehen, das zum Ziel hat, alle sozialistischen Hoffnungen zu beseitigen – und dann kommt eine ungetrübte Zusammenarbeit mit einem Staat heraus, der lange Zeit hindurch die Hoffnung des Sozialismus war.

Demokratie ist nicht der Ausdruck von Ordnung, sondern von Vielfalt und Widersprüchlichkeit. Dies System macht keine Vorschriften, sondern verpflichtet im Gegenteil die Parteien und auseinanderstrebenden Richtungen dazu, durch Entscheidungen, die auf freiem Mehrheitsbeschluß beruhen, Kompromißlösungen zu finden.

Dieser Zustand wird für die kommunistischen Bürokratien und die Männer der Wirtschaftsmacht, die stets gemeinsam, mit vollkommener Willkür und ohne Überwachung durch die Völker gehandelt haben, immer unerträglicher. Ihre gegenwärtig offen erklärte Absicht, Nivellierung, Gleichschaltung und Einheitlichkeit zu schaffen und dabei Kritik, abweichende Meinungen und Widerstand auszuschalten, führt uns möglicherweise an die Schwelle einer großen Tragödie.

Heute gehören etwa dreißig Mitglieder der Trilateralen Kommission der Regierung Carter an. Über zwanzig sind Mitglieder des Rates für Auslandsbeziehungen. Außer Vizepräsident Walter Mondale, Zbigniew Brzezinski, Cyrus Vance und Harold Brown sind das:

Michael Blumenthal: Finanzminister, Präsident von Bendix, Vorsitzender eines Ausschusses für Ost-West-Handel. Dem tatkräftigen Einsatz von Blumenthal ist es zu danken, daß Bendix heutzutage ein außerordentlich weitverzweigter Konzern ist, der einen Teil seiner Einkünfte aus der Herstellung von militärischem Material bezieht, das einst für Vietnam bestimmt war und nun der Ausrüstung saudi-arabischer Truppen dient. Kurz vor seiner Ernennung hatte Blumenthal ein Abkommen mit der Sowjetunion über die Errichtung einer Fabrik geschlossen, die einen Teil ihrer Produktion in den Westen reexportieren soll. Für dies Unternehmen hatte die First National City Bank einen Kredit von 40 Millionen Dollar bereitgestellt.

Richard Cooper: Staatssekretär im Außenministerium, Angehöriger des Rates für internationale Beziehungen.

Anthony M. Salomon: Staatssekretär im Finanzministerium.

Joseph Califano: Minister für Gesundheit, Erziehungswesen und Wohlfahrt.

Andrew Young: UNO-Botschafter.

Paul Warnke: Direktor der Behörde für Abrüstung und Rüstungsbegrenzung.

Elliot Richardson: Sonderbotschafter.

Richard Gardner: Neuernannter Botschafter in Italien, Mitglied des Ausschusses für sowjetisch-amerikanische Beziehungen, bekannt für seine positive Einstellung gegenüber einer Beteiligung der KPI an der Regierung. Früher Agnelli-Rechtsvertreter in New York.

Samuel Huntington: Berater des Weißen Hauses.

Richard Halbrooke: Im Außenministerium tätig, Chefredakteur der Zeitschrift *Foreign Policy*.

Sol Linowitz: Unterhändler beim Panama-Kanalzonen-Vertrag.

Lucie W. Benson: Staatssekretärin für Sicherheitsfragen.

Christopher Warren: Staatssekretär im Außenministerium.

Mit dem Wechsel von Nixon zu Carter erleben wir auch einen Wechsel von der Pepsi-Herrschaft zur Coca-Herrschaft. Das Konkurrenzunternehmen Kendalls hat seinen Sitz in Atlanta, Hauptstadt des Staates Georgia. Charles Duncan, der seine Coca-Cola-Aktien im Wert von 14 Millionen Dollar zu bewahren wußte, und Andrew Young, der ebenso wie er in der Firmenleitung tätig ist, gehören der demokratischen Mannschaft an, genau wie Griffin Bell (der neue Justizminister) und Joseph Califano. Letztere vertreten als Anwälte die Interessen der Gesellschaft, in Atlanta der eine, der andere in Washington.

Ein weiteres Unternehmen genießt die Gunst des neuen Präsidenten: IBM. Das Unternehmen ist stark im Osthandel engagiert und trieb vor dem Einmarsch der Truppen der Warschauer-Pakt-Mächte Handel mit der Tschechoslowakei. Cyrus Vance, Außenminister, Mitglied der Direktion der Rockefeller-Stiftung, gehörte der Geschäftsführung der Computerfirma an. Das gilt gleichfalls für Harold Brown (Verteidigung), Jane Pfeiffer (Handel), die Vizepräsidentin bei IBM ist, und Patricia Harris (Wohnungsbau und Stadtentwicklung), die neben einem Direktionsposten in diesem Unternehmen auch einen bei der Chase Manhattan Bank innehatte.

4.
Carters Wodka-Cola-Kabinett

Seit Mai 1972 hatte der demokratische Senator Henry Jackson aus dem Staat Washington mit einem Ergänzungsgesetz versucht, eine weitere wirtschaftliche Zusammenarbeit der USA mit der UdSSR von sowjetischen Zusagen in der Frage der emigrationswilligen Juden abhängig zu machen. Als im Juli jenes Jahres eine TASS-Meldung verbreitet wurde, wonach Sowjetjuden nur nach Erstattung ihrer Studienkosten die UdSSR verlassen dürften, sah Jackson, dem Nixons Entspannungspolitik ohnehin ein Dorn im Auge war, eine Handhabe, die in der Vereinbarung Nixon–Breschnew vorgesehenen Handelserleichterungen von sowjetischen Zugeständnissen in humanitärer Hinsicht abhängig zu machen. Insbesondere die Meistbegünstigungsklausel wollte Jackson nur dann auf die Sowjetunion ausgedehnt wissen, wenn jene Auswanderungssteuer für Juden entfiele. Doch der Senator kam mit seinem Gesetzentwurf, der den Fortgang der Entspannung außerordentlich erschwert hätte, nicht durch. Inzwischen hatte Henry Kissinger den Sowjets in Verhandlungen Zusagen über erhöhte jährliche Auswanderungsquoten abgenommen, und Nixon gab sich mit sowjetischen Versprechungen zufrieden, daß die Auswanderungssteuer nunmehr gegenstandslos geworden sei. Im übrigen war die US-Regierung zu der Überzeugung gelangt, daß ein Junktim zwischen humanitären und kommerziellen Aspekten der Ost-West-Entspannung nicht gerade förderlich sei; auch wünschte die amerikanische Wirtschaft keine Störung des Verhältnisses zur UdSSR. Der Ausbau des Systems Wodka-Cola konnte unter Carter weitergehen.

Während seines Wahlfeldzugs versprach Carter, er würde neue Gesichter und Perspektiven heranholen und solche Leute und Organisationen ausschließen, die in seinen Augen verantwortlich waren für die alarmierende Verschlechterung in der Moral und im Management der Regierung. Und doch gingen fast 20 Spitzenposten an Befürworter des Wodka-Cola-Systems, die schon in vier vorausgegangenen Kabinetten gedient hatten – Professionelle des Komplexes Politik/

Geschäft, die als demokratische oder republikanische Teams des Establishments hin und her pendeln.

Mehr noch als seine republikanischen Vorgänger bestätigte Carters Kabinett ebenso wie sein Nebenkabinett Einfluß und Vorherrschaft des Wodka-Cola-Establishments. Er hat seine Regierungsmannschaft hauptsächlich von dem durch Rockefeller beherrschten Netz bezogen, mit seinen gegenseitigen Verflechtungen von Firmen, Stiftungen, mit den von Harvard angeführten Universitäten des Ostens, Ausschüssen, Beiräten, Anwaltskanzleien usw. Schlüsselpositionen wurden an Repräsentanten der Bastionen dieses Wodka-Cola-Komplexes vergeben, zu denen die Chase Manhattan Bank, City Bank und Morgan Guaranty Trust, IBM, Coca-Cola, General Motors, Du Pont, die Trilaterale Kommission, das Brookings Institute, die Rand Corporation, der Rat für Auslandsbeziehungen, die Carnegie Foundation, Medienmonopole wie die *New York Times* und *Time Magazine*, das Columbia and National Broadcasting System ebenso gehören wie – natürlich – die Universitäten Harvard, Yale und Columbia. Fünfzehn haben akademische Verbindungen zu Harvard, Yale, Princeton und Columbia und sind in Projekten und Programmen eingespannt gewesen wie den verschiedenen «Russischen Instituten» und «Instituten für Auslandsangelegenheiten», die unterstützt werden von den Philanthropic Foundations and Funds.

Fast alle von ihnen waren eifrige Kalte Krieger gewesen in jener Zeit, als durch den Kommunismus noch keine Gewinne möglich waren, und die Universitäten für das Establishment eine reaktionäre antikommunistische Forschung und Ideologie förderten. Fast zwanzig waren Mitglieder der Trilateralen Kommission und gar eine noch größere Anzahl Mitglieder des Rats für Auslandsbeziehungen, als sie berufen wurden. Mehr als ein Dutzend waren Direktoren, leitende Angestellte oder Rechtsberater bei Coca-Cola und IBM. Zu Firmen, deren Hauptaktionäre führende New Yorker Banken waren, hatten ebenso viele von ihnen Verbindungen wie zu Anwaltskanzleien, die dieselben Firmen als Hauptmandanten hatten. Zum Beispiel sind sie durch Chase Manhattan, City Bank und Morgan Guaranty Trust Holdings Hauptkontrolleure von IBM, Coca-Cola, General Motors, Bendix, J. C. Penny und anderen Firmen, aus deren Führungskadern Carter seine Mitarbeiter rekrutierte.

Diese «Community» – nicht ganz geheime Gesellschaft und auch keine totale Verschwörung – arbeitet als untereinander verzahnter Komplex auf vielen Ebenen. Ihre Querbeziehungen und -verbindungen zwischen Leuten und Organisationen stellen ein weites quasi-verschwörerisches oder halb-privates Netzwerk politischer Gestaltung dar, das nicht vollständig verborgen, aber weitgehend abgeschirmt ist gegenüber der Aufmerksamkeit der Öffentlichkeit, deren Kontrollmöglichkeiten beschränkt sind; dies erschwert auch ein quantitatives und zuverlässiges Urteil darüber, inwieweit die Außenbeziehungen der USA unter ihrer Kontrolle stehen.

Eine Annäherung ist – wenn auch zugegebenermaßen recht grob – möglich anhand des Ausmaßes von David Rockefellers schier allgegenwärtiger Präsenz in ihren Organisationen. Als Präsident, Chairman, Direktor, geschäftsführendes Mitglied in über einem Dutzend von ihnen wirft dieser eine Bürger von 226 Millionen Amerikanern lange Schatten der Macht über die Carter-Administration.

Brzezinski und George Franklin, David Rockefellers Assistent für Auslandsangelegenheiten und langjähriger Direktor des Rats für Auslandsbeziehungen, empfahlen Rockefeller, Carter in die Trilaterale Kommission zu holen, und vermutlich ging auch von ihnen die Empfehlung aus, für Carters New South-Foundation über die Rockefeller Foundation und Rockefeller Brothers Fund u. a. Mittel zu beschaffen.

David Rockefeller ist entweder Präsident oder wichtiges Mitglied zahlreicher Clubs der «Community», denen Top-Mitglieder der Carter-Mannschaft zur Zeit ihrer Berufung oder vorher angehörten: Trilaterale Kommission, Council of Foreign Relations, Atlantic Council, Bilderberg Society, Chase Manhattan Bank usw. Weitere leitende Mitarbeiter von Banken und Firmen, die Rockefeller gehören oder von ihm kontrolliert werden, sitzen gleichzeitig in den Führungsgremien anderer Banken und Firmen, aus denen Carter sich seine leitenden Mitarbeiter auswählte. Die gesamten Mitgliedschaften höherer Mitarbeiter der Administration (einschließlich mehrfacher gleichzeitiger Mitgliedschaft einer einzelnen Person in mehreren Clubs oder Führungsgremien) sind gleichermaßen eindrucksvoll und aufschlußreich. Hier zeigt sich eine außergewöhnlich starke Beziehung zwischen David Rockefeller und Carters Auswahlmannschaft. Selbst wenn man von zufälligem Zusammentreffen ausgeht, fällt die erstaunliche und außergewöhnliche institutionelle Verfilzung auf – ein Netzwerk der Konvergenz, das unweigerlich auf die massive Konzentration von Einfluß und Macht und auf den Gleichklang von Meinung und Politik hinausläuft.

Das folgende ist eine schematische und sehr lückenhafte Schätzung derartiger kumulativer Mitgliedschaften in Organisationen, die von David Rockefeller geleitet werden oder mit ihm verbunden sind. In Wirklichkeit sind es mehr als 100:

166

Trilaterale Kommission (Präsident) 20
Rat für Auslandsbeziehungen (Präsident) 30
Bilderberg Society (Geschäftsführer) 3
Atlantik-Rat (Geschäftsführer) 10
Chase Manhattan Bank (Chairman) 2
IBM (Querverbindung von Chase Manhattan zum Vorstand) 6
Brookings Institute (finanziert von Rockefeller) 5
Rockefeller Foundation (Familienbesitz) 2
Rand Corporation (finanziert von Rockefeller) 4
Coca-Cola (Chase Manhattan-Querverbindung zum Vorstand) 6

Durch die Verbindung Carter–Austin als Ablösung für das Gespann Nixon–Kendall halten die Manager von Coca-Cola ihre Zeit für gekommen, um die führende Rolle von ihrem Erzrivalen Pepsi im Wodka-Cola-System zu übernehmen. Genauso wie die Geschäfte und Absprachen Nixons und Donald M. Kendalls zu Pepsis starkem osteuropäischen Wachstum und dessen exklusiver Einführung und Expansion auf dem sowjetrussischen Markt der Soft-drinks führten, bietet Carters analoge Beziehung zu J. Paul Austin Coke eine aussichtsreiche Öffnung für dessen gemischte osteuropäische Geschäfte, auch wenn er an die Sowjets keine Coca verkaufen kann. Als Entschädigung haben die Sowjets Coke die Goldmedaille für das amtliche Getränk der Moskauer Olympiade angeboten. Wodka, so scheint es, eignet sich kaum für den Massenkonsum in einem Stadion mit über 100000 Sitzen.

Die Pepsi-Cola hat im Laufe der letzten fünf Jahre bekanntlich 1,7 Mio. Dollar an Funktionäre außerhalb der Vereinigten Staaten gezahlt. Abgesehen von der Tatsache, daß nur 0,7 Mio. Dollar davon in den Firmenbüchern erscheinen, ist sonst kaum etwas über deren Verbleib bekannt. Der Pepsi-Konzern mit 186 Niederlassungen in 135 Ländern hat ein reges Interesse an den arabischen Märkten gezeigt, was sogar einen möglichen Boykott Israels nicht ausschließt. Nach der Rückkehr von einer Reise nach Persien, Saudi-Arabien, Jordanien und Ägypten verkündete der Pepsi-Präsident, der israelische Markt sei allzu begrenzt und unattraktiv für die Firma.

Im übrigen hat der Pepsi-Konzern während des Wahlkampfs von 1972 seine sämtlichen Büros in ganz USA Präsident Nixon zur Verfügung gestellt. Im Jahre 1976 machte es der Hauptkonkurrent Coca-Cola genauso für den demokratischen Kandidaten Jimmy Carter. Der Coca-Cola-Präsident organisierte eine Spendenveranstaltung mit dem Kandidaten und führenden amerikanischen Geschäftsleuten.

Cokes ausländische Vertreter und Niederlassungen in der ganzen

Welt gaben Carters Außenhandelsprogramm als Gouverneur von Georgia Rückendeckung. Es war vielleicht natürlich, daß Georgias größter Multi-Konzern starke Bindungen an die Behörden des Staates und dessen Gouverneursbüro unterhielt. Coca-Cola kann sich neben IBM der meisten Unternehmens-Mitarbeiter in der Regierung rühmen. Neben der Freundschaft Carter–Austin war Charles Duncan, stellvertretender Verteidigungsminister, ehemaliger Coke-Präsident. Ihm wurde erlaubt, seine Coca-Cola-Anteile im Werte von 14 Mio. Dollar zu behalten. Griffin Bell, Carters Kandidat für den Posten des Generalstaatsanwalts, und Joseph Califano, sein Kandidat für den Posten des Ministers für Gesundheit, Bildung und Wohlfahrt, waren die Anwälte von Coke in Atlanta bzw. Washington. Beide könnten begreiflicherweise in einen rückwirkenden Interessenkonflikt geraten, sollte es zu einem US-Rechtsstreit über Cokes Gesundheitsgefährdung kommen, wie dies in anderen Ländern der Fall war (Belgien, Dänemark, Portugal usw.).

Das Verkaufsverbot für Coca-Cola in Portugal wegen möglicher Gesundheitsgefahren wurde im Januar 1977 aufgehoben, zufälligerweise (?) kurz nachdem sich die neue US-Administration gegen ein dringend benötigtes Darlehen in Höhe von 300 Mio. Dollar für die portugiesische Regierung ausgesprochen hatte. Folgender Leitartikel erschien am 4. Januar 1977 im *Wall Street Journal*:

Coca-Cola-Diplomatie

Wochenlang hat die Regierung Portugals nervös auf eine Nachricht aus Washington gewartet, daß ihre Bitte um ein Notdarlehen über 300 Mio. Dollar gebilligt und das Geld unterwegs sei. Am Wochenende wurde das Darlehen endlich genehmigt.

Doch das Darlehen brauchte eine lange Zeit zum Kommen. Die Mitarbeiter des US-Finanzministeriums sagten immer nur: «Technische Gründe» und versprachen derweil ständig, daß das Darlehen noch «bearbeitet» werde.

Es mag Zufall sein, doch kurz vor der Gewährung des Darlehens hat Portugal das 50 Jahre geltende Verbot von Coca-Cola aufgehoben.

Ein schweizerisch-portugiesisches Gemeinschaftsunternehmen wird innerhalb von sechs Monaten mit der Abfüllung des Stoffs in Flaschen beginnen; bisher wird er von Spanien aus zu etwa 12 Dollar pro Flasche der großen Haushaltsgröße geschmuggelt.

Wären wir mit blühender Phantasie ausgestattet, würden wir uns vorstellen, daß irgendein Lissaboner Bürokrat auf die Idee kommen könnte, das 300-Mio.-Dollar-Darlehen sei wegen des Coca-Cola-Verbots verzögert worden. Liegt nicht Coca-Colas Hauptsitz in Atlanta? Stammt nicht der gewählte Präsident Jimmy Carter aus Atlanta? War da nicht das Gerücht, Mr. Carter könnte seinen alten Freund, den Chairman von Coke, zum Außenminister ernennen? Hat nicht tatsächlich Mr. Carter seinen alten Freund Charles Duncan jr., ehemals Coke-Präsident, zum stellvertretenden Verteidigungsminister gemacht? Hat er nicht Atlantas Kongreßabgeordneten Andrew Young zum UNO-Botschafter ernannt, und hat nicht Mr. Young hübsche Dinge über Coca-Colas Mitgefühl für die Dritte Welt gesagt?

Was bedeutet dies für die Entspannung? Wird ein SALT-Übereinkommen mit den Sowjets so lange zurückgehalten, bis Pepsi aus Moskau verschwunden ist? Wird sich das GOP mit Seven-Up trösten? Und was wird Henry Kissinger dieser Tage trinken?

Zusätzlich zu diesen Verbindungen bestehen solche zweiten Grades über gemeinsame Mitgliedschaften in mehreren der bedeutenden Schirmorganisationen des Systems Wodka-Cola. J. Paul Austin und Califano sind wie Carter und Mondale Mitglieder der Trilateralen Kommission und des Rats für Auslandsbeziehungen, wobei ersterer den sehr einflußreichen Posten des Chairman in der mächtigen Rand Corporation innehat. Der Coca-Cola-Konzern mit seinen weitverzweigten Aktivitäten in den meisten osteuropäischen Ländern und weiteren Investitionsplänen großen Stils unterstützt Jimmy Carters Entspannungspolitik sowohl innerhalb als auch außerhalb der Regierung bedingungslos.

IBMs Verbindungen zur Carter-Administration sind vielleicht noch weitgehender als die von Coke – ebenso wie die Tätigkeiten des Konzerns in Osteuropa. IBM ist in fast jedem kommunistischen Land vertreten, wo die Computer und Geräte in immer größerem Umfang importiert, gepachtet, hergestellt und reexportiert werden. IBM rechnet sich deshalb zu den engagiertesten und bedingungslosesten Befürwortern der Entspannung. Gleichzeitig aber betont dieser Konzern, der tief ins Rüstungsgeschäft verstrickt ist, die Notwendigkeit einer verstärkten Verteidigungsbereitschaft auf allen Gebieten.

Als ursprünglicher Schirmherr und Mitglied des Amerikanischen Ausschusses für die Beziehungen USA–UdSSR sitzt Thomas Watson jr., dessen Vater IBM gegründet hat, in den meisten wichtigen gemeinsamen Ausschüssen für den Handel der USA mit der UdSSR und ihren Satellitenstaaten. IBM ist ein großzügiger Finanzier zahlreicher Clubs und Cliquen, die energisch die Entspannung fördern. Unter Berücksichtigung der IBM-Aktienpakete in den Portefeuilles der mit Rockefeller verbundenen Banken und Firmen sind die Querverbindungen von IBM zu den amerikanischen Machtzentren außerordentlich vielschichtig. Watson jr. selbst sitzt im Vorstand der Chase Manhattan, ist Treuhänder der Rockefeller-Stiftung und Mitglied des Rats für Auslandsbeziehungen der Trilateralen Kommission, denen sämtlich David Rockefeller vorsteht.

Die Verbindung der Carter-Administration zu IBM ist eindrucksvoll. Sechs wichtige Regierungsposten werden durch ehemalige Mitglieder oder Partner des IBM-Vorstands ausgefüllt. Cyrus Vance (Außenminister) war bei IBM im Vorstand und in der Geschäftsleitung; Harold Brown (Verteidigungsminister) war IBM-Vorstandsmitglied; Patricia Harris (Ministerin f. Wohnungsbau und Stadtentwicklung) leitete als IBM-Vorstandsmitglied das «Committee on Executive Compensation»; Lewis Branscomb, IBM-Vizepräsident, war erste Wahl als Wissenschaftsberater für das Weiße Haus; Warren Cristofer (stellvertretender Außenminister) war IBM-Anwalt in Los Angeles; Bert Lance (Haushalts- und Verwaltungsbehörde) war als Leiter der fünftgrößten Bank von Georgia Vorstandsmitglied bei IBM. Carters erste Wahl für den Posten des Handelsministers war Jane Cahill Pfeiffer, IBM-Vizepräsidentin, die die Berufung auf IBMs Drängen hin (man fürchtete, sie werde sich zu stark exponieren) ausschlug, und Carters erste Wahl für den Posten des Finanzministers war Irving Shapiro, Chairman bei Du Pont, IBM-Vorstandsmitglied und Leiter der mächtigsten Washingtoner Lobby, dem *Business Round Table*. Die IBM-Abteilung General Systems Division verlegte ihren Hauptsitz von New York nach Atlanta, als Carter in Georgia Gouverneur wurde, und unterstützte ihn bei der Reorganisation der Verwaltung des Staates; besonderer Wert wurde dabei auf zentrale Datenverarbeitung unter Einsatz modernster IBM-Hardware gelegt. Der ehemalige Generalstaatsanwalt Ramsey Clark hat erklärt, die Carter-Administration weise eine größere «Firmenbeteiligung auf als jede andere Administration seit der zweiten Amtszeit von Ulysses Grant, als die meisten Kabinettsmitglieder mit der Pennsylvania Railroad verbunden waren». Bezeichnend für die Indifferenz von IBM hinsichtlich der Frage, welche Partei der Regierung vorsteht, war es, daß IBM die scheidenden «demokratischen» Vorstandsmitglieder durch drei hereingenommene «republikanische» Vorstandsmitglieder ersetzte, die von IBM urlaubshalber freigestellt worden waren, um im republikanischen Kabinett zu dienen. Hierzu gehörten Scranton (Botschafter bei der UNO) – Rat für Auslandsbeziehungen, Rand Corporation – und

William Coleman (Transportminister) – Trilaterale Kommission, Rat für Auslandsbeziehungen, Brookings Institute und Rand Corporation. Das kapitalistische Engagement von IBM in den Ländern des kommunistischen Blocks war eins der frühesten und massivsten. Es weitet sich nach wie vor rasch aus. Gegenwärtig ist der Konzern in fast jedem osteuropäischen Land vertreten: UdSSR, Polen, Rumänien, Ungarn, ČSSR, DDR, Bulgarien. Hunderte der IBM-Computer und verwandte Anlagen arbeiten in osteuropäischen Industrien sowie in Verteidigungseinrichtungen militärischer und strategischer Planung.

Die Aufhebung von Kongreß-Restriktionen für das Kreditvolumen und die Ausdehnung der Meistbegünstigungsklausel auf die UdSSR und andere Staaten werden nebenbei die IBM-Einnahmen erhöhen, und natürlich wird die Sympathie, die der Konzern IBM im Justizministerium genießt, sicherlich nicht dem seit acht Jahren laufenden Kartellgesetzverfahren der Regierung gegen IBM schaden.

Finanzminister Michael Blumenthal war als Präsident, Chairman und Generalmanager von Bendix sehr erfolgreich. Hauptaktionär bei Bendix ist die mit Rockefeller verbundene First National City Bank. Als eine der größten US-Rüstungsfirmen erzielte Bendix im Vietnam-Krieg riesige Profite und hat erhebliche Rüstungsaufträge vom Pentagon. Der Konzern wurde zum führenden Waffenexporteur mit lukrativen Rüstungsverträgen in Saudi-Arabien, Persien und anderen Ländern. Blumenthals letzter größerer Erfolg vor seiner Beurlaubung von Bendix war die Unterzeichnung eines Vertrags über ein Gemeinschaftsunternehmen zur Herstellung von Zündkerzen in der Sowjetunion.

Vorgesehen ist ein Werk für 40 Mio. Dollar. Die Kredite dafür stellen mit Bendix verbundene kommerzielle US-Banken, nämlich die First National City, Chase Manhattan usw. Das Werk soll jährlich zwischen 50 und 75 Millionen Zündkerzen herstellen, von denen die Hälfte außerhalb der Sowjetunion über das internationale Vertriebsnetz von Bendix abgesetzt werden soll. Schlüsselmerkmal des Geschäfts ist, daß der direkte Einsatz von Bendix-Leuten «an Ort und Stelle» in der Betriebsleitung vorgesehen ist, mit Befugnissen beispielsweise zur Qualitätskontrolle und Entscheidung über weitere Investitionen und Exporte.

Beim Ausscheiden aus Bendix, wo sein Gehalt samt Prämien für 1975 200000 Dollar betrug (bei einem normalerweise mit jährlich 65000 dotierten Posten), versprach der Konzern Blumenthal auf Lebenszeit Beratungsgebühren von jährlich 23000 $. Selbst wenn während seiner Amtszeit eine Aussetzung der Zahlungen erfolgen sollte, werden die Beträge angesammelt und bei seinem Ausscheiden aus der Regierung vergütet. Es ist ein weiteres Beispiel für die personelle Verfilzung der Konzerne mit den höheren Regionen der Regierung, die besonders innerhalb der Carter-Administration grassiert. Die Wodka-Cola-Strategie, private Kommissionen, Stiftungen, Clubs usw. zur Orientierung und Kontrolle politischer Maßnahmen zu benutzen, hat einen hochgradigen bürokratischen Nepotismus bewirkt, der die Entspannung fördern und sichern soll. Zusätzlich zum obigen Beispiel sind zahlreiche weitere Posten auf höherer und niedrigerer Ebene von Mitgliedern etwa folgender Gremien ausgefüllt worden: Trilaterale Kommission, Rat für Auslandsbeziehungen, Bilderberg Society, Atlantikrat, Carnegie-Stiftung, Rockefeller-, Ford-Stiftung usw. Von insgesamt rund 65 US-Mitgliedern der Trilateralen Kommission befinden sich jetzt etwa 20 in der Regierung, und weitere dreißig sind Mitglieder des Rats für Auslandsbeziehungen. In Fortsetzung der Tradition sind der Außenminister und der Verteidigungsminister Mitglieder des Rats für Außenbeziehungen, und ersterer ist wie die meisten seiner Vorgänger ein enger Partner Rockefellers. Hier sind die Namen einiger Kabinettsmitglieder mit Angabe ihrer «Community»-Mitgliedschaft vor oder zum Zeitpunkt der Berufung in die Regierung:

Kabinettsrang

Carter: Trilaterale Kommission, persönl. Bindungen zu Führern von IBM, Coca-Cola und den Rockefellers

Walter F. Mondale (Vizepräsident): Trilaterale Kommission, Rat für Auslandsbeziehungen, Atlantikrat, Bilderberg Society

Cyrus Vance (Außenminister): Trilaterale Kommission, Rat für Auslandsbeziehungen (CFR), Rockefeller-Stiftung, Atlantikrat, IBM. Seine Anwaltsfirma ist in erheblichem Umfang für die Rockefellerfamilie tätig.

Richard N. Cooper (Stellv. Außenminister): Trilaterale Kommission, CFR

Harold Brown (Verteidigungsminister): Trilaterale Kommission, CFR, IBM, mit Stiftungsgeldern finanzierte Forschungsinstitute

Charles Duncan jr. (Stellv. Verteidigungsminister): Coca-Cola (besitzt Aktien für 14 Mio. $)

Griffin Bell (Generalstaatsanwalt): Atlanta-Anwalt für Coca-Cola und IBM

Michael Blumenthal (Finanzminister): Trilaterale Kommission, CFR,

Atlantikrat, Bendix, US-Osteuropäische Handelskommissionen
Anthony M. Solomon (Stellv. Finanzminister): Trilaterale Kommission, CFR
Juanita Kreps (Handelsministerin): Chase Manhattan, Eastman Kodak, N. Y. Stock Exchange, J. C. Penny
Joseph Califano (Minister f. Gesundheit, Bildung und Wohlfahrt): Trilaterale Kommission, CFR, Washingtoner Anwalt für Coca-Cola
Patricia Roberts Harris (Ministerin f. Wohnungsbau und Stadtentwicklung): Chase Manhattan Bank, IBM, CFR.

IV.
Kooperation und Konvergenz

1.
Konvergenz der
Systeme

Um die öffentliche Meinung günstig zu beeinflussen, werden die Publizisten der Entspannung nicht müde, auf die günstigen Aspekte hinzuweisen, die eine solche Entwicklung mit sich bringen würde; genauso wie eine kommerzielle Werbung niemals die schädlichen, verderblichen oder unnützen Seiten des zum Verkauf gestellten Produkts in den Vordergrund stellt.

So rechtfertigt man die Entspannung als das sicherste Mittel, eine nukleare Konfrontation zu vermeiden.

Gleichermaßen wird man Zeuge zahlreicher und eleganter Variationen auf das zentrale Thema der Konvergenz zwischen den beiden Systemen. Mit einer bestimmten Anzahl unterschiedlicher Hypothesen schlagen solche Theorien eine äußerst einfache These vor: Jedes der beiden Systeme würde unter Aufgabe seiner Mängel und Fehler die besten charakteristischen Züge des anderen absorbieren. So würde man in Richtung einer positiven Synthese konvergieren. Diese Synthese würde bedeuten, daß die Anarchie und die Ungerechtigkeit, die auf den monopolistischen Märkten des kapitalistischen Systems herrschen, durch die Ausweitung der Kollektivierung der Produktionsmittel und der gesellschaftlichen Planung modifiziert werden könnten. Auf der anderen Seite könnten der politische Autoritarismus und die Begrenzung der individuellen Freiheiten – die hervorspringenden Züge der kommunistischen Regime – durch Ausweitung der individuellen und persönlichen Freiheiten, die den Westen kennzeichnen, durchlöchert werden.

Der Einfluß der Kapitalisten und ihrer Bankiers auf die Volkswirtschaften des Ostens spricht kaum für eine solche Wahrscheinlichkeit. Im Gegenteil. Ihre Beziehungen zu den kommunistischen Führern haben – ebenso wie einst zu den faschistischen Führern – keineswegs die Natur der Regime verändert.

Das moderne kapitalistische Unternehmen, das im Schoße des Systems der multinationalen Firmen integriert ist, ist im Wesen autoritär.

Nichts in seiner Natur, seinen grundlegenden Zielen deutet darauf hin, daß es die Freiheit oder den Pluralismus der Parteien in die UdSSR und ihre Satellitenstaaten bringen und dort durchsetzen wird.

Was ihre wirklichen Ziele anbetrifft, so wollen die kommunistischen Regime gewiß nicht die Unterdrückung eines kapitalistischen Systems, das von diesen Firmen beherrscht wird, mit denen jetzt kraft Vertrag ein partnerschaftliches Verhältnis besteht. Warum sollte die UdSSR die Verstaatlichung von ITT, IBM, der Chase Bank fördern, wenn sie mit diesen zusammen wachsende Gewinne in der Sowjetunion oder bei den gemeinsamen Projekten in der Dritten Welt erzielt?

Von beiden Seiten des Lagers Wodka-Cola werden die gewerkschaftliche Unabhängigkeit und die fundamentalen Freiheiten abgelehnt. Aus diesem Grunde wäre die negative Konvergenz der autoritären Züge jedes der beiden Systeme unendlich viel wahrscheinlicher.

Die negative Evolution hat bereits eine nationale Konkretisierung gefunden, und zwar in Italien mit dem «historischen Kompromiß», jener Strategie der italienischen Kommunistischen Partei, die eine direkte Beteiligung an der Regierung erstrebt. Die Partei peilt ihre Zukunft auf dem Erfolg der lokalen Version der Entspannung – oder Wodka-Espresso – an. Die in Amerika an der Macht befindliche Elite, insbesondere die Gruppe der Trilateralen Kommission, betrachtet dieses Experiment als regionale und doch wünschenswerte Manifestation der Wodka-Cola-Bewegung. Es wäre nicht logisch, wenn Präsident Jimmy Carter die Fortsetzung der Zusammenarbeit mit den Ländern des Ostens akzeptierte und gleichzeitig eine versöhnliche Haltung gegenüber einer in einer Koalitionsregierung integrierten italienischen Kommunistischen Partei verweigerte.

Da im übrigen bei dieser globalen Strategie die wirtschaftlichen Interessen die entscheidenden zu sein scheinen, hat auch die UdSSR die Abweichung der italienischen Bruderpartei bedingungslos gestützt.

Agnelli und all die Großen der italienischen Industrie unterstützen die PCI. Die Organe der bürgerlichen Presse (*Stampa, Corriere della sera*) haben quer durch die Halbinsel während der gesamten Wahlen des Juni 1976 Berlinguer und seine Freunde gestützt.

Die Partei hat stets sehr enge Bindungen zu den in Italien niedergelassenen multinationalen Konzernen gehabt. Die PCI selbst ist ein gewaltiges kapitalistisches Unternehmen dank ihrer zahlreichen kommerziellen Unternehmen und deren Verbindungen zu den großen Banken in der ganzen Welt – einschließlich in den Steuerparadiesen.

Der Eintritt einer stabilisierenden PCI, die die militantesten Elemente der Gewerkschaften kontrolliert, wird von den Großunternehmern als Notwendigkeit angesehen.

Wie die Führer der UdSSR, so loben auch die verantwortlichen Marxisten Italiens die Tugenden der Großunternehmen und die Erhaltung freier und privater Partner über alles. Nichts aber beweist – trotz der vielen Befürworter –, daß die negativen Gesichtspunkte dieser Konvergenz nicht doch auf den Widerstand der Bürger stoßen werden. Die Glaubwürdigkeit der Branche Wodka-Espresso des Systems *Oberwelt* ist beim durchschnittlichen Bürger schwer verkäuflich.

Ganz wie in Italien hat die französische kommunistische Partei ein weites Netz Kommerzieller Unternehmen entwickelt, die in den Ost-West-Handel stark integriert sind. Durch die Banken und Firmen ist die PCF eins der wichtigsten Elemente des französischen kapitalistischen Netzes geworden. Reisen von «Kameraden» in die UdSSR, das Ganze finanziert von Coca-Cola, Werbung der Großfirmen in den Presseorganen der Partei, das sind einige der «geheimen» Bande zwischen «revolutionärer» Partei und «Wodka-Cola»-Multis.

Im Jahre 1964 veröffentlichten Brzezinski und sein Mitarbeiter Huntington mitten im Vietnam-Krieg eine Studie mit dem Titel *Political Power, U.S.A.–U.S.S.R.* über die zwischen den beiden Systemen bestehenden Konvergenzerscheinungen. Sie vertraten die These, daß die realen Ähnlichkeiten, die auf wirtschaftlichem Gebiet erkennbar sein mögen, dennoch niemals auf die Einführung einer pluralistischen Demokratie in der UdSSR hinauslaufen. Brzezinski verfeinerte 1968 seine Analysen in einer Artikelserie, die im *Encounter* veröffentlicht wurde, einem vom CIA finanzierten Magazin. Man muß hierbei wissen, daß dieser Fachmann für sowjetisch-amerikanische Beziehungen, der ein Jahr danach als außenpolitischer Berater zur Wahlmannschaft Hubert Humphreys stoßen wird, in den Ländern des Ostens einen handfesten antikommunistischen Ruf genießt. Am 19. August 1969 geht Radio Moskau sogar so weit, ihm vorzuwerfen, er habe mit den amerikanischen Geheimdiensten bei der Entwicklung der tschechoslowakischen «Konterrevolution» zusammengearbeitet.[1] In Widerlegung seiner Positionen schreibt *Kommunist*, das Blatt des sowjetischen Zentralkomitees, im September 1973: «Was den Antikommunisten Brzezinski angeht, so drückt er den ‹bescheidenen Wunsch› aus, daß in der

---

1 Brzezinski, verheiratet mit der Großnichte von Beneš, dem ehemaligen Präsidenten der tschechoslowakischen Republik, hatte an der Prager Universität während des «Frühlings» gelehrt. Zufall?

Sowjetunion an der Seite der sozialistischen Wirtschaft der Kapitalismus, das Privatunternehmen gleichermaßen seinen Platz findet, was schließlich zu einer ‹radikalen Reform› des sozialistischen Systems führen soll.»

1970 veröffentlichte er seine Arbeit *Between Two Ages*. Sie trägt den Untertitel: «Die technotronische Revolution». Unter diesem Titel skizzierte er die erste seriöse Studie über den Ausbruch der «technologischen Macht» und die Umwälzungen, die sich daraus ergeben, sowohl in den politischen Systemen als auch in den internationalen Beziehungen. Hier wird der wesentliche Unterschied zu seinem Kollegen Kissinger deutlich. Beide Männer haben eine ähnliche Bildung genossen, verfahren nach gleichen Grundideen und arbeiten im Dienste derselben Interessen. Während aber der eine sich in seinen Metternich vertiefte, meditierte der andere über Norbert Wiener.

Kissingers Weg von Peking nach Helsinki über Moskau und Paris war der eines klassischen Unterhändlers in Sachen Außenpolitik, auch wenn gewisse Mitreisende mit Taschen voller leerer Bestellzettel ankamen. Der Harvard-Professor hatte sicherlich recht, als er am 17. Mai 1975 erklärte: «Die wahren Probleme der Zukunft sind wirtschaftlicher Art.» Mit dieser kleinen fettleibigen Persönlichkeit endete die Ära der Mühlespieler, die auf einem Bein zwischen Clausewitz und Spengler hin und her hüpften, der epikuräischen Intellektuellen, jener Treuhänder mit dem Auftrag, die alte Ordnung zu liquidieren.

Für Brzezinski stellt das Phänomen, das wir erleben, «diese Vorherrschaft technischer und ökonomischer Faktoren», einen Wendepunkt unserer Geschichte dar, der «weitaus wichtiger und dramatischer ist als die Französische Revolution oder die Einsetzung der bolschewistischen Macht». Der Mann, der die Ideen Carters vertritt, schüttet mit Verachtung die Gräben wieder zu, welche die Unverbesserlichen der «antagonistischen Systeme» aufreißen wollten. Als aufgeklärter Genealoge stellt er ein unwiderlegbares Kindschaftsverhältnis fest: «Die sowjetische Wirtschaftsentwicklung zwischen 1917 und 1930 beruhte im wesentlichen auf der technologischen Hilfe der Vereinigten Staaten. Mindestens 95 % der industriellen Strukturentwicklung der UdSSR sind von ihnen unterstützt worden.»

Am 12. April 1976 unterzeichnete Armand Hammer, Präsident der Occidental Petroleum, mit einem entspannten Breschnew zusammen einen Vertrag über 20 Milliarden Dollar über den Bau von Düngerfabriken. Lakonisch definierte Breschnew Hammer als «einen Mann, der mir hilft und dem ich helfe».

So wurde eine wirtschaftliche Zusammenarbeit, die vor siebenundfünfzig Jahren begann, symbolisch bestätigt und fortgesetzt. Der von Odessa emigrierte Vater Armand Hammers, Gründungsmitglied der amerikanischen Kommunistischen Partei, kannte Lenin seit 1907. Er finanzierte das sowjetische Verbindungsbüro, das in New York eingerichtet und von einem seiner russischen Freunde geleitet wurde. Hammer empfing Trotzki, als der künftige Chef der Roten Armee in den Vereinigten Staaten landete, um eine Finanzhilfe zu erhalten. Am 27. März 1917 verließ Trotzki New York an Bord von *SS Christinia* mit einem von Hammer gelieferten kanadischen Reisepaß. Einer seiner Onkel lenkte die Interessen der Ford Motor Company im zaristischen Rußland. Seit 1922 verhandelte Armand Hammer mit Lenin und Mikojan in Moskau; Henry Ford hatte ihm den Auftrag gegeben, seine Montagebänder auf kommunistischem Territorium aufrechtzuerhalten.

1920 handelte die Chase Bank von John Rockefeller, dem Großvater Davids, mit dem Staatsorgan Prambank die Schaffung einer amerikanisch-sowjetischen Handelskammer aus. Diese 1922 eröffnete Institution wurde von René Schley geleitet, einem der Vizepräsidenten der Chase Bank. Das Bankinstitut der Familie Rockefeller war bald darauf – zusammen mit der ebenfalls dem Gründer der Standard Oil gehörenden Equitable Trust Company – am stärksten am Kreditgeschäft mit dem neuen revolutionären Regime in Moskau engagiert. 1925 handelt es die Finanzierung amerikanischer Exporte von Baumwolle und Werkzeugmaschinen in die UdSSR aus. Drei Jahre später übernahm es die Unterbringung russischer Anleihen auf amerikanischem Territorium. In einem Bericht des Außenministeriums hieß es: «Kuhn Loeb & Co., der größte New Yorker Finanzier, beteiligte sich an der Finanzierung des ersten Fünfjahresplans, nachdem er der bolschewistischen Regierung, die ihm von 1918 bis 1922 über 600 Millionen Rubel in Gold transferierte, als Depotbank gedient hatte.»

Es kam noch besser. Max Warburg und Jacob Schiff, die beiden Hauptaktionäre von Kuhn Loeb, offiziöse Partner von John Rockefeller und John P. Morgan, finanzierten Lenin und seine Gruppe von dem Zeitpunkt an, als es sich als sicher erwies, daß die Romanows nicht mehr die Macht ausübten und Kerenski nur einen unauffälligen Übergang darstellte. Nach der *Washington Post* vom 2. Februar 1918 soll die Bank Morgan mindestens eine Million Dollar an diese Adepten der Nationalisierung der Produktionsmittel ausgezahlt haben. Am 14. Juni 1933 erklärte Louis McFadden, Präsident des House Banking Committee, vor seinen Kollegen: «Die sowjetische Regierung hat aus dem amerikanischen Schatz stammende Gelder bekommen, und zwar durch Vermittlung des Federal Reserve Board. Die Bundesbanken haben in dieser Angelegenheit zusammengearbeitet mit der Chase Bank, der Guaranty Trust Company und anderen New Yorker Großbanken. Öffnen Sie die Bücher von Amtorg, der Handelsorganisation der sowjetischen Regierung in New York, von Gostorg, dem Hauptbüro der kommunistischen Handelsorganisation oder aber der Zentralbank der UdSSR, so werden Sie die Höhe der Summen feststellen, die dem amerikanischen Schatz zugunsten Rußlands entnommen worden sind. Diese Maßnahmen wurden zum Nutzen der sowjetischen Staatsbank von ihren Korrespondenzbanken durchgeführt – der Chase Bank von New York und Kuhn Loeb & Co.»

Diese Politik der Gewährung von Krediten an ein Regime, das sich der Industrialisierung öffnet, ist geschickt. Erst heute entdecken die kommunistischen Führer, daß die Technologie nicht neutral ist und daß ihr Einkauf nicht zu trennen ist von einer Strategie ökonomischer Herrschaft, die jede anders ausgerichtete ideologische Haltung gegenstandslos macht.

Nach der Revolution kaufte die Standard Oil of New Jersey im Kaukasus 50 % der riesigen Erdölkonzessionen, die Alfred Nobel gehörten und theoretisch nationalisiert worden waren. Im Jahre 1927 baute die Standard Oil of New York in Rußland eine gewaltige Raffinerie. Kurz danach schlossen die New Yorker Firma und ihre Tochtergesellschaft Vacuum Oil Company mit Moskau einen Vertrag über die Kommerzialisierung des sowjetischen Erdöls in den europäischen Ländern. Zu diesem Zweck wurde eine Anleihe in Höhe von 75 Millionen Dollar für die kommunistische Regierung gebilligt. Brzezinski konnte in seiner Studie den ironischen Schluß ziehen: «Das Investieren in Ländern, die in der Folgezeit zu politischen Feinden werden sollten, ist stets eins der Merkmale der kapitalistischen Unternehmen gewesen.»

Im Jahre 1964 erklärte David Rockefeller beim Verlassen des Kremls, wo er erstmals mit Chruschtschow, seinem künftigen Verbündeten, gesprochen hatte, gegenüber den über ein solches Treffen Beunruhigten: «Es war die intensivste Unterhaltung, die ich jemals hatte. Aber wir kannten uns gut. Wir arbeiten bereits seit sehr langer Zeit zusammen.»

Im Juni 1944 schätzte der äußerst wohlhabende, einflußreiche Averell Harriman in einem Bericht für das Außenministerium nach mehreren Begegnungen im Kreml: «Stalin gab zu, daß etwa zwei Drittel der größten sowjetischen Unternehmen mit Hilfe der Vereinigten Staaten errichtet worden sind oder dank ihrer technischen Unterstützung.»

In der Stille seiner Räume entspannt, wenn auch stets zwischen zwei Säuberungen, bekannte der ehemalige georgische Seminarist, Verfechter des Sozialismus in einem einzigen Land: «Wir müssen das revolutionäre Bewußtsein mit der Leistungsfähigkeit der amerikanischen Kapitalisten verbünden.»

Aufgrund staatlicher Zwangsgewalt und der Allgegenwart der politischen Macht endete die Ökonomie des Ostens in Anämie, weil sie zu sehr an doktrinäre Entscheidungen gebunden war. Parallel dazu war die Dynamik des industriellen Sektors im Westen von einer Identitätskrise der nationalen Politik begleitet. Heute stehen wir im Abendland einem globalen Wirtschaftssystem auf zweierlei Ebenen gegenüber.

1. Auf multinationaler Ebene kontrollieren eintausend Firmen, die wie in einem Molekül mit den großen Banken verbunden sind, die Weltwirtschaft und sichern vier Fünftel ihrer Produktion. Diese Unternehmen haben Macht und Vermögen erworben auf eine Weise, die das Stadium der Marktwirtschaft und das Phänomen der Konkurrenz gänzlich überholt hat. Es existieren drei Firmen in Monopolsituation auf dem Sektor der Computerherstellung, sieben auf dem des Erdöls, acht im Bereich Gummi, einhundertfünfzig in der Chemie, neun auf dem Automobilsektor, und auf dem Gebiete der Planung könnte es General Motors sicherlich mit Gosplan aufnehmen. Selbst die erbittertsten Theoretiker des freien Unternehmens müssen einräumen, daß die Kartellierung eine unausweichliche Realität ist und der Wettbewerb ein überholtes, weil zu schädliches Konzept, das vor allem ineffizient und aufwendig ist.

Während sich der Gemeinsame Markt über protektionistische Tendenzen beklagt, die die Amerikaner hinsichtlich der Einfuhren europäischer Autos entwickelt haben, verlangen seine Mitglieder zugleich von den Japanern, das Volumen ihrer Auto- und Textilexporte freiwillig zu drosseln, weil diese gegenwärtig den europäischen Markt überschwemmen und zu Arbeitslosigkeit führen. Welches Interesse hätten andererseits Ford und Fiat daran, sich eine ruinöse und tödliche Konkurrenz zu liefern, die nur zu einem Zerfall der Volkswirtschaften und extremen sozialen Spannungen führen könnte?

Man versuche, sich den Konkurs einer Firma wie IBM vorzustellen, die 300000 Mitarbeiter in der ganzen Welt hat, oder von General Motors, die 800000 Arbeiter und mehr als 75 Milliarden Dollar Aktivvermögen repräsentiert, die in etlichen Ländern verstreut sind. Die direkten und indirekten Auswirkungen kämen einer Naturkatastrophe gleich. Mehr noch: Diese Firmen, die theoretisch im Wettbewerb stehen, arbeiten Hand in Hand und sind durch Tausende von Gemeinschaftsunternehmen miteinander verbunden – durch Verträge, die der Schaffung und Verteilung der Märkte dienen, einer Aufteilung des verfügbaren Kapitals und einer Nutzung bestehender Absatznetze. Es ist nicht mehr möglich, nach den alten Konzepten das Unternehmen als vereinzelte unabhängige Einheit zu begreifen, die sich nur mit der eigenen Produktion beschäftigt. Die Kartellgesetze sind nach wie vor unwirksam und sehr häufig nicht anwendbar. Nehmen wir die chemischen Industrien in Europa. Durch das Spiel der Verbindungen und untereinander getroffenen Vereinbarungen verringert sich die Zahl der Unternehmen immer mehr. Wie kann man da noch fordern, daß sich die Partner gegenseitig Konkurrenz machen?

In der Erdölindustrie sind die scheinbar rivalisierenden sieben Konzerne durch über 20000 Verträge miteinander verbunden. Innerhalb eines politisch-rechtlichen Rahmens, der dem Phänomen der multinationalen Konzerne völlig unangepaßt ist, klammern sich einige Leute immer noch an mittlere Unternehmen, die sie als letztes Symbol einer nationalen wirtschaftlichen Unabhängigkeit hinstellen. Heute bestimmen Investitionen den technologischen Standard, und das dafür nötige Kapital befindet sich in den Händen von Großkonzernen, die ebenso die Verteiler- und Vertriebsnetze kontrollieren. Auch bei den OPEC-Ländern ist die Macht der *Major Companies* nach wie vor stark. Sie hat sich lediglich auf andere Ebenen verschoben. Die kleineren und mittleren Unternehmen haben im übrigen weder die Kapazitäten noch die Mittel, sich an Großprojekten zu engagieren, und müssen wählen zwischen der Funktion des Zulieferers oder einer extremen Spezialisierung und einem sehr beschränkten Fabrikationsprogramm. Diejenigen, die ihre Aktivitäten internationalisieren wollen, sind unweigerlich gezwungen, sich einem Multi-Konzern anzuschließen, indem sie fusionieren oder sich aufkaufen lassen; das ist der Preis, den sie zahlen müssen, wenn sie Zugang zu dem Kapital erhalten wollen, das sie zur Verwirklichung eigener Produktions- und Expansionspläne brauchen. Durch Praktizierung dieser vertikalen Konzentration halten Renault oder Volkswagen sogar kleine Unternehmen am Leben, und zwar nicht nur, um den Anschein eines offenen Marktes zu wahren, sondern auch um der Leistungen willen, die diese erbringen. Die disponiblen Mittel, die sie besitzen und bei der Fusion einbringen, werden unverzüglich verwendet und machen die Inanspruchnahme entsprechender Darlehen entbehrlich.

2. Parallel besteht ein System gesonderter nationaler Volkswirt-

schaften, die nach antagonistischem Prinzip strukturiert und auf Wettbewerb ausgerichtet sind; in diesen spielen die Großunternehmen, die tagtäglich mit zwanzig oder dreißig verschiedenen Währungen arbeiten, eine bestimmende Rolle. Die Macht der nationalen politischen Instanzen, die territorial begrenzt ist, kann nicht den geringsten Einfluß auf diese Firmen ausüben, die ihre Entscheidungen auf globaler Ebene ausarbeiten und fällen. Wie kann man noch von einer Im- und Export-Konkurrenz zu den Vereinigten Staaten sprechen, wenn sämtliche großen französischen und europäischen Firmen seit langem in Amerika etabliert sind und mit ihren sogenannten Rivalen zusammenarbeiten? Die Kontrolle des Staates zu beschwören, ist angesichts dieser Verhältnisse eine intellektuelle Illusion.

Was jene Thesen über die Konvergenz angeht, so haben einige die zunehmende Intervention des Staates auf dem Wirtschaftssektor hervorgehoben und diese «Vergesellschaftung» als Fortschritt dargestellt. Wie naiv und kurzsichtig! Dieses Phänomen unterstreicht im Gegenteil die vollständige Verfilzung der politischen Gewalt mit der Strategie der Unternehmen. Mit dem Wohlwollen der nationalen Steuersysteme, die gefällig auf das Interesse des Kapitals zugeschnitten sind, zielen die derzeitigen Techniken des Managements auf den Zuwachs des flüssigen Kapitals, das die Basis der Investitionen darstellt, und auf die Reduzierung der Nettogewinne auf ein Minimum – verlorenes Geld, weil es, als Dividende verteilt, dem Unternehmen entzogen wird. Fiat, Montedison, Volvo und alle Erdölfirmen haben ihre Investitionen und ihre überwältigende Expansion fast ausschließlich mit enormen Mengen von liquidem Kapital finanziert; gleichzeitig weisen sie minimale Nettogewinne aus und werden so von der Steuer verschont. Die steuerliche Unmoral wird man ebenso wie das älteste Gewerbe der Welt niemals unterdrücken können, und die echte Gleichheit bestünde darin, die Gesetze so zu verändern, daß alle die gleichen Möglichkeiten des Betrugs haben. Aber die Regierungen – selbst jene, die sich als die fortschrittlichsten bezeichnen oder sich dafür halten – werden niemals die Investition, das Kapital und die Gewinne antasten. Sie begnügen sich damit, über indirekte Steuern wirksam zu werden, die mit dem Verbrauch und dem Umsatz verbunden sind, wobei es selbstverständlich ist, daß in jeder demokratischen Gesellschaft der Millionär und der Arbeiter den gleichen Steuersatz beim Kauf von einem Stück Butter zu entrichten haben.

Doch es ist noch schlimmer. Diese Firmen entwickeln eine inflationistische Strategie, indem sie sämtliches im nationalen Sektor verfügbares Kapital aufsaugen, um es über das globale System verteilt zu reintegrieren. Seit sehr langer Zeit haben die niederländischen Multis Shell, Unilever, Philips, Akzo kaum 15 % ihres Personals in Holland selbst. Exxon ist genauso britisch wie die BP, die mehr als die Hälfte ihres Umsatzes in den Vereinigten Staaten erzielt. Diese wachsende Ausdehnung führt zu einer Verlagerung der Souveränität, und die Ideologie erweist sich als grober Filter, durch den das Kapital ohne irgendeine Behinderung hindurchstreicht. Gegenwärtig erfolgt die riesige Bewegung der Firmenniederlassungen im Osten bei gleichzeitiger Schließung von Werken, einem Anwachsen der Arbeitslosigkeit und drohendem Dumping im Westen.

Fiat, Montedison, Pirelli und die Staatsfirmen beuten zur Zeit die italienische Halbinsel wie eine Mine aus. Der größte Teil ihrer Aktivitäten ist bereits verlagert worden und findet außerhalb des Landes statt, und sie begnügen sich jetzt damit, die letzten noch rentablen Adern zu schürfen. Der Konzern Fiat ist nur in Turin eine italienische Gesellschaft. Im übrigen handelt es sich um eine internationale Gruppe auf der Grundlage einer Holdinggesellschaft der Familie Agnelli, der im Steuerparadies Luxemburg ansässigen Firma IFI. Desgleichen ist Michelin, die Zierde der französischen C.N.P.F., nur in den Werken von Clermont-Ferrand französisch, genauso wie die Firma in Kanada kanadisch und in den Vereinigten Staaten amerikanisch ist. Aber die finanzielle Basis und die Entscheidungszentren der Reifenwerke, die in achtzehn Ländern bestehen, sind in Basel und auf den Bermudas in einer Holding zusammengefaßt, deren Gewinne niemals nach Frankreich heimkehren. Indem die Großkonzerne zu Multis werden, sind sie gezwungen, betrügerische Methoden des *money management* anzuwenden angesichts der Gesetze, die für ein Wirtschaftssystem geschaffen wurden, welches gar nicht mehr existiert. Für einen begrenzten Zeitraum kann der Grundstock des Kapitalreichtums auch aus Spekulationen statt aus der Produktion bezogen werden. Das italienische Staatsunternehmen Montedison hat eine Zeitlang mehr Geld durch Börsenspekulationen verdient als durch Gewinne aus dem Produktumsatz. Heute ist seine Holding ein regelrechtes Finanzungeheuer geworden. Hier liegt die wirkliche Macht: bei den Banken. Wenn die Kontrolle nicht auf dieser Ebene ausgeübt wird, wird jede Nationalisierung zum Scheitern verurteilt sein. Lenin hatte das fortgeschrittene Stadium des Imperialismus beschrieben als eine Etappe der Machtübernahme durch das Finanzkapital; er hätte sich aber niemals die Kompliziertheit und Verästelung dieser Macht vorstellen können, die über Aktien und Holding- und Finanzierungsgesellschaften in Steuerparadiesen manipuliert wird.

Die Banken sind Industrien, die mit Geld als Rohstoff arbeiten. Die Leiter der «Bank der Zehn» (Zentralbanken) bekannten, 1971 für ihre Kunden (die Nationalbanken) spekuliert zu haben, genauso wie private Finanziers. Sie wirken unter Mißachtung sämtlicher Regeln auf diesem unkontrollierten, höchst spekulativen Markt mit mehr als 400 Milliarden Dollar heißen Geldes: dem Eurodollarmarkt. Ein Sprung ins schmutzige Geld, dem sich auch die kommunistischen Finanziers nicht mehr enthalten.

Bei einer Franc-Abwertung wird Michelin über Telex und Telefon mit dem Eurodollar spekulieren, um zu vermeiden, daß seine in französischen Francs geführten Guthaben auch nur die geringste Wertminderung erleiden. Ein übermäßig inflationistisches System, wo das Geld durch zwei Telefonanrufe geschaffen wird: Der Eurodollar gestattet es den multinationalen Firmen, von den allzu restriktiven nationalen Währungssystemen zur einzigen genügend starken Währung überzugehen – dem Dollar. Der in Basel befragte Sir Leslie O'Brien, ehemaliger Präsident der Bank von England, gab an, daß die Zentralbanken diese Geschäfte stillschweigend dulden: «Wir können nichts machen. Wenn wir die Eurodollarbewegungen hier kontrollieren könnten, würden sie sie eben nach Hongkong oder Singapur verlagern.»

Die Globalisierung des ökonomischen Systems hat jede Unterscheidung zwischen Staats- und Privatbanken hinfällig gemacht. Im Westen ist eine große Anzahl verstaatlicht worden, dennoch sind diese Staatsbanken, genauso wie die Regierungspolitik, dazu gezwungen, den Kraftlinien der modernen Finanzen zu folgen und dabei in genau der gleichen Weise zu verfahren wie die Privatbanken. Zur gegenwärtigen Stunde sind die Banken und die Multi-Konzerne organisch miteinander verbunden, und es ist nicht möglich, den Produktionssektor von dem der Finanzen zu unterscheiden. Die gegenseitige Durchdringung ist total. In der Bundesrepublik werden 70 % sämtlicher stimmberechtigter Aktien von drei kommerziellen Banken kontrolliert. 200 britische Unternehmen repräsentieren 85 % der gesamten Produktion, und 150 Firmen, die 75 % der Exporte durchführen, hängen von 15 Großbanken ab. In den Vereinigten Staaten entfallen auf 5 von den 13000 Banken 52 % sämtlicher Bankaktiva; 9 Banken besitzen 90 % der Erdölindustrie, 66 % der Stahlindustrie und der Werkzeugmaschinenfirmen sowie «75 % des gesamten Chemiesektors.

Die Expansionsrate der 1000 Unternehmen, die unser System beherrschen, wird einzig durch ihre Möglichkeiten des Zugangs zum Kapital begrenzt. Der Chemiesektor (einschl. Kunststoffe) wird seine Investitionen vervierfachen. Im Jahre 1973 schätzte David Rockefeller in Rom, daß der Investitionsbedarf der Erdölindustrie in den nächsten zehn Jahren sich auf etwa 1,3 Billionen Dollar belaufen wird – das ist fast soviel wie das amerikanische Bruttosozialprodukt. Für diese Firmen bestimmt die Investition die Produktion über die technologische Innovation. Es ist das Kapital und nicht die Arbeit, das die Produktivität steigert.

Die Kosten der Forschung, der Entwurf neuer Techniken und Maschinen erfordern ein ungeheures Kapitalvolumen, das zum großen Teil sichergestellt wird durch einen Dauerdruck auf die Preise, um zu einer Erhöhung der disponiblen Spannen zu gelangen. Während sich die Wissenschaft einst unter dem Druck der Industrie entwickelte, ist sie jetzt zur unmittelbaren produktiven Kraft geworden, die der Produktion vorangeht, anstatt ihr hinterherzuhinken.

Im gleichen Sinne ist jeder Dollar, der an Personalkosten ausgegeben wird, in den Augen des Managers ein für die Investition verlorener Dollar. Jeder gewerkschaftliche Sieg, der sich in einer Lohnerhöhung niederschlägt, hat letztlich die Wegrationalisierung von Arbeitsplätzen zur Folge. Das ist eine unweigerliche Entwicklung. Die Verteidigung der Vollbeschäftigung entspringt demselben bornierten Heroismus wie die Haltung des japanischen Soldaten, der sich im Busch von Borneo verbarg und im Jahre 1976 den Zweiten Weltkrieg weiterführen wollte.

Die fünfzig größten amerikanischen Firmen sind in so unterschiedlichen Sektoren wie Erdöl, Auto, Elektronik und Chemie vertreten und scheinen ähnliche Umsatzergebnisse zu erzielen. Vergleicht man aber die Anzahl der Arbeitnehmer oder die Kosten, die auf jeden Beschäftigten entfallen, kommen wir zu einer ganz anderen Lesart. Am Umsatz gemessen, ist Exxon das größte Unternehmen der Welt (24 Mrd. $), an der Zahl der Mitarbeiter gemessen (133 000 einschließlich des Managements) steht Exxon erst an 13. Stelle. General Motors steht bei den Umsätzen (32 Mrd. $) an 2. Stelle und an erster Stelle hinsichtlich der Anzahl der Beschäftigten (740 000). Läßt man das Verwaltungspersonal beiseite und nimmt nur die Arbeiter, so betragen die Kosten eines neuen Arbeitsplatzes bei Exxon 750 000 Dollar gegenüber 30- bis 35 000 bei General Motors. Ähnlich verhält es sich mit Texaco Oil: an 4. Stelle bei den Umsätzen (23 Mrd. $) und an 33. Stelle bei der Beschäftigtenzahl (76 000); mit Mobil: an 5. Stelle hinsichtlich der Umsätze (19 Mrd. $) und an 37. Stelle bei den Arbeitsplätzen (73 000) oder mit Standard Oil of California: an 6. Stelle der Umsätze (17 Mrd. $) und 96. Stelle mit 40 000 Beschäftigten.

Das vollendetste Beispiel bleibt dasjenige der englisch-holländischen Gruppe Royal Dutch-Shell. Die Mehrheit ihrer Belegschaft befindet sich in London und Den Haag. Trotzdem erzielt sie den größten Teil ihrer Gewinne in den Vereinigten Staaten, wo sie an 7. Stelle hinsichtlich der Umsätze (8 Mrd. $) rangiert und an 125. Stelle hinsichtlich der Mitarbeiter (32 000).

Im übrigen spiegelt sich die Tätigkeit der großen Firmen schon lange nicht mehr in den einzelstaatlichen Bilanzen wider. Produktion, Umsätze, Gewinne, Dividenden verteilen sich über die ganze Welt; damit ist die Zahlungsbilanz der Nationalstaaten, die nicht mehr die Realitäten des internationalen Handels widerspiegeln, dazu verurteilt, ewig im Defizit zu bleiben.

Hinsichtlich der Niederlassung von kapitalistischen Firmen in kommunistischen Volkswirtschaften meinen einige, auf das doch nur begrenzte Ausmaß dessen verweisen zu können. Es handelt sich aber um einen dynamischen Prozeß, dessen Grenzen sehr unbestimmt sind und der ständig neu korrigiert werden muß, der aber aufgrund seiner politischen Implikationen und der Qualität der Beteiligten Bedeutung hat. Einige der auf kommunistischem Gebiet niedergelassenen Banken kontrollieren die 500 größten amerikanischen Firmen, die 75 % sämtlicher Industriearbeiter beschäftigen. Die Gesamtheit dieser Banken führt 80 % sämtlicher Aktiva der westlichen Finanzwelt.

Mit der Aufnahme der Multinationalen hofften die Parteifunktionäre, ihre Macht zu stärken und den chronischen Rückstand ihrer Industrie aufholen zu können. Der Graben zwischen der Forschung und der industriellen Anwendung ist nach wie vor gewaltig. Im Jahre 1967 arbeiteten nach Angaben des berühmten Ökonomen Trapeznikow 98 % der sowjetischen Forscher noch immer in den Instituten, während mehr als 70 % ihrer amerikanischen Kollegen direkt mit der Industrie zusammenarbeiteten. Auch schätzte er, daß etwa die Hälfte der sowjetischen Entdeckungen im Augenblick ihrer betrieblichen Anwendung bereits veraltet war. Manchmal vergehen über zehn Jahre, bis eine Erfindung Anwendung findet. Die sowjetischen Funktionäre, die sich dieses Problems durchaus bewußt sind, führen es größtenteils auf mangelnde Koordination zwischen den verschiedenen Organisationen zurück, die mit der Forschung zu tun haben und häufig unabhängig voneinander arbeiten. Am anderen Ende, auf der Ebene des Unternehmens, besteht zu wenig Anreiz für die Einführung neuer Technologien, weil jeder Manager vor allem darauf bedacht ist, die vom Plan festgelegten Produktionsnormen einzuhalten. Auf einigen Gebieten beträgt die technologische Lücke zwischen West und Ost zwanzig bis fünfundzwanzig Jahre. Auf dem Gebiet der Minicomputer beispielsweise. Das Interesse der Sowjets an einer verstärkten Zusammenarbeit mit dem Westen ist motiviert durch die Tatsache, daß die für die sowjetische Wirtschaft lebenswichtigen Sektoren arm an technologischer Innovation sind. Die Ausbeutung gewaltiger Naturvorräte in Sibirien wird sicherlich die wichtigste Aufgabe der russischen Regierung in den kommenden beiden Jahrzehnten sein. Ebenso müßte die Produktion der Konsumgüterindustrien in naher Zukunft beträchtlich gesteigert werden.

In einem staatsmonopolistischen System, in dem die Administration die Macht innehat und die Unternehmen kontrolliert, sind die Manager in einer ständigen Identitätskrise befangen. Sie stellen zwar eine neue Klasse dar, die sich ihrer wachsenden historischen Bedeutung bewußt ist, mit deren Funktion aber keine Entscheidungsbefugnisse verknüpft sind und ähnelt so den Jockeys, die im letzten Moment – mit der Reitgerte in der Hand – feststellen, daß sie den Parcour ohne Pferd bewältigen müssen. Deshalb bemühten sich alle mit peinlicher Genauigkeit darum, die fixierten Normen durch Produktionsminimierung zu sabotieren, um mit diesen Methoden des Bummelstreiks die ohnehin bestehende Ineffektivität des sowjetischen Wirtschaftssystems auf die Spitze zu treiben. In einer Welt, die weder Konsum noch Markt kennt, konnte es ihrer Meinung nach nicht in ihrem Interesse liegen, den Beweis einer übermäßigen Produktivität zu liefern, die ohnehin nur ihre Probleme vergrößern würde.

Mit den wachsenden Schwierigkeiten im Laufe der Jahre wurden die Manager immer zahlreicher, die den Internationalismus auf ihre Weise priesen. «Inhalt und Mechanismus der Führungsfunktionen sind in allen Gesellschaften die gleichen; die Lenkungsgrundsätze sind allen Produktionsweisen gemein», schrieb insbesondere ihr Sprachrohr *Voprosy Ekonomiski*. Der Ruf nach Rückkehr, zumindest einer partiellen Rückkehr zu den Gesetzen der Marktwirtschaft diente einem doppelten Ziel. Zum einen der Neugestaltung eines Produktionssystems, das immer noch die Existenz von 250 Millionen Verbrauchern ignoriert, die auf diese Zivilisation der Konsumknappheit immer allergischer reagieren. Andererseits wollte man die wachsende Bedeutung der Techniker gegenüber den Wachhunden der Ideologie offiziell anerkannt wissen. In Wirklichkeit ist das eine ganz einfache Geschichte, die sowohl einen Konflikt der Generationen wie auch der professionellen Auseinandersetzung widerspiegelt. Junge, pragmatische, ehrgeizige und auf Effizienz bedachte Nachwuchskräfte, die in kleinen, noch zu Zeiten Lenins und seiner Genossen gegründeten Unternehmen beschäftigt sind und das westliche Management bewundern, ertragen immer weniger die Bevormundung durch die alten Mitarbeiter, die zur Zeit der Gründung eingetreten und häufig nur deshalb einen Direktionsposten erhalten haben, weil sie den Gründer kannten. Jene rührseligen Bekenntnisse von Suslow und Pelche über die Art und Weise, in der Lenin seine Gläser einräumte oder seine Lieferungen erledigte, rufen bei den Freunden Wischianys nur Verärgerung und Ungeduld hervor, die bereit sind zu rufen: «Nieder mit den Alten!» Für sie ist der Laden veraltet, übelriechend, sind die Vorräte unverkäuflich, die Führungsmethoden katastrophal. Schlimmer noch: Das Personal wird tatsächlich sehr schlecht bezahlt und fehlt entsprechend oft. Sie träumen davon, den alten Basar in einen Supermarkt zu verwandeln, das Rechenbrett gegen elektrische Rechenmaschinen zu vertauschen, die Petroleumlampen durch Neon zu ersetzen und eine härtere Personalpolitik zu betreiben. Aber die Kommunisten – und das ist gegenwärtig das wesentliche Phänomen – können ihre Beziehungen zu den Kapitalisten nicht mehr auf reine Handelsgeschäfte reduzieren und sich auf den Erwerb von Lizenzen und Patenten beschränken, zu deren Auswertung sie unfähig sind. Wenn die Russen technische Neuerungen nutzen wollen, sind sie gezwungen, sich immer mehr in das von den Kapitalisten gewollte und geschaffene System zu integrieren; das Know-how besitzen die Kapitalisten und wollen es auch weiterhin kontrollieren. Wladimir Illitsch Lenin präzisierte selbst: «Es gibt eine den Wünschen, dem Willen und der Entscheidung irgendeiner Regierung oder feindlichen Klasse überlegene Macht: Das sind die weltweiten Wirtschaftsbeziehungen.»

Unternehmen wie ITT und Dow Chemical nisten sich nicht mehr für vier Monate – die Zeit einer Geschäftsabwicklung – im Osten ein. Sie handeln langfristige Verträge aus und willigen in die Lieferung ihrer Technologie nur dann ein, wenn sie als Gegenleistung dafür Kooperations- und Koproduktionsverträge erhalten, in denen sie als Partner mit praktisch gleichen Rechten wie das kommunistische Unternehmen anerkannt werden. Um die Einrichtung dieser technologischen Infrastruktur bezahlen zu können, akzeptieren die Sowjets auch, daß ein Teil der Produktion in die Märkte des Westens reexportiert wird. Sie können ja ihre eigene Produktion überhaupt nur über die Absatznetze des kapitalistischen Unternehmens vertreiben. Wenn wir jetzt ein weiteres Mal mit Lenin einräumen, daß «die Politik der konzentrierte Ausdruck der Wirtschaft ist», können wir mit Zbigniew Brzezinski schließen, daß «der Übergang zu einer technologischen Gesellschaft der entscheidende Faktor sein wird, der die weitere Entwicklung und Veränderung der Gesellschaft bestimmen wird».

Die sowjetischen Schemata – gregorianische Gesänge kommunistischer Liturgie – gehen aus diesem Zusammenleben mit den Multis leicht lädiert hervor, da der sozialistische Staat seine Konzessionen vervielfachen muß. Gewisse Theoretiker versuchen, die Folgen dessen zu verharmlosen, indem sie behaupten, davon werde nur die technische Infrastruktur, nicht aber der prinzipielle Rahmen berührt. Das aber ist nur Ausdruck eines sterilen Bürokratismus ohne Realitätsbezug. Andere Leute vertreten die Überzeugung, daß «die Entwicklung einer fortgesetzten Kooperation der Multinationalen mit den sozialistischen Ländern der Beherrschung der Weltmärkte durch die Monopole einen fühlbaren Schlag versetzen könnte». Die Antwort, die sich förmlich aufdrängt, ist klar und einfach. Wie soll denn wohl die Macht der «Monopole» auf den westlichen Märkten reduziert werden durch deren Ausdehnung auf die gegnerischen Länder, in denen sie bisher kein Existenzrecht hatten? Ist die Firma IBM, die auf dem Gebiet der Computer eine marktbeherrschende Stellung hat, in ihrer Macht durch den Abschluß von fünfundzwanzig Gemeinschaftsunternehmen mit den Ländern des Ostens erschüttert worden? Hat die Chase Manhattan Bank, die an der Rüstungs- und an der Erdölindustrie beteiligt ist und mehr als 175 Zweigniederlassungen in 70 Ländern aufweist, einen Rückgang ihrer erfolgreichen Geschäftspolitik erlebt, weil sie in Moskau, Prag und Warschau Zweigstellen eröffnet hat? Eine Zusatzüberlegung: Warum sollten diese finanziellen Ungeheuer, welche – kalt und unversöhnlich – die westliche Arbeiterklasse unterdrücken, mit dem Grenzübertritt nach Ost-Berlin zu achtenswerten Industrien werden, die eine neutrale Technologie mit sich führen?

Um die Analysen noch mehr zu verwischen, ändern die Kommunisten des Westens manchmal die Bezugsgrößen. Sehr häufig werden die Beziehungen der Multinationalen mit den kommunistischen Regimen als Kooperation zwischen kapitalistischen und sozialistischen Ländern hingestellt. Auf diese Weise verschwindet die private Firma hinter staatlichen Wirtschaftsbeziehungen, welche vollständig gerechtfertigt sind. Das sind dialektische Manipulationen. Es ist nicht möglich, so zu tun, als seien die Länder diejenigen, die die Verhandlungen führen und den Transfer der Technologie in den Beziehungen zwischen Moskau und Budapest gewährleisten. Die französischen Kommunisten stellen sicherlich die am wenigsten nationale Partei dar, aber die nationalistischste, und sie wenden diesen Chauvinismus auf ihre ökonomischen Analysen an.

In Wahrheit hat die Ost-West-Integration eine auf der Ebene marxistischer Vorstellungen nicht zu rechtfertigen Entwicklung eingeleitet. Wenn sich der angebliche Kampf gegen die Großfirmen im Westen verringern würde, dann entfielen die Gründe für das Bestehen einer kommunistischen Partei. Wenn nun aber die objektiv revolutionäre Situation gar nicht mehr gegeben ist, wie ist dann noch die Aufrechterhaltung einer kommunistischen Partei zu rechtfertigen, die gegen die Sozialdemokraten wettert? Gleichzeitig stellen diese Großkonzerne, teilweise dank ihres Vordringens in den Osten, eine permanente Bedrohung für das westliche System dar und rufen quasi Dauerkrisen im politischen und sozialen Sektor hervor. Da aber jeder *Apparatschik* ein Ideologe ist, genügt es – unter verschämtem Stillschweigen über die Liaison Rockefeller–Breschnew –, ein beeindruckendes ideologisches Feuerwerk abbrennen zu lassen, bei dem die Garbe über den «Niedergang des Kapitalismus» in feine Blumenkronen zerplatzt. Ein ausgezeichnetes Mittel zur Verschleierung der Realitäten, indem man versucht, eine Fassadenrealität zu bewahren.

Auf beiden Seiten haben die Staaten sich mit den Unternehmen arrangiert. Im Westen akzeptiert ein gefälliges und ohnmächtiges politisches Personal, daß sie die Gesetze hintergehen oder einfach ignorieren und die Arbeitslosigkeit von Tausenden von Arbeitern hervorrufen; im Osten verbinden sich allmächtige Regime, die aber schon von Arthritis geplagt werden, mit Privatgruppen und werfen sämtliche geheiligten Prinzipien, denen sie ihre Existenz zu verdanken haben, über den Haufen. Die Methoden der Kommerzialisierung und des Managements, die Gewinnberechnung, die Entscheidungsbefugnis strukturieren sich mehr und mehr auf kapitalistischer Basis. Die Autorität, dann die Kontrolle des Plans und der Partei über die mit den westlichen Firmen zusammenarbeitenden Unternehmen werden zunehmend abgebaut. Die kommunistische Partei des Mischunternehmens integriert sich gänzlich in das im Westen von den Firmen ausgearbeitete System, das ständig seine Unmoral, Korruption und Verachtung für die menschlichen und sozialen Regeln demonstriert. Die kommunistischen Bankinstitutionen arbeiten in gleicher Weise mit ihren westlichen Korrespondenzbanken zusammen. Niedergelassen in den Steuerparadiesen, tauchen sie in zwielichtige, kriminelle Geschäfte ein, verdrehen die Gesetze, schaffen Inflation und bewirken wohlverstanden niemals den geringsten Segen für die sozialistischen Arbeiter daheim. Als Komplizen des multinationalen Finanzierungs- und Industriesystems, in dem ihre Gesellschaften sich entwickeln, haben die Verantwortlichen der kommunistischen Parteien ganz andere Sorgen, als irgendwelche revolutionäre Strategien auszuarbeiten. Die Schriften Zarodows oder Ponomarews über das «bevorstehende Ende des Kapitalismus» entstammen der gewöhnlichen Produktion von Propagandatexten, die für die Wartezimmer der Botschaften bestimmt sind. Wie könnten sie daran denken, ein System zu liquidieren, dessen sie so sehr bedürfen? Im übrigen nehmen die *global managers* diese Erklärungen, von deren Existenz sie häufig nicht einmal Kenntnis haben, keinen Augenblick ernst.

Die Länder des Ostens schaffen immer mehr Außenhandelsorganisationen. Es handelt sich um Unternehmen oder Unternehmensgruppen, die unabhängig vom Plan sich selbst verwalten und eigene Entscheidungsbefugnisse haben, denn sie können Verträge mit einer kapitalistischen Firma im Namen und anstelle des Industrieministers aushandeln und unterzeichnen. Dieses von der staatlichen Kontrolle völlig unabhängige und autonome System, eine erhebliche Verkehrung des Prinzips des Staatsmonopols, ist Ungarn, Jugoslawien, Rumänien und Polen schon ständige Praxis, soll in der Tschechoslowakei jetzt eingeführt werden und ist in der UdSSR Gegenstand langer Diskussionen.

Die Ziele dieser Unternehmen werden nicht mehr von der geplanten Gesellschaft bestimmt, sondern durch Kriterien, die sich kapitalistischen Prinzipien annähern. Ihre Flexibilität, ihr Entscheidungsspielraum soll ihnen gestatten, besser mit den Westfirmen zu verhandeln, dauerhafte Beziehungen aufzubauen und Vereinbarungen zu treffen, die es den Privatunternehmen auf kollektivistischem Boden erlauben, Eigentums- und Entscheidungsrechte auszuüben, die denen ihrer marxistischen Partner gleichwertig sind. Diese Außenhandelsorganisationen sind in ihrer technischen Struktur den Erfordernissen der multinationalen Unternehmen gemäß organisiert, mit denen sie die Zusammenarbeit wünschen. Stellt all das nicht einen Angriff auf den geheiligten Zentralismus dar, eine Denaturierung des Sozialismus zugunsten eines Unternehmens, das nach den Prinzipien der Martkwirtschaft ausgerichtet ist und in seiner Arbeitsweise genauso autoritär bleibt?

In den Verhandlungen fordern die Außenhandelsorganisationen in Übereinstimmung mit den sozialistischen Gesetzen, daß die gekauften Lizenzen in allen Unternehmen des gleichen Sektors im ganzen Territorium frei verwendet werden dürfen. Die Kapitalisten sind dagegen und beschränken die Anwendung ihrer Lizenzen auf ein, maximal drei oder vier Unternehmen. Der sozialistische Staat stimmt dieser Begrenzung der Rechte und seiner Souveränität zu. Wenn sich die Transaktionen auf Spitzensektoren beziehen, wo die Ausrüstung besonders kompliziert ist, verweigern die westlichen Manager sogar die Gewährung von Lizenzen und bestehen auf der Einrichtung anderer Assoziations-

194

modelle, die ihnen die Kontrolle über ihre Spitzentechnologie auch weiterhin sichern.

Ebenso ist die Diskrepanz zwischen diesen Inseln überzüchteter Technik und dem Allgemeinzustand der kommunistischen Industrie eine Quelle von Problemen. Die Werke sind meist zu alt, die Ausrüstung überholt, die Produktivität zu niedrig. All das sind Tatbestände, die die Kooperation hemmen und erschweren. Der Imperativ der Leistungsfähigkeit wird immer mehr maximale Qualitätskontrolle bei allen Produktionsaspekten fordern, und der westliche Partner wird auf absoluter Integration der unterschiedlichen Betriebsphasen bestehen.

Diese gemischten Unternehmen – regelrechte Enklaven, wo die fundamentalen sozialistischen Imperative außer Kraft gesetzt werden – laufen auf rührende Fälschungen hinaus. Juristisch betrachten die Rumänen sie als Typ einer völlig unabhängigen Firma, die in keiner Weise ins System eingefügt ist. Um die Illusion einer «Verstaatlichung der Produktionsmittel» aufrechtzuerhalten, haben die Ungarn festgelegt, daß diese Unternehmen keine Produktionsunternehmen sein können. Sie haben also die Fiktion einer Holding geschaffen, die im Namen und anstelle der kommunistischen Gesellschaft verhandelt. Auf diese Weise gehören die Werkzeugmaschinen theoretisch weiter dem Staat und bleiben Parteimonopol. Aber auch schamhafte sprachliche Korrekturen wie der Ausdruck «Berater» zur Bezeichnung von «Managern» verschleiern die Realitäten nur dürftig. Die Koproduktionsbetriebe laufen auf die Erwirtschaftung kapitalistischer Gewinne hinaus, und die sozialistischen Unternehmen sind infolgedessen in der Herstellung jener Mehrwerte engagiert, die vom Marxismus als Basis der Ausbeutung des Arbeiters durch die kapitalistische Klasse angesehen werden. Ob man auch hier das Ergebnis als «Rentabilität», «Leistung» oder «Nutzung von Ressourcen» bezeichnet, um die Verwendung des häßlichen Wortes zu vermeiden, ändert daran nichts. Um im übrigen eine wirksamere Kontrolle auszuüben, fordern die Manager, daß das von ihnen im Westen verwendete Buchführungssystem in diese gemischten Unternehmen eingeführt wird.

Eine verzwickte Frage für die Ideologen: Wie wird die Zukunft des Stachanowsystems ausschen – des Systems des nichtmonetären Wettbewerbs, der die Ungläubigen und die Übereifrigen zu «Helden der Arbeit» machte? Mit straffen Muskeln und entschlossenem Blick trugen sie zur Errichtung des Regimes bei. Wie aber will man die Arbeiter des gemischten Unternehmens motivieren, deren Einkommen hoffnungslos niedrig bleiben, während sie wissen, daß mehr als die Hälfte der Erträge ins kapitalistische Lager fließt?

Die rechtliche Physiognomie dieser Firmen: 51 % für den sozialistischen Staat, 49 % für den Privatpartner. Das für die Fassade. In Wirklichkeit umfaßt das Direktionskomitee, die Geschäftsleitung, eine gleiche Anzahl von Vertretern beider Seiten, von denen jeder ein Vetorecht hat. Es ist sogar vorgesehen, daß bestimmte Entscheidungen einstimmig gefaßt werden.

Ein weiteres Zugeständnis: Zahlreiche sozialistische Gesetze erweisen sich als ungeeignet und werden zunächst einmal ausgeklammert, um auf ihre Änderung zu warten. Der mit der kapitalistischen Partei geschlossene Vertrag ersetzt sie.

Es stimmt, daß der Handelsverkehr zwischen dem Westen und den sozialistischen Ländern unablässig schrumpft. Aber einzig deshalb, weil das System der Koproduktion die traditionellen Exporte mehr und mehr ersetzt. Auf Befragen durch *U. S. News World Report* berichtete David Rockefeller neckisch über seine Begegnung mit Edward Gierek, dem ersten Sekretär der polnischen KP:

«Stellen Sie sich vor, daß er noch nie zuvor einen ‹lebendigen Kapitalisten› gesehen hatte. Wir haben darüber gesprochen, was bereits in anderen Ländern gemacht worden ist, und über die Projekte, die uns interessieren könnten. Etwas später erfuhr ich, daß er eine Gruppe amerikanischer Senatoren getroffen und ihnen im Anschluß an unsere Unterhaltung erklärt hatte, er werde in Polen die Schaffung von Gesetzen über «Joint Ventures» empfehlen, die großzügiger sein sollen als in den anderen sozialistischen Ländern.»

Frage: Warum sind die Firmen so sehr an diesen «Joint Ventures» interessiert?

D. Rockefeller: Weil diese Arrangements die Möglichkeit bieten, wieder ein gewisses Maß an Gewinnen herzustellen.»

Am 26. Juni 1975 erhielt Polen von der Chase einen Kredit über 240 Millionen Dollar entsprechend dem Wert seiner Kupfervorräte. Die Fachleute der amerikanischen Bank – ein einmaliger Vorgang – waren ermächtigt worden, die Finanzen einer scharfen Prüfung zu unterziehen; zu diesem Zweck wurden Akten zugänglich gemacht, die bislang als Staatsgeheimnisse galten.

Während Donald Kendall einen großen Werbefeldzug durch Jugoslawien startete, bei dem der brasilianische Fußballstar Pelé Pepsi-Cola bekannt machen sollte, schloß Dow Chemical mit der Regierung des Jossip Broz Tito den größten Vertrag über ein «Joint Venture» ab, der jemals mit einem sozialistischen Land zustande gekommen ist.

Dieser Vertrag, der mit dem jugoslawischen Staatschef ausgehandelt wurde, ist außerordentlich interessant. Mit dreiundachtzig Jahren

– sechsundzwanzig Lenze, nachdem er sich von dem Einfluß Stalins gelöst hatte – ergab sich der alte Widerstandskämpfer, das Symbol des Kampfes für nationale Unabhängigkeit, bedingungslos einem notorisch reaktionären Unternehmen, das bekannt ist für seine gewerkschaftsfeindliche Haltung und das zu den amerikanischen Kriegsanstrengungen in Vietnam mächtig beigesteuert hatte. Es ist nämlich Dow Chemical zu verdanken, daß amerikanische Bomber die der fortschrittlichen Seele Titos so am Herzen gelegenen Gebiete Südostasiens mit Napalm gedüngt haben. Die Jugoslawen nahmen es hin, daß der Verwaltungsrat des Mischkonzerns auf der Basis 50:50 organisiert wird und daß das amerikanische Unternehmen alljährlich einen Teil der Produktion im Werte von 150 Millionen Dollar in den Westen reexportiert. An der Finanzierung waren Kuwait und Libyen beteiligt.

Arthur Koestler erzählt, er sei bei einer Reise nach Rußland 1931 von der Diskrepanz zwischen den ideologischen Kommentaren und den wirklichen Verhältnissen erschlagen gewesen. In den von ihm durchreisten Gebieten herrschte eine Hungersnot, die Tausende Opfer forderte, während die örtlichen Zeitungen in Schlagzeilen und auf Titelblättern den Erntereichtum und die Begeisterung der (zum Hungertod verurteilten) Landarbeiter priesen. Seitdem hat sich nichts wirklich geändert. Die Russen leugnen mit der gleichen Heftigkeit wie der Schuldige, der bekennen soll, bei sich die Existenz der Inflation. Zwar bleiben die durch Erlaß festgelegten Preise stabil, doch hier ändern sich die Produkte: es gibt sie nicht mehr! Es herrscht eine permanente Inflation per Verknappung. Es gibt auch eine große Zahl von Produkten, die die Käufer nicht zur Kenntnis nehmen, weil sie qualitativ zu schlecht sind oder den Bedürfnissen nicht entsprechen. Als Opfer eines Systems, in dem die Produktion einzig dem Willen der Planer entspricht, ist der Konsument gewiß das am meisten erniedrigte Wesen der sozialistischen Schöpfung. Er ist dazu verurteilt, sich entweder auf den Schwarzmarkt zu begeben, der das einzige dynamische Element des kommunistischen Wirtschaftssystems zu sein scheint, oder aber sich einem fanatischen Spareifer hinzugeben. 80 Milliarden Rubel liegen auf den Konten der Sparkassen, während die Kaufhäuser und Werke Vorräte lagern, deren Werte nicht über 50 Mrd. Rubel hinausgehen. Alle Berichte, die in den Westen gelangen, verzeichnen eine deutliche Zunahme der Anzeichen politischer Instabilität in den Staaten Osteuropas, wie an der polnischen Revolte oder an den aufflackernden Krisen Ungarns und Rumäniens abzulesen war.

Durch die Einführung der westlichen Technologie in ihren Ländern scheinen Gierek, Kádár, Ceausescu, Breschnew im äußersten Fall auf ein Floß zu steigen, dessen Stämme in jedem Augenblick sich voneinander zu lösen drohen. Sie werden auch auf das Dogma der Vollbeschäftigung verzichten müssen. Bisher grassiert die Arbeitslosigkeit deswegen nicht, weil sie behördlich nicht anerkannt wird. Aufgrund der Finessen des Gesetzgebers fällt dieses Problem einzig in die Verantwortlichkeit des Unternehmens, nicht aber in die des Staates. Der Manager muß die Arbeiter finanziell unterstützen, die also damit rechnen müssen, auf subalterne Posten versetzt zu werden, die nicht ihren Qualifikationen entsprechen. Die Sowjetpresse quillt über von Meldungen über Techniker und Ingenieure, die an Arbeitsplätzen mit geringen fachlichen Anforderungen eingesetzt werden.

Angesichts des Dilemmas unproduktiver Unternehmen, die jedoch einen hohen Personalbestand aufweisen, hat Kossygin während des XXV. Parteikongresses für größere Leistungsfähigkeit und vermehrte Qualitätskontrolle auf allen Ebenen plädiert.

Von 1971 bis 1975 sind 207 Millionen Dollar zur Verbesserung bestehender Unternehmen investiert worden. Eine Milliarde Rubel davon wurden zur Modernisierung von nicht mehr funktionsfähigen Anlagen verwendet. Fast 20 % der Maschinen und Ausrüstungen, die im Laufe der letzten fünf Jahre installiert wurden, mußten importiert werden. Wenn sie den bisher eingeschlagenen Weg technologischer Veränderungen fortsetzen wollen, werden die sowjetischen Führer die strukturelle Arbeitslosigkeit ganz erheblich steigern. Mit den vorgenommenen Neuerungen sollen Rentabilitätskriterien und nicht die Interessen des Arbeiters befriedigt werden. Den zahlreichen Entlassungen, die aufgrund technologischer Änderungen vorgenommen werden, korrespondiert paradoxerweise ein Mangel an hochqualifiziertem Personal, da das relativ niedrige Ausbildungsniveau den technischen Erfordernissen nicht mehr angemessen ist.

Die Zukunft der UdSSR ruht vielleicht in der beschleunigten Heranbildung von Technikern, die den Normen kapitalistischen Managements entsprechen, und in der Verschickung riesiger Bataillone von Arbeitern zur Emigration nach Albanien und China . . .

Es besteht jedenfalls kein Zweifel, daß in der Lösung dieser Probleme die große zukünftige Aufgabe der Manager liegt. Die Unternehmensführer werden deshalb ein Maximum an Freiheit und die Entscheidungsbefugnis brauchen, um handeln, die Ziele festsetzen, die Rentabilität bestimmen zu können. Das einzig wirksame Kriterium der Kontrolle liegt dann am Ende des Geschäftsjahres in der Höhe der erzielten Gewinne.

Wir können tatsächlich Anzeichen einer Konvergenz erkennen,

aber einer negativen Konvergenz. Die kommunistischen Länder gleiten sicherlich auf eine gewisse «Kapitalisierung» zu, aber unter Einsatz all der totalitären Mittel des Systems. Die Regeln über Gewinn, Investition, Kapital werden zum Wohle einer Minderheit umdefiniert, wobei die sozialen Strukturen unangetastet bleiben. Es ist wohlbekannt, daß das Ausbleiben von Streiks im Osten nicht auf ein Verbot, sondern auf die Unterdrückung des Klassenkampfs zurückzuführen ist. In diesem sozial harmonischen Universum bildet der gefällige Gewerkschafter als gefügiger Statist einen integralen Bestandteil des Systems. Der Chef der Gewerkschaftsbewegung ist Mitglied des Zentralkomitees, manchmal sogar des Politbüros. Auf diese Weise war Alexander Tscheljepin, ehemaliger Gewerkschaftsführer, bis zur Spitze des KGB vorgedrungen.

Auf der Ebene der Außenhandelsorganisationen gehören die sowjetischen Manager, die fast alle Parteimitglieder sind, gleichzeitig derselben Gewerkschaft wie die Arbeiter an. Somit sind diese Personen die organischen Partner der Monopole, gegen die sie eigentlich im Westen kämpfen sollten, und sie akzeptieren die Zusammenarbeit in Geschäften, die im Westen Arbeiter arbeitslos machen.

Nach aller Logik wäre es normal, daß die westlichen Gewerkschafter in Unternehmensausschüssen des Ostens sitzen, um gegen Entscheidungen ihrer Manager zu kämpfen, die dort in den sozialistischen Ländern etabliert sind. Wenn nicht, wie sollte man sich dann in den Vereinigten Staaten schützen, wenn Entscheidungen in Prag bei absoluter Geheimhaltung und ohne Befragung der Arbeitnehmer gefällt werden?

Fiat verlangt heute von der italienischen Regierung die Wiedererrichtung der Zollschranken, um die in Polen hergestellte und billigere Konkurrenz auszuschalten. Abgesehen von den Gestehungskosten, die manchmal bis zu 40 % niedriger liegen – welcher vorausschauende Manager würde nicht mit Genugtuung die Möglichkeit wahrnehmen, Aktien in Ländern zu halten, in denen die Produktion nicht von freien Arbeitern kontrolliert wird? Wenn sich aber ein westlicher Gewerkschafter an seine ungarischen oder polnischen Kollegen wendet, um mit ihnen über die Schließung eines westlichen Werks zu sprechen, das dann in ihrem Land neu errichtet worden ist, wird er zu hören bekommen: «Das ist eine wirtschaftliche Angelegenheit und keine Angelegenheit der Gewerkschaften.»

Eine ähnliche abwehrende Argumentation hört man von kapitalistischen Unternehmern. Die einzigen den Gewerkschaften erlaubten Diskussionen betreffen das Gehalt, den Lohn. Fragen der Gewinne,

199

der Investition zu berühren, fällt in das Gebiet der Wirtschaft und damit in den alleinigen Kompetenzbereich des Unternehmers. Auch was den Westen anbetrifft, machen die Tendenzen zur Konvergenz einen wenig ermutigenden Eindruck. Die Annahme des Verfechters der Konvergenztheorie, des Wirtschafts-Nobelpreisträgers Jan Tinbergen, es «bestehe immer mehr eine Einkommenspolitik, die eine Sozialisierung des Systems impliziere», ist eine totale Absurdität. Das System läßt die Gewinne, die Produktion, das Unternehmen, die Steuern frei. Das einzige, was sozialisiert wird, ist der Lohn, das Gehalt. Immer deutlicher wird der Wunsch, ein autoritäres System der Kontrolle über die Gewerkschaften zu errichten und das Streikrecht zu reglementieren.

Heute werden in England, morgen in Frankreich und in Deutschland Gesetze erlassen, um in autoritärer und dauerhafter Weise deren Handlungsmöglichkeiten zu begrenzen. Schon orientiert in mehreren Ländern die *Oberwelt* die nationale Politik in diesem Sinne. Ein wunderbares System, das die Gewerkschaften zwingt, sich in Polizisten zu verwandeln, um unter ihrem Fußvolk die Risiken unkontrollierter Initiativen aufzudecken.

In dem Maße wie die Investitionen im Osten die Spannungen und Schwierigkeiten verschärfen, wird die Versuchung größer werden, von Gesetzes wegen die zu erwartenden Reaktionen darauf zu kontrollieren. Angesichts der Inflation, der Arbeitslosigkeit und des Dumpings wird man die Arbeitgeber-Arbeitnehmer-Beziehungen reglementieren, und zwar zuerst in Richtung der Reduktion von Rechten und Freiheiten. In Italien kontrolliert die Wirtschaftsmacht bereits die politischen Parteien, welche ihrerseits die Gewerkschaften am Gängelband halten. Milliarden Dollar werden investiert, entscheidende Technologietransfers werden vorgenommen, und die Interessengemeinschaft unter den Spitzenleuten beider Seiten hört nicht auf zu wachsen. Angesichts eines so hohen Einsatzes wird der Druck nicht aufhören. Die Banken und die Multis werden über ihre Lobbies, ihre finanziellen Parteizuschüsse, die Einbringung von Vertrauensleuten auf Regierungsposten in den Kabinetten auf die politischen Entscheidungen einwirken, damit diese Transaktionen nicht kritisiert werden. Kommunisten und Kapitalisten, die einen gemeinsamen Sinn für Anonymität haben, werden alles tun, um der Öffentlichkeit die Einzelheiten ihrer Zusammenarbeit vorzuenthalten. Die damit verbundene Politik der Einschüchterung wird einzig unsere verwundbaren Demokratien berühren. Die Sowjets haben den Besuch von Sir Charles Duran, dem Direktor der BBC, in Moskau abgesagt, nachdem im englischen Fernsehen ein Interview mit Solschenizyn gesendet worden war. Für die kommunistischen Führer geht die Aufrechterhaltung guter Beziehungen mit Großbritannien oder jeder anderen westlichen Demokratie über die Ausschaltung aller Informationsmedien, die der UdSSR feindlich gesinnt sind. Richard Davy, Moskauer Korrespondent der *Sunday Times*, erinnerte daran, daß die Russen glauben, die westlichen Nachrichtenmedien dienten – wie bei ihnen – der Politik des Augenblicks.

2.
Kapitalistisches Engagement
der italienischen und französischen
Kommunisten

Giovanni («Giani») Agnelli, der ältere der Brüder an der Spitze der Fiat-Gruppe, war bereits in den sechziger Jahren davon überzeugt, daß daß kapitalistische System in Italien paradoxerweise nur überleben könne, wenn die Kommunistische Partei Zugang zur Macht erhalte. Mit dem ihm eng verbundenen David Rockefeller teilt er die Ansicht, daß eine allgemeine Weltregierung notwendig sei. Wegen der Bedeutung der von Enrico Berlinguer geführten PCI ist Italien dazu ausersehen, ein erster Brückenkopf in dem Prozeß der Integration der kommunistischen Eliten in den Kapitalismus zu sein.

Mächtigster Industrieblock ist die Fiat-Gruppe. Einschließlich der von ihr abhängigen Unternehmer beschäftigt sie 2,5 Mio. Menschen, das sind 13 % der arbeitenden italienischen Bevölkerung und dürfte damit die Gruppe mit der relativ größten Macht der Welt sein. Der Konzern produziert in Brasilien 200000 Wagen jährlich, in Spanien 400000 (über Seat, an der 37 % des Kapitals kontrolliert werden). Gleichzeitig installiert Fiat Montagebänder in Polen (jährlich 160000 Wagen) und vor allem im sowjetischen Togliattigrad, wo ein riesiger Komplex die Fiat-124-Kopie «Lada» mit 700000 Exemplaren baut.

Der Name Fiat steht für 230 Firmen, die über die ganze Welt verstreut sind, und die finanzielle Praxis der Gruppe Agnelli ist ein Paradebeispiel für Steuerhinterziehung. So ist das Kapital der Fiat-Holding IHF mit Sitz im schweizerischen Lugano vollständig im Besitz der Familie Agnelli. Doch die Manipulationen mit dem persönlichen Vermögen der Agnellis zeichnen sich durch einen noch größeren Zynismus aus. Seit den Jahren 1968–1970 hat die Familie beschlossen, ihr Vermögen via Luxemburg in die Vereinigten Staaten zu verlagern; zur gleichen Zeit wird die Zusammenarbeit mit den italienischen Kommunisten ständig verbessert.

Für die friedliche Zusammenarbeit zwischen Kapitalismus und Kommunismus bietet Fiat zusammen mit den Kommunisten ein nationales Beispiel. Bekanntlich ist der Konzern lange im Rüstungsgewerbe tätig, in Deutschland durch den Starfighter F-104 bekannt, durch Motoren, Treibriemen und Aufhängungen für den Panzer Leopard usw. Seit 1968 ist Fiat am Programm MRCA beteiligt. Hierbei arbeitet der Konzern mit Aeritalia zusammen, einer Firma der IRI-Gruppe, die direkt von der Finmeccanica des Carillo Crociani kontrolliert wird, eines der PCI nahestehenden Geschäftsmannes.

Hand in Hand damit geht die russisch-italienische Zusammenarbeit. Im August 1976 berichtete die Wirtschaftszeitung *Il Fiorino* von Coe e Clerici, einem Unternehmen, das innerhalb von fünfzehn Jahren sein Umsatzvolumen mit den Sowjets von 760000 Dollar auf 150 Mio. Dollar steigern konnte. In dem Artikel wurde allerdings nicht erwähnt, daß der Inhaber des Unternehmens Ugno Rattazi ist, der Ehemann von Susanna Agnelli, die neben ihren beiden Brüdern eine einflußreiche Rolle in der Verwaltung des Familienvermögens spielt.

Die Vielseitigkeit der Agnellis ist in der Tat erstaunlich, zumal sie scheinbar unvereinbare Aktivitäten miteinander verbinden: als Verkäufer von Kanonen, die die Verteidigungsbereitschaft des Westens stärken, als erste italienische Investoren in totalitären Staaten des Ostens, als bedeutende Verursacher von Arbeitslosigkeit können sie diese dreifache Tätigkeit unangefochten von den Gewerkschaften oder der Kommunistischen Partei ausüben.

Das hindert Agnelli nicht, manchmal als strenger Zensor der unloyalen Konkurrenz aufzutreten, die von staatlichen Gruppen praktiziert wird; Agnelli zufolge «verfälschen sie den freien Wettbewerb, indem sie öffentliche Zuschüsse beziehen». Obwohl Italien international einmütig als finanziell insolvent, als sozial instabil und hinsichtlich seiner wirtschaftlichen Verhältnisse am Rande des Chaos befindlich angesehen wird, vervielfachen große Bankinstitute, an der Spitze die Chase Manhattan und die First National, über ein Konsortium trotzdem auch langfristige Darlehen. Offenbar ist diese philanthropische Haltung ansteckend, denn der italienische Staat, der selbst am Rande des Bankrotts sht, gewährt der UdSSR Darlehen. Und wer profiliert davon? Der aktive Mann Giovanni Agnelli. Er kann auf diese Weise den Bau seiner Werke in Polen, Ungarn und der UdSSR finanzieren. Dabei hat er zwei Vorteile der Multinationalisierung entdeckt:
– die Möglichkeit, über private Banken und öffentliche Kredite eine Finanzierungspolitik fördern zu lassen, die sich als äußerst rentabel erweist;
– die Gelegenheit, den nationalen Fiskus mit extremer Offenheit zu hintergehen, indem die Gewinne aus dem Ausland ausschließlich in Steuerparadiese fließen.

Es verblüfft, daß ausgerechnet das arme Italien heute zu den größten Gläubigern der Sowjetunion gehört. Betrug die 1961 eingeräumte Kreditlinie noch 100 Mio. Dollar, so waren es fünf Jahre später schon 363 Mio. Dollar für das Fiat-Werk in Togliattigrad, die innerhalb von vierzehn Jahren zu tilgen waren. 1974 war Moskau mit rund 2 Mrd. Lire bei Italien verschuldet.

Natürlich haben die Italiener das Geld zum großen Teil von den Amerikanern, die Italien damit als Drehscheibe für ihre Kreditpolitik mit dem Osten benutzen. Und da auch das nicht reicht, nimmt Agnelli Petrodollar auf: Er beteiligte Ghadafi mit 10 % (410 Millionen Dollar) an Fiat. Ghadafi, der Ende 1976 ein umfangreiches Rüstungsabkommen mit Breschnew abgeschlossen hat, das auch die militärische Präsenz der Sowjets in seinem Gebiet vorsieht, ist damit gleichzeitig an einem der wichtigsten Fabrikanten von Rüstungsmaterial für die NATO beteiligt!

Das mit Agnelli geschlossene Übereinkommen bezieht sich auf zahlreiche Sektoren. So ist zum Beispiel der Bau eines riesigen Werkes an der Wolga zur Herstellung von Maschinen zwischen Allis-Chalmers (100 % Gruppe Fiat) und der sowjetischen Ceboksakg vereinbart worden. Das Gemeinschaftsunternehmen wird anfänglich 5000 Einheiten jährlich herstellen; doch wünschen seine Förderer eine rasche Produktionssteigerung auf letztlich 100000 Stück im Jahr, wovon 50 % für Exportmärkte bestimmt sind. Das Produktionsprogramm reicht von Traktoren über Gabelstapler und Bulldozer bis zu Dieselmotoren. Agnelli und Ghadafi werden mit einem Teil der Produktion bezahlt.

Italien kann Agnelli ohne Befürchtungen seinen kommunistischen Partnern und der Arbeitslosigkeit überlassen. Er hat sich eine regelrechte Kette der Solidarität quer über die ganze Welt gelegt. Außer Ghadafi heißen seine Wohltäter Breschnew, Tito, Boumedienne, Gierek, Kádár, Ceausescu, Geisel und Pinochet.

Die arabisch-libysche Bank hat gleichfalls eine Beteiligung an der Fiat-Holding Impresit aufgenommen. Das Ziel dieser Geschäftsvereinigung: die Finanzierung zahlreicher Projekte im rassistischen und kolonialistischen Südafrika.

Das Konzept des historischen Kompromisses, das 1973 von Berlinguer ausgearbeitet wurde und auf dem die italienische KP ihren ganzen Fortschritt gründet, beruht auf einem aufwendigen Widerspruch. Die Kommunisten bekennen, ihn nach der tragischen Erfahrung Allendes begriffen zu haben; um eine solche Erfahrung nicht noch einmal zu machen, wollen sie eine alle Schichten umfassende Allianz zustande bringen. Trotzdem beruht dieser *compromesso istorico* auf der Zusammenarbeit sämtlicher Instanzen mit denselben Kräften, die den Sturz der Unidad popular mit verursacht haben. Die Multi-Konzerne, deren Beibehaltung die Kommunisten wollen, sind dieselben, die die chilenische Produktion behindert und die Kredite an ein Land verhindert haben, das eine wirtschaftliche Emanzipation auf der Grundlage eines sozialistischen Experiments versuchte.

Gegenwärtig frequentieren die Bosse der Multis die Büros an der Via Bottege Oscure mit der gleichen Hartnäckigkeit wie ihre italienischen Töchter. Kürzlich hat eine Abordnung der Firma General Electric – Gruppe Rockefeller – Mitglieder des Politbüros getroffen, um die Rolle zu diskutieren, die die Firma im Rahmen des italienischen Kernenergieprogramms spielen sollte. Für internationale geschäftliche Kreise steht außer Frage, daß die Partei an die Macht kommt.

Die Zukunft des italienischen Experiments hängt ab von der Fortsetzung der finanziellen Unterstützung der Wodka-Colanisatoren. In einem krisengepeinigten Land steigern sich die westlichen Kredite in dem Maße, wie das industrielle Potential Italiens das Land verläßt, um sich auf die Märkte des Ostens zu begeben. Die PCI gewährleistet ihrerseits die Kontrolle ihrer Basis und der Gewerkschaften genauso wie die Fortsetzung einer prokapitalistischen Politik, während im gleichen Zeitpunkt die Democrazìa Cristiana jeden Einfluß auf die Arbeiterorganisationen verliert.

Der von der christdemokratischen Minderheitsregierung Andreottis vorgelegte Sanierungsplan, der die finanzielle Hauptlast auf die breiten Volksschichten abschiebt, wurde von den Kommunisten vollständig gebilligt. Aber die ausgebrochenen Streiks beweisen, daß die Basis Entscheidungen, die die führenden Organe der Partei gefällt haben, kaum folgen kann.

In Puerto Rico entschied sich die Konferenz mit Gerald Ford und sieben westlichen Staatsmännern – darunter Giscard d'Estaing, Schmidt und Wilson – für den großen finanziellen Schritt nach vorn zugunsten Italiens. Ein Kredit von 1000 Milliarden Lire wird diesem Land gewährt werden.

Berlinguer kann sagen, der CIA sei gegen eine kommunistische Regierung; das entspricht so allerdings kaum noch den Realitäten, wie im Gegenteil ein Bericht des neuen Chefs der römischen Außenstelle der Geheimdienste, Hughes Montgomery, zeigt. Dieser Fachmann für mediterrane Angelegenheiten spielte eine wichtige Rolle bei der Einsetzung der griechischen Militärdiktatur im April 1967. Unter Mißachtung der traditionellen Nachrichtenkanäle, die sonst von der Zentrale (Kirche, Bourgeoisie, Nostalgiker des Faschismus) benutzt werden, lieferte er eine ziemlich genaue Analyse der Tendenzen, die im Schoße der lebendigen Kräfte der italienischen Gesellschaft durchscheinen. Als Experte für die Analyse starker Regime schätzte Montgomery die Beteiligung der Kommunisten «nicht nur (als) wahrscheinlich, sondern auch (als) wünschenswert» ein.

Die Situation läßt sich treffend durch einen Kranz einfacher Gegebenheiten charakterisieren, wie es eine italienische Wochenzeitschrift lapidar, ironisch und authentisch zusammengefaßt hat: «Rockefeller zahlt; Agnelli kassiert; Berlinguer regiert!»

Die Kommunistische Partei Frankreichs hat ebenso wie ihre italienische Schwesterpartei ein weites «kapitalistisches» Netz von Unternehmen geschaffen. Ein Symbol dieser kommerziellen Tätigkeit ist Jean-Baptiste Doumeng, der sich einen gewissen öffentlichen Bekanntheitsgrad erworben hat, als er im Namen der Sowjetunion von der EG subventionierte Butter einkaufte. Er beschrieb sich selbst als «reichsten Kommunisten der Welt».

Doumeng hat als kapitalistischer Unternehmer langjährige Erfahrungen auf diesem Gebiet. Er thront auf einer ganzen Sammlung von über fünfzig Handelsunternehmen der Kommunistischen Partei Frankreichs. Die beiden größten Aktiva dieses Imperiums sind Interagra und Ucaso-Toulouse, die allein für sich Umsätze von zwei Milliarden Dollar im Jahre 1976 erzielten, und zwar hauptsächlich aufgrund ihres Handels mit den Ländern des Ostens. Die Gruppe Doumeng, die der Partei ebenso in Frankreich wie in Moskau zu Diensten steht, erstreckt ihre Aktivität auf fast alle bestehenden oder möglichen Zonen des Ost-West-Handels: Landwirtschaft, Textilien, Ernährung, Marketing, Ausrüstungen, Versicherungen, Touristik, Handel usw.

Doumeng, der mit diesen Unternehmen im Schoße der Compagnie européenne de distribution verbunden ist, wirkt wie ein Pfeiler des Kapitalismus, genauso wie Guy de Rothschild und der Direktor der Rothschild-Bank, Michel de Boissieu. Aber der «rote Milliardär» bevorzugt die französische «rote Bank», die Banque commerciale pour l'Europe du Nord (BCEN) oder «Eurobank», die eine Basis darstellt, durch welche die «Gnomen Moskaus» ihre Einsätze anhäufen und manipulieren können, die in der westlichen kapitalistischen Welt immer bedeutender werden.

In seinem Buch «Les Finances du P.C.F.» führt Jean Montaldo viele Belege für die These an, daß die im Rahmen der BCEN angesammelten Gelder es ermöglicht haben, viele Jahre lang die finanziellen Schlappen der Kommunistischen Partei Frankreichs unter dem Deckmantel anonymer Spenden wettzumachen. Neben der fröhlichen Vermehrung von Guthaben der Partei in der Eurobank unterhält der ihr verbundene Gewerkschaftsverband CGT ebenfalls einen großen Teil seiner Gelder als Einlagen auf Parallelkonten bei der Bank, wie es im übrigen auch andere Handelsunternehmen der Partei machen.

Wenn die Unternehmen, die von der Kommunistischen Partei Frankreichs auf dem Gebiete der «Information» kontrolliert werden, wirklich nur dank des exklusiven Ergebnisses ihrer Verkäufe an eine begeisterte Bevölkerung wirtschaftlich lebensfähig sind, ist es fast unmöglich zu begreifen, warum die Partei nicht schon seit langem durch die Stimme des Volkes an die Macht gebracht worden ist. Denn um ein solches Medienimperium auf kommerzieller Basis zu unterhalten, müßte jeder Mann, jede Frau und jedes Kind in Frankreich eine geheime und persönliche Bibliothek kommunistischer Literatur besitzen. Es gibt mindestens 39 Verlage, die von der Partei kontrolliert werden, 25 Druckereien und 32 Büchereien, welche die sichtbarsten Beispiele kommunistischer kommerzieller Unternehmen sind und die die Verbreitung ihrer 6 Tageszeitungen, 30 Wochenzeitungen, 32 Magazine ermöglichen – ohne zahllose «Gelegenheitsdrucke» mitzurechnen. Hinter dem Vorhang der Propaganda befinden sich über 30 Finanzierungsgesellschaften, Immobilien- und Handelsfirmen, die ins kapitalistische Hinterland solide Vermögenswerte liefern. Kürzliche Veröffentlichungen setzen die Gesamtzahl der der Partei gehörenden Unternehmen auf über 320 an.

Bei derartigen Investitionen im französischen kapitalistischen System und derartigen Direktverbindungen zu den Finanzierungsorganisationen an der Basis des Ost-West-Handels ist die französische KP doppelt an ihre Schlagwörter gebunden. Der Handel ist gut für die Entspannung, und die Entspannung ist gut für die Gewinne.

Die Beteiligung der Kommunistischen Partei am osteuropäischen Handel stellt gewiß nur einen schwachen Teil der Gesamtheit der Verpflichtungen Frankreichs dar. Der größte Teil der Koproduktionsverträge liegt bei weitem in den Händen von Multinationalen erster Größenordnung – privaten oder nationalisierten –, welche die PCF täglich als Feinde und und Ausbeuter der Arbeiterklasse bezeichnet, deren Fürkämpfer sie zu sein vorgibt.

3.
Im Zeichen der Entspannung:
eine negative Konvergenz?

Im Gegensatz zu den Verfechtern von Wodka-Cola hat Breschnew mehrfach erklärt, daß die UdSSR in der Entspannung keinerlei Konvergenz der Systeme des Kommunismus und des Kapitalismus sieht. Hinsichtlich der Ziele, die die Sowjets unter dem Mantel der Entspannung verfolgen, ist es immer noch Breschnew – und nicht Brzezinski –, der den Ton angibt. Auf dem XXVI. Parteitag der Kommunistischen Partei rief er aus: «Niemand sollte glauben, daß die Kommunisten wegen der Entspannung sich mit der kapitalistischen Ausbeutung versöhnen oder daß die kapitalistischen Monopole sich in Verfechter der Revolution verwandeln ... Wir verbergen nicht, daß wir in der Entspannung das Mittel sehen, Bedingungen zu schaffen, die dem friedlichen Aufbau des Sozialismus und des Kommunismus dienlich sind.»

Das anerkannte Prinzip der Entspannung ist das der Kooperation zwischen zwei unabhängigen autonomen Systemen, die sich nicht in die Angelegenheiten anderer einmischen. Der sowjetische Sprecher versäumt es nicht zu betonen, daß dieses Prinzip der Nichteinmischung in die inneren Angelegenheiten anderer sich einzig auf die Beziehungen zwischen Regierungen bezieht; ausgeschlossen werden davon ausdrücklich die sozialen Gruppen, die Massenorganisationen, die Intellektuellen und die Gewerkschaften, denn jede Intervention ideologischer oder politischer Natur in ihre internen Angelegenheiten ist nicht nur erlaubt, sondern sogar wesentlicher Bestandteil der globalen Strategie des Kommunismus. Es gilt nicht mehr, wenn es darum geht, die alliierten oder sympathisierenden nationalistischen Revolutionsbewegungen unablässig zu stützen und zu ermutigen, und zwar überall in der Welt – Portugal, Spanien, Angola, Zaïre usw. –, und auch nicht im Falle des «Eurokommunismus», diese von den Sowjets orchestrierte Symphonie, die gänzlich dem Ruhm des unabhängigen und sozialdemokratischen Kommunismus Westeuropas gewidmet ist. Im übrigen ermuntert der kapitalistische Westen durchaus den Eurokommunismus des Ostens; es ist also das Gebot der Stunde, den Eurokommunismus des Westens taktisch und strategisch zu unterstützen. Die Ideologen der unteren Etage sind die einzigen im Parteiapparat, die weiterhin mit dem westlichen Eurokommunismus hadern, sei es aus Unwissenheit, sei es aus Sorge wegen der Unabhängigkeit des Eurokommunismus gegenüber Moskau.

Die friedliche Koexistenz – ein in der Sowjetunion ständig benutzter Begriff, wenn von Entspannung die Rede ist – ist eine Strategie, mit der die UdSSR eine lange Erfahrung hat, die bis in die Epoche von Lenins Neuer Ökonomischer Politik in den zwanziger Jahren zurückreicht. Die wenigen Kurzperioden, während derer sich die Beziehungen erhitzten, z. B. anläßlich der Allianz gegen die Armeen Hitlers oder der von Chruschtschow geführten Kampagne für die friedliche Koexistenz – die er selber unglaubwürdig machte, als er auf Kuba Raketen stationierte –, zeigen klar und einfach, daß es sich bei der friedlichen Koexistenz um eine traditionelle und essentielle politische *Weltanschauung* der Sowjetunion handelt.

Aber die friedliche Koexistenz ist nur eines von zwei Gesichtern einer Politik, die dazu herhalten muß, eine unterschwellige ideologische und politische Aggression zu erleichtern (die UdSSR ihrerseits hat sich niemals in einen Offensivkrieg gegen das kapitalistische Imperium verwickeln lassen) und gestattet dabei durchaus die gleichzeitige und parallele Inanspruchnahme von kapitalistischen Krediten und Technologien. Diese dualistische und nicht-interventionistische Doktrin der friedlichen Koexistenz, die sich auf der einen Seite in einem Strom von kapitalistischen Gütern, Techniken und Know-how, auf der anderen Seite in einer interventionistischen, ideologischen und politischen Offensive manifestiert, um den Kapitalismus zu unterhöhlen und ihn der kommunistischen Hegemonie zu unterwerfen – diese Doktrin ist also nach wie vor der Eckstein, auf dem das ganze Gebäude der sowjetischen Strategie beruht. Eine solche dualistische Politik, Symbiose von Pazifismus und Antagonismus, verträgt sich vorzüglich mit folgender Erklärung Breschnews: «Die strikte Beachtung des Prinzips der Nichteinmischung in die Angelegenheiten anderer Staaten und der Achtung ihrer Unabhängigkeit und ihrer Souveränität stellt einen der wesentlichen Imperative der Entspannung dar.» Sie ist ganz und gar überzeugend, wenn man sie in der proklamierten Optik einer auf den Osten ausgerichteten Entspannung und unter dem Aspekt der durch die Koproduktion und ihre Tauschvarianten möglichen Innovationen betrachtet. Doch sie ist vollkommen unglaubwürdig, wenn man sich die ideologischen und politischen Offensiven ansieht, die die Sowjetunion gegen den Westen führt.

Durch die Koproduktion in der jüngsten Periode der friedlichen Koexistenz ist diese plausibler und seriöser geworden. In ihrer ersten Phase war sie ein bemerkenswerter Erfolg für das Gesellschaftssystem Osteuropas. Sie hat es den Regimen des Ostens gestattet, den schlechten Ruf moralischer und humanitärer Schande abzuschütteln; die Entspannung treibt den Dämon aus und widerlegt die Vorwürfe der Mißachtung der Menschenrechte, der Unterdrückung persönlicher Freiheiten, des Verbots pluralistischer politischer Systeme usw. Es bleibt nichts weiter übrig als kommunistische Regime, die als ein «anderes Gesellschaftssystem» bezeichnet werden. Es gibt dann weder Gut noch Schlecht, keine Moral oder Unmoral mehr, nur noch «andersartige Systeme». Im Wirtschaftsjargon der Inhaber des amerikanisch-sowjetischen Handels werden zur Bezeichnung von Systemunterschieden neutrale und reiflich abgewogene Begriffe benutzt wie «Planwirtschaft» oder «Marktwirtschaft». Derart pejorative und bedeutungsschwangere Vokabeln aus der Zeit des Kalten Krieges wie «autoritär», «kapitalistisch», «Diktatur» sind seitdem aus dem Wortschatz verbannt oder in den Fluten beschönigender Propaganda untergegangen.

Der schlagendste statistische Beweis für diesen ersten Erfolg, den die Ostblockländer errungen haben, wird uns durch das rasche Anwachsen billiger Kredite (6 % bis 7 % Zinsen) des Westens geliefert, die wir auf etwa 60 Milliarden Dollar schätzen; diese Summe stellt den Gegenwert der dem Osten gelieferten Technik dar. Doch angesichts des dichten Geheimnisschleiers um diese Zahlen ist es sehr wahrscheinlich, daß der wirkliche Schuldbetrag weitaus höher ist. Ein Indiz dafür findet sich in der Erhöhung der in Eurodollars gewährten Darlehen, die den kommunistischen Ländern zugestanden worden sind: der Gesamtbetrag von 38 Mio. Dollar im Jahre 1970 ist 1971 auf 66 Mio. angewachsen, 1972 auf 273 Millionen, 1973 auf 779 Millionen, 1974 auf 1,238 Milliarden und 1975 auf 2,597 Mrd. Dollar. Die Kredite beziehen sich auf dringend gewünschte Techniken, die nach den eigenen Worten Breschnews die Voraussetzung bilden, um «günstigere Bedingungen für den Aufbau des Sozialismus und des Kommunismus im Frieden zu schaffen».

Er hat alle Ursache, sich optimistisch zu zeigen; denn diesmal hat seine Strategie gute Chancen, sich als lebensfähig zu erweisen. Aufgrund der Tatsache der Koproduktion und der Tauschhandelssysteme haben die kapitalistischen Unternehmen ein wachsendes Interesse, die Regime (des Ostens) im Sattel zu halten und ihre Kontinuität zu sichern – trotz ihrer Autarkie, ihres Mangels an exportfähigen Waren und der fehlenden Konvertierbarkeit ihrer Währungen. Gewaltige

Gewinne, die dank der schlechtbezahlten kommunistischen Arbeitskraft aus dem Absatz der Produktion in konvertierbaren Währungen erzielt werden, stellen das Glied dar, das bisher noch in der kapitalistischen Profitkette fehlte. Dieses Kettenglied ist das gemeinsame Interesse gegensätzlicher Systeme, und es ist auch das Bindeglied, das sie zur Zusammenarbeit zwingt. Der Genosse Breschnew und seine autoritären Kollegen können voller Zuversicht gewärtigen, bei ihren Partnern oder Assoziierten der kapitalistischen und monopolistischen Unternehmen die Art von Sympathie und Verständnis zu finden, die die westlichen Bankiers in ihrer Besorgnis um das Wohlergehen ihrer Kunden (denen sie es zu verdanken haben, daß sie ihre eigenen Anleihen tilgen und Zinsen zahlen können) nur den größten Schuldnern gewähren. Sollte sich das Regime plötzlich und radikal ändern, würde diese Schicht nicht gewählter autoritärer Usurpatoren wahrscheinlich verschwinden, und die internationalen Verträge und andere von ihnen eingegangene Verpflichtungen, insbesondere die eingegangenen Schulden, wären nichtig. Welche Gründe sollten die russischen Arbeiter noch haben – nachdem sie dieses Regime vertrieben oder radikal geändert hätten –, die Schulden zu honorieren, die ihre ehemaligen Unterdrücker gemacht haben, ohne dazu von ihnen beauftragt worden zu sein? Warum sollten sie Verträge einhalten, die ohne ihr Einverständnis und gegen ihre eigenen Interessen von ihren ehemaligen Bütteln geschlossen wurden? Und welches Trauma würde die Aussicht unabhängiger Gewerkschaften heraufbeschwören, die das Streikrecht haben, wo doch die komplexe Superstruktur der Koproduktion zu den niedrigen Löhnen und zu dem geringen Niveau des Lebensstandards der Arbeiter im Sowjetblock beiträgt! . . .

Es ist vorauszusehen, daß in Zukunft der Einfluß, den die kapitalistischen Investitionen seit eh und je auf die Volkswirtschaften der autoritär regierten Länder ausgeübt haben, noch wachsen wird. Anstatt der Liberalisierung und Demokratisierung förderlich zu sein, wird dieser Einfluß wie stets im Sinne einer Verstärkung der totalitären politischen Regime zum Tragen kommen. Firmen wie Standard Oil of New Jersey (woraus die Exxon wurde sowie eine Reihe weiterer Ölfirmen rein fiktiver Unabhängigkeit), die IG Farben (woraus Bayer, Hoechst und die BASF entstanden), ICI, Unilever, Shell, Philips, Michelin, Goodyear, DuPont und Hunderte anderer haben prosperiert und sind seit Anbruch des industriellen Kapitalismus in einer Symbiose multinationaler Zusammenarbeit mit fast sämtlichen unterdrückerischen, rassistischen und antidemokratischen Systemen aller Kontinente gewachsen. Spanien, Portugal, die Bananenrepubliken

Mittelamerikas, Chile und andere lateinamerikanische Länder mit Juntaregierungen, die rassistischen Regime Südafrikas und die repressiven Militärdiktaturen zahlreicher afrikanischer und asiatischer Staaten sind sehr gastfreundliche Verbündete der multinationalen Konzerne und ihrer apolitischen und amoralischen Führer gewesen, die in starkem Maße Befürworter des Status quo sind. Obwohl sie einer weitaus weniger autoritären Gewalt und einer schwächeren zentralen Macht unterworfen sind, haben die Multi-Konzerne und -Banken indessen nichts getan, um in den Ländern, die sie aufnehmen, die Tendenzen zur Liberalisierung oder zur Demokratisierung zu fördern oder zu beschleunigen. Die «Sieben Schwestern» der Erdölindustrie, General Motors, ITT, IBM, Fiat, Siemens, Krupp usw. werden mit Sicherheit in Osteuropa nicht auf einmal ein Verhalten zeigen, das sie niemals in dem Spanien Francos, im Portugal Salazars, im Griechenland des Papadopoulos oder im Chile des Pinochet oder während ihrer langjährigen Präsenz in den feudalen Emiraten, jenen antidemokratischen Erdölproduzenten des Nahen Ostens, gezeigt haben. Durch ihre Struktur und entsprechend der ihnen innewohnenden Logik sind sie natürlich die Stützen dieser Regime und nicht deren Reformatoren oder Erneuerer. Ihre materielle Präsenz in den Ländern des Ostblocks erlaubt hingegen diesen Regimen, ihren Einfluß auf die Institutionen und die Politik der westlichen Länder zu vergrößern. Die kommunistische Schuld schwillt monatlich um eine bis eineinhalb Milliarden Dollar an und dürfte in einigen Jahren die 100-Milliarden-Grenze überschreiten. Bei solchen astronomischen Höhen erfreut sich der Debitor eines Einflusses und einer beträchtlichen wirtschaftlichen Macht – vor allem, wenn er mit der Drohung des Zahlungsverzugs winkt. Jene, deren Interessen solidarisch sind, sehen instinktiv in den antisowjetischen und antikommunistischen Kritiken ein Risiko für die Stabilität; sie glauben, sie seien schädlich für die Entspannung und für die Rückzahlung der Schulden, und deshalb sind sie auszuschalten oder zu unterdrücken. Es lassen sich Hunderte von Fällen aufzählen, in denen die reaktonärsten und borniertesten Funktionäre sich gegen Kritiker und Gegner der Entspannung verwahrt haben, um die UdSSR und die osteuropäischen Regime zu stützen: In dieser Hinsicht finden sich David Rockefeller, Senator Barry Goldwater, Ghadafi und die lateinamerikanischen Generale zu einer gemeinsamen Avantgarde zusammen.

Im November 1976 hat eine Gruppe konservativster britischer Industrieller Edward Dell, den Handelsminister des Vereinigten Königreichs, gegen die englischen Arbeiter in Schutz genommen, die verlangten, daß die osteuropäischen Gütereinfuhren Kontrollen unterzogen werden – und zwar unter Berufung darauf, daß diese Forderungen den britischen Exporten abträglich und für die Entspannung gefährlich seien. Im Dezember 1976 hat dann eine Gruppe der Hauptstützen der amerikanischen Industrie und des kapitalistischen Monopols unter Führung des Finanzministers William Simon (ehemaliger Mitarbeiter des FBI und der Bank Goldman Sachs, die mit Rockefellers Interessen verbunden ist) in New York verlangt, daß die UdSSR unter die Meistbegünstigungsklausel fallen solle – all das unter dem Vorwand der Verbesserung der Entspannung und im höheren Interesse des Friedens, ohne die eigenen Gewinne zu berücksichtigen.

Anstatt in Richtung einer Liberalisierung in den Staaten des Ostens zu wirken, könnte es eher zu einer Einengung der ökonomischen und politischen Freiheiten im Westen kommen. Genauso wie die Sozialisierung der Produktionsmittel vielleicht eine notwendige Voraussetzung des Sozialismus darstellt, nicht aber eine hinreichende Bedingung, um das Wohlergehen und die optimale Achtung menschlicher Werte zu gewährleisten, genauso ist die politische Demokratie in den westlichen Ländern die notwendige, wenn auch nicht hinreichende Voraussetzung, um die Freiheit und die wirtschaftliche und soziale Gerechtigkeit zu gewährleisten. Die Verbindung zweier autoritärer Wirtschaftssysteme – die kommunistischen Staatsmonopole des Ostens und die multinationalen Firmen und Banken des Westens –, verwirklicht in der Koproduktion, wird die Demokratien, deren Schwäche nach wie vor zutage tritt, kaum demokratischer machen. Die Entspannung bietet kaum Möglichkeiten zu einer größeren Freiheit in den kommunistischen Ländern; in Wirklichkeit tendiert das System in Polen, der ČSSR und Rumänien gegenwärtig in Richtung auf die Einschränkung von Freiheiten. Gleichzeitig steigt die Möglichkeit gradueller und anhaltender Erosion politischer Freiheiten im Westen.

In seinem außenpolitischen Programm setzt der Präsident der Vereinigten Staaten, Jimmy Carter, auf eine große Militärmacht, um die Entspannung von einer Position der Stärke aus zu verfolgen und voranzutreiben. Eine solche Politik ist selbst für den militärischen und industriellen Komplex ideal. Sie stellt den Militärs die Hoffnung auf massive Ausgaben in Aussicht, die für die Rüstung geopfert werden, ebenso wie den großen multinationalen Konzernen, die diese Waffen herstellen, und den Tausenden von Lieferanten die Aussicht auf lukrative Gewinne auf den Märkten für militärische Ausrüstungen. Auf der Ebene der Entspannung künden sich damit immer saftigere Gewinne an, die aus den Geschäften der Koproduktion und der Kooperation – ja sogar aus den gemeinsamen Filialen – erwachsen, welche auf dem Boden des angeblichen «Feindes» etabliert sind, gegen den sich die militärischen Märkte richten.

Das Mitglied der Trilateralen Kommission, Cyrus Vance, erklärte in seinem ersten Interview nach seiner Ernennung, er hätte nichts dagegen, daß die italienischen Kommunisten in die Regierung einträten. Dies war auch die Position seiner Kollegen in der Trilateralen Kommission, «Giani» Agnelli und Carli, sowie anderer italienischer Bankiers.

Die Generation der Protagonisten des amerikanisch-sowjetischen Handels, die sich in den Vereinigten Staaten personell aus dem sehr geschlossenen Kreis der mit den auswärtigen Angelegenheiten befaßten Politiker, der Vertreter der Universitäten, Bankiers, Gewerkschafter, Journalisten, Geschäftsleute und Anwälte zusammensetzt, die der Trilateralen Kommission angehören, propagiert ihre optimistische Version der Konvergenztheorie – von den möglichen Gefahren und schädlichen Konsequenzen ist selten die Rede.

Im allgemeinen werden im Westen zwei Versionen der Konvergenztheorie vertreten, die sich beide auf dieselbe Prämisse stützen: Die Imperative der technischen Evolution haben zur Folge, daß die Mängel und Unzulänglichkeiten jedes Systems durch Substitution, Synthese oder Übernahme der besseren Attribute des anderen Systems korrigiert werden, daß also die kommunistischen und kapitalistischen Systeme sich umbilden werden, indem jedes das Positive vom andern integriert und das jeweils Negative ablehnt. Durch die Vermischung mit dem kapitalistischen Regime werde sich die Zentralplanung des kommunistischen Systems verbreiten und die Monopole und die privatwirtschaftlichen Privilegien des freien Marktes abschwächen, insbesondere auch die Macht des politisch-militärischen Komplexes. Im Osten werde die Gewährung von Privilegien, die in der Marktwirtschaft den Verbrauchern zukommen, die Exzesse einer zentralisierten und autoritären Verwaltung mildern. Folgende Symptome dieser Mischung werden im Westen häufig zur Untermauerung dieser Theorie angeführt:

– Erweiterung der Mischwirtschaft – öffentlicher Sektor und privater Sektor – und der Wiedergewinn an Bedeutung des ersteren durch die Verstaatlichung bestimmter Elemente der Industrie und der Finanz;

– die zunehmende Größe und Bedeutung des staatlichen Haushaltes;

– das steigende Ausmaß und der Aufschwung der Sozialversicherung,

die im kapitalistischen System immer mehr die Versicherungen und Privatkassen ablöst;
– die Tatsache, daß die staatlichen Stellen die Preise und Löhne, die Zinssätze, die Investitionen und die disponiblen Kapitalien reglementieren, um vor allem gegen anhaltende Inflation und Arbeitslosigkeit zu wirken;
– die Sozialisierung des Transportwesens, des sozialen Wohnungsbaus, die staatliche Förderung öffentlicher Dienste usw.

Diese Symptome haben ihre Gegenstücke in den kommunistischen Regimen; die am häufigsten auftretenden sind die folgenden:
– das Streben nach Erfüllung materieller Komfortbedürfnisse und größerer Verbrauchsgüterfächer wie Autos, Haushaltsgeräte usw. – unter der Voraussetzung, daß der administrative Zentralismus gemindert wird;
– wachsende Anerkennung der Souveränität und der Präferenzen des Konsumenten;
– Delegierung größerer Macht an die industriellen Betriebe, deren Mitarbeiter vermehrt zur Beteiligung an der Entscheidung aufgefordert werden; hiermit geht eine Schwächung der Entscheidungsbefugnisse der zentralen Behörde einher;
– Wiedereinführung der Funktionen von Gewinn, Zins und Kapitalkosten;
– Aufgabe der quantitativen Faktoren bei der Planung zugunsten einer Rückkehr zu monetären Faktoren;
– Wiedereinführung einer konvertierbaren Währung;
– die Freizeit wird dem Konsummarkt überlassen, der die Präferenzen bestimmt; der Organismus der zentralisierten und autoritären Planung beschränkt sich darauf, einen Ausgleich zu schaffen zwischen Angebot und Nachfrage durch Anpassung des Preises, der Menge und Qualität der Produkte.

Einer neueren Version der Konvergenztheorie zufolge schreitet die Konvergenz nicht durch exogene Synthese voran, sondern durch endogene Umstrukturierung der industriellen Gesellschaft. Diese Theorie geht davon aus, daß die «technotronische» Revolution schon heute den Beginn eines Wandels der Wirtschafts- und Gesellschaftssysteme – sowohl des kommunistischen wie auch des kapitalistischen – eingeleitet hat und auf völlig neue Gesellschaftssysteme hinauslaufen wird, die in gewissen wesentlichen Dingen ähnlich, aber den beiden primitiven Ausgangsmodellen qualitativ fremd sind.

Zur Erhärtung dieser endogenen Konvergenztheorie wird Bezug genommen auf bestimmte moderne industrielle Tendenzen und Faktoren:

- universelle Auswirkung der wissenschaftlichen und elektronischen Ära;
- endlos wachsende Gigantik der modernen Unternehmen;
- rapide steigende Produktivität und sinkende Kosten für manuelle Arbeit aufgrund einer Technologie, die manuelle Arbeit in zunehmendem Maße aus dem Produktionsprozeß ausschaltet;
- die Investitionsmengen, die die Technik und die Finanzen der modernen Industrie auferlegen;
- kurz- und mittelfristige Planung, die sowohl auf der Ebene des Unternehmens als auch der Volkswirtschaft unausweichlich ist, um eine komplexe und moderne Wirtschaft lenken zu können;
- Beherrschung dieser technologischen und technotronischen Parameter, was gleichzeitig wichtig und entscheidend sein wird für beide Systeme; hierbei kommt es darauf an, daß sie sich von ihrer jeweiligen kommunistischen oder kapitalistischen Spezifität befreien, um sie durch gemeinsame technotronische Elemente zu ersetzen.

Diese Theorie geht genauso wie andere, ihr vorausgegangene, davon aus, daß eine solche radikale Wandlung automatisch segensreiche und positive Konsequenzen für die soziale und ökonomische Entwicklung haben wird. Es wird behauptet – ohne nach einer Erklärung zu suchen –, daß diese neuen Systeme sich ihrer schlimmsten politisch und wirtschaftlich autoritären Merkmale entledigen werden; sie werden sich durch eine «wissenschaftlich-technische» Spezifität quantitativer Art auszeichnen, deren Ziel ein Maximum an Wohlergehen für die Massen ist.

Anderen Versionen dieser technotronischen Konvergenztheorie zufolge werden die Techniker die diesen Gesellschaftssystemen entsprechenden Qualifikationen besitzen und damit ein Informationsmonopol ausüben; damit können sie den *Apparatschiks* der kommunistischen Parteien ebenso wie den Verwaltungsräten der Banken und westlichen Versicherungsfirmen ihre Macht und ihre Autorität streitig machen. Diese Theorie ist besonders geschätzt bei den Unternehmensleitern und natürlich auch bei den Universitäten, die gerne selber beratende Fuktion ausüben würden. In den Ländern des Ostens wird eine Konvergenztheorie vertreten, die auf der Vorstellung eines Sozialismus basiert, in welchem die Freiheit des Marktes ebenso wie die Souveränität des Verbrauchers mit einer zentralisierten administrativen Leitung der Produktions- und Verteilungsfunktion verbunden ist; durch die Wahrung des sozialen oder staatlichen Eigentums der wichtigsten Produktionsmittel kann diese Version legitimiert werden.

Diese Theorien der Konvergenz weisen allesamt die gleiche wesentliche Schwäche auf: Es sind abstrakte, theoretische Modelle, die realitätsfern sind, vor allem, weil sie nicht mit den Realitäten der Macht und der Art ihres Funktionierens rechnen.

Die Struktur der realen Macht, ebenso wie die Formen des Eigentums und der Kontrolle sind den unterschiedlichen Unternehmenstypen entsprechend sehr verschieden. Es gibt jedoch keinen Beweis für die Annahme, daß die technischen Kenntnisse und Kompetenzen sich erfolgreich gegen das Eigentum und die finanzielle Macht durchsetzen werden. Die technokratischen Führer der Systeme des Ostens üben keinen entscheidenden Einfluß auf die großen strategischen Optionen aus. Wie auch immer der Grad der Kompliziertheit und des Polyzentrismus ist, zu dem das moderne Unternehmen gelangt: der Kompetenzbereich der Unternehmensleiter oder der technischen Direktoren ist zu spezialisiert und begrenzt, als daß sie eine wirkliche Macht gegenüber den echten Entscheidungszentren ausüben können.

Seit einigen Jahrzehnten unterliegen die Techniken und die Strukturen der Industrie einem radikalen Wandel, etwa auf Sektoren wie Erdöl, Chemie und Parachemie, Maschinenbau, Transportwesen, Funkverkehr usw. Die Banken, die Finanz-, die Kreditanstalten haben ebenfalls grundlegende Wandlungen erfahren. Es sind tiefgreifende Änderungen in der Form des industriellen Eigentums eingetreten, vor allem infolge der beherrschenden Rolle der multinationalen Konzerne in der westlichen Wirtschaft. Die Herrschaft des Nationalstaates über seine Wirtschaft wird zunehmend eingeschränkt angesichts des neuen globalen Systems der Multis. Und trotzdem sind – ungeachtet der tiefgreifenden Umwälzungen und einer in ihren Konsequenzen noch gar nicht absehbaren Veränderung der Strukturen und Techniken – die wahren Machtverhältnisse in den Unternehmen kaum angetastet worden: Es sind immer noch – wie in der Vergangenheit – dieselben Familien, Banken und Kartelle, die sie innehaben. Diese Macht wird vielmehr noch verstärkt und konzentriert. Rockefeller, Du Pont, U.S. Steel, Mellon, Fiat, Shell, Unilever, die Commerzbank, die Dresdner Bank, die Générale de Belgique, Wallenberg und an die fünfzig Weltbanken verwalten trotz grundlegender technischer Veränderungen ihr Reich wie ehedem. Es genügt, sich die Eigentümer und die Macht in den Erdölgesellschaften, den Unternehmen der Chemie, des Kautschuks, der Elektronik, der Pharmazeutik oder Luftfahrt anzusehen, um deutlich zu erkennen, daß seit einem Jahrhundert kaum eine Verschiebung oder Neuaufteilung dieser Macht in der westlichen Welt stattgefunden hat.

Die Unbeweglichkeit dieser Macht ist in den kommunistischen Regimen noch deutlicher, wo der Computer, die Kernenergie, der Funkverkehr und die Raumfahrt die wirkliche Macht weder verändert noch geschwächt haben; sie befindet sich nach wie vor in Händen der Partei, der Armee und der Geheimpolizei. Vielmehr erlaubt der geplante und generalisierte Rückgriff auf die zentrale Sammlung und Steuerung der Daten und der Entscheidungen in den Verwaltungs- und Produktionsstrukturen der zentralen Macht in der Sowjetunion, ein wenig von der Autorität zurückzugewinnen, die vor nunmehr einigen Jahren an die verantwortlichen Produktionsleiter delegiert worden war.

So wie es Symptome und Voraussagen gibt, die für eine positive Konvergenz sprechen, so sind auch und in gleichem Maße Kontraindikationen zu finden, in denen man Anzeichen einer negativen Konvergenz erkennen kann. Wir wollen uns hier auf einige der deutlichsten Anhaltspunkte beschränken:

– Transfer von Kapital und Technologie in die osteuropäischen Länder, wodurch die westlichen Märkte überschwemmt werden können mit Produkten aus der Koproduktion, die mit niedrigen Löhnen produziert wurden; hieraus entstehen wirtschaftliche Instabilitäten und politische Spannungen;

– Werksschließungen und Schließung westlicher Filialen, um dem Zugriff der mächtigen und militanten Gewerkschaften zu entfliehen, den Härten der Umweltschutzgesetze und den Vorschriften über Sicherheit und Hygiene der Arbeit zu entgehen;

– stufenweiser Abbau der den Monopolen und Kartellen in den westlichen Ländern auferlegten Kontrolle; dies unter dem wachsenden Einfluß einer zunehmenden Anzahl von Gemeinschaftsunternehmen zwischen den großen Multis und den kommunistischen Staatsmonopolen und eine gleichzeitige Ausweitung der Doktrin und der monopolisierenden amerikanisch-sowjetischen Macht über immer mehr Industriesektoren;

– Benutzung der Banken im Besitz eines Oststaates oder gemeinsamer Bankfilialen des Ostens und des Westens, um die Verschwiegenheit und die Immunität zu gewährleisten gegen gesetzliche Vorschriften über das Geld, den Kredit und die Abwicklung von Geschäften, und insbesondere die Steuerflucht, die möglich geworden

ist durch die Verlagerung von Tätigkeiten in die Steuerparadiese;
– Schutz – und das ist das paradoxe – bestimmter westlicher Monopole gegen drohende Verstaatlichung durch Transfer von Aktien gemischter Unternehmen in die Länder des COMECON;
– Propagierung der neuen Doktrin im Westen, daß die moderne Industrie und Wirtschaft sich nur in einem stabilen und autoritären politischen System entwickeln könne, und zwar auf der Grundlage kompetenter technologischer Planung und geschützt vor dem störenden, das Gleichgewicht beeinträchtigenden Einfluß von zuviel Demokratie;
– zunehmende Akzeptierung einer Beschränkung der gewerkschaftlichen Freiheiten und des Streikrechts;
– wachsende Neigung zur Verschleierung und zur Mauschelei seitens der Verantwortlichen der Wirtschaft und der Elite unter Berufung auf die Tatsache, daß die Wirtschaft und die Industrie betreffende Daten in den Ländern des Ostens als Staatsgeheimnis angesehen werden, deren Verbreitung strafrechtlich verfolgt werden kann;
– zunehmender indirekter und direkter Druck auf die westlichen Unternehmensleiter seitens der kommunistischen Staaten, die ihre Partner sind, sich aktiv gegen entspannungsfeindliche, antikommunistische und antitotalitäre Kritik zu stellen, denen sie in unterschiedlichem Maße im Westen ausgesetzt sind;
– die im Westen niedergelassenen kommunistischen Unternehmen und Banken des Ostens versichern sich der Dienste von juristischen Beratern und in den auswärtigen Beziehungen spezialisierten Firmen, um bei den Parlamenten, den Regierungen und in den Massenmedien für die Entspannung und die Ziele der amerikanisch-sowjetischen Zusammenarbeit zu werben;
– Verlängerung autoritärer Züge der Systeme des Ostens in die Länder des Westens hinein sowie der schlimmsten Züge des Kapitalismus nach Osteuropa hinein;
– Schaffung gemeinsamer Filialen im Osten und Westen, um in der Dritten Welt Unternehmen zu starten, die zur Stärkung autoritärer wirtschaftlicher und politischer Regime beitragen – zum Nachteil der sozialistischen, demokratischen und humanitären Systeme.

Dieses wodka-colanisatorische Treiben ist von einer Handvoll gut organisierter Gefolgsleute der Macht entworfen und eingerichtet worden, die nicht gewählt wurden, sondern wirtschaftlichen Interessen verbunden sind; die Bevölkerung des Ostens wie des Westens ist kaum um ihre Meinung befragt worden. Die öffentlichen Auseinandersetzungen über die Entspannung oder über die Konsequenzen der Koproduktion sind mit massiven Propagandafeldzügen geführt worden. Insgesamt wissen die Parlaments- und meist sogar die Regierungsmitglieder nicht, was vor sich geht.

Die Pläne und Entscheidungen über die Expansion der Koproduktion und die Entspannung sind insgeheim ausgearbeitet worden von einer sehr kleinen Gruppe, der Elitenkruste des Ostens und des Westens. Das ist einer der wichtigsten Gründe, warum die Aussichten für eine positive Konvergenz düster sind. Unter der Führung der Entspannungseliten der Macht soll die Entspannung den beschränkten Interessen autoritärer und hierarchischer Gruppen und Institutionen dienen, und nicht etwa der Förderung des Friedens, der Abrüstung oder wesentlicher sozialer Ziele.

Es könnte sich eine Mischung und eine Konsolidierung der schlimmsten – nicht der besten – Merkmale beider Systeme ergeben. Warum sollten sich aus ihrer Wechselwirkung und Kreuzung nicht noch härtere, autoritärere, ungerechtere und repressivere Bastarde ergeben als die derzeitigen Systeme? Die in ihrem Wesen autoritären und monopolisierenden Außenhandelsorganisationen sind genauso wie ihre Verbündeten, die westlichen Multi-Konzerne, im Innern hierarchisch; sie verschleiern ihre Tätigkeiten und widersetzen sich heftig jeder gesetzlichen Reglementierung. Da die beiden Hauptparteien der Koproduktion durch ihre Funktion und ihre Ideologie weder dazu eingerichtet noch motiviert sind, optimale soziale Sicherheit und maximales Wohlergehen zu fördern, werden sie eher eine negative als eine positive Konvergenz erzeugen.

Um den Strömen des Optimismus entgegenzuwirken, die die Nutznießer der Entspannung vergießen, bedarf es einer öffentlichen freimütigen Erörterung ihrer negativen Wahrscheinlichkeiten. Die Wodka-Colanisierung durch den Ost-West-Austausch zielt im wesentlichen nicht auf die Neutralisierung der Risiken eines Atomkrieges und die Herstellung des Friedens ab, sondern soll den Sonderinteressen der Eliten beider Regime dienen.

Mit der wachsenden Anzahl der Geschäfte der Koproduktion und der Gemeinschaftsunternehmen laufen wir Gefahr, daß die Kritik und jegliche Opposition gegen die Entspannung zunehmend unterdrückt werden, um jede kritische, öffentliche und demokratische Diskussion zu ersticken. Dieses Werk wurde geschrieben in der Hoffnung, daß es zur Eröffnung einer freien und öffentlichen Auseinandersetzung über die Probleme und Gefahren der Entspannung beitragen möge.

Anhang

In Osteuropa niedergelassene westliche Banken

Vereinigte Staaten	Bank of America	Moskau
	First National City Bank	Moskau, Budapest
	First National Bank of Chicago	Warschau
	Chase Manhattan Bank	Warschau
	Manufacturers Hanover Trust	Bukarest
Bundesrepublik Deutschland	Commerzbank	Moskau
	Deutsche Bank	Moskau
	Dresdner Bank	Moskau
Großbritannien	Barclay's Bank	Moskau
	Lloyd's Bank	Moskau
	Midland Bank	Moskau
	National Westminster Bank	Moskau
Frankreich	Banque de Paris et des Pays-Bas	Moskau
	Banque nationale de Paris	Moskau, Warschau
	Crédit industriel et commercial	Warschau
	Crédit Lyonnais	Moskau, Ost-Berlin
Italien	Banca Commerciale Italiana	Moskau, Warschau, Ost-Berlin
	Banco di Napoli	Moskau, Sofia
	Credito Italiano	Moskau
Österreich	Kreditanstalt-Bankverein	Budapest
Schweden	Svenska Handelsbanken	Moskau
Finnland	Korsallis-Osake Pankki	Moskau
Japan	Bank of Tokyo	Moskau

Niederlassungen der COMECON-Länder in kapitalistischen Ländern

COMECON-Land	Öst.	Belg.-Lux.	Kan.	Finnl.	Frkr.	BRD	It.	Jap.	Nied.
Bulgarien	2	1	1	–	2	11	4	2	1
ČSSR	–	2	1	–	1	1	2	–	1
DDR	3	1	–	–	4	–	–	–	1
Ungarn	11	–	1	1	4	13	3	1	3
Polen	4	5	1	1	4	12	1	1	3
Rumänien	2	–	2	–	5	7	5	–	1
UdSSR*	3	10	5	9	11	10	5	2	4
Insges.	25	19	11	11	32	54	20	6	14

COMECON-Land	Spa.	Schweden	Schweiz	GB	USA	Eigentumsformen Joint-Venture	Volles Eigent.	Unbek.
Bulgarien	1	1	2	4	–	18	5	9
ČSSR	–	3	–	10	–	12	2	7
DDR	–	1	–	5	–	12	–	3
Ungarn	2	2	2	8	–	41	8	3
Polen	2	2	2	7	5	39	4	8
Rumänien	–	–	1	3	2	27	1	1
UdSSR*	2	4	1	10	4	58	18	7
Insges.	7	13	8	47	11	207	38	38

* 8 in Norwegen

Quelle: Institute of Soviet and East-European Studies Working Paper No. 7, Februar 1977. Carleton University, Ottawa, Canada.

Kreditvergabe westlicher Banken
an COMECON-Länder [1] und Jugoslawien

Bank	Zentrale	Aktiv-vermögen (U.S.-$ Million 1/75)
Chemical Bank	New York	21651
Industrial Bank of Japan	Tokio	21124
Lloyds Bank	London	21026
Banca Commerciale Italiana	Mailand	20091
Banca Nazionale del Lavoro	Rom	19863
Canadian Imperial Bank of Commerce	Toronto	19700
Tokai Bank	Nagoya	19560
Bankers Trust Co.	New York	19193
Continental Illinois National Bank	Chicago	18899
Mitsui Bank	Tokio	18316
Taiyo Kobe Bank	Kobe	18293
Commerzbank	Düsseldorf	18276
First National Bank	Chicago	18164
Bank of Montreal	Montreal	17880
Bayerische Vereinsbank	München	17088
Long-Term Credit Bank of Japan	Tokio	16410
Swiss Bank Corporation	Basel	16159
Union Bank of Switzerland	Zürich	16029
Daiwa Bank	Osaka	15685
Security Pacific National Bank	Los Angeles	15256
Cooperatieve Centrale Raiffeisen	Utrecht	14935
Bayerische Landesbank Girozentrale	München	14763
Banco di Roma	Rom	14160
Bank of America	San Francisco	59396
First National City Bank	New York	55499
Chase Manhattan Bank	New York	41714
Banque National de Paris	Paris	35780
Barclays Bank	London	33334
Deutsche Bank	Frankfurt/M.	32418
National Westminster Bank	London	31899
Dai-Ichi Kengyo Bank	Tokio	31187
Crédit Lyonnais	Paris	29737
Societé Générale	Paris	28507
Fuji Bank	Tokio	27603
Sumitomo Bank	Osaka	27051
Mitsubishi Bank	Tokio	25747
Morgan Guaranty Trust Co.	New York	25641
Dresdner Bank	Frankfurt/M.	25526
Sanwa Bank	Osaka	25187
Manufacturers Hanover Trust Co.	New York	24960
Westdeutsche Länderbank Girozentrale	Düsseldorf	23654
Bank of Tokyo	Tokio	23538

UdSSR	Polen	Ungarn	Rum.	DDR	Bul.	Jug.
×	×	×	×	×	×	×
×	×	×	×		×	×
×	×	×	×	×	×	×
×	×	×	×	×		×
×	×	×	×	×		×
×	×	×		×	×	×
×	×	×	×		×	×
×	×	×	×		×	×
×	×	×	×	×		×
×	×	×	×		×	×
×	×	×	×		×	×
×	×	×		×	×	×
×	×	×	×	×		×
×	×	×	×	×	×	×
×	×		×	×		×
×	×	×	×	×	×	×
×	×	×		×	×	×
×	×	×	×	×		×
×	×	×	×			×
×	×	×	×			×
×	×	×				×
×	×	×		×		×
×	×	×	×	×	×	×
×		×	×	×		×
×	×	×	×	×		×
×	×	×	×	×		×
×	×	×	×	×		×
×	×	×	×	×	×	×
×	×	×	×	×		
×	×	×	×	×	×	×
×	×	×		×	×	×
×	×	×	×	×	×	
×	×	×	×	×	×	×
×	×	×	×	×	×	×
×	×	×	×	×	×	×
×	×	×	×			×
×	×	×	×	×		×
×	×	×	×		×	×
×	×	×	×	×	×	×
×	×	×	×	×		×
×		×	×	×	×	×

Bank	Zentrale	Aktiv-vermögen (U.S.-$ Million 1/75)
Midland Bank	London	23 340
Royal Bank of Canada	Montreal	21 823
Algemene Bank Nederland	Amsterdam	13 969
Credito Italiano	Mailand	13 709
Amsterdam-Rotterdam Bank	Amsterdam	13 473
Bayerische Hypotheken- und Wechsel-Bank	München	13 379
Hessische Landesbank Girozentrale	Frankfurt/M.	13 326
Societé Générale de Banque	Brüssel	13 175
Bank of Nova Scotia	Toronto	12 962
Kyowa Bank	Tokio	12 863

1 Außer der ČSSR, die sich nach der sowjetischen Invasion vorrangig mit Krediten über COMECON-Banken versorgt hat; diese Politik ändert sich aber zur Zeit, und auch die ČSSR bedient sich zunehmend der Kredite westlicher Banken und des Euro-dollar-Markts.

Gemeinschaftsunternehmen im COMECON

Misch-unternehmen	Westl. Partner	Gründungs-jahr	Produkt oder Leistung
Rumänien			
Romcontroldata	Control Data (USA)	1973	Computerelemente
Resita-Renk	Renk-Zahnradfabrik (BRD)	1973	Schiffsgetriebe
Rifal	Romalfa (IT)	1973	Acryl-Fasern
Roniprot	Dai Nippon (JAP)	1974	Hefe
Elarom	L'Électronique appliquée (F)	1974	Elektr.-mediz. Geräte
Romelite	Franz Kohmaier K.G. (BRD)	1975	Fließbänder
Ungarn			
Volcom	Volvo (Schweden)	1974	Geländefahrzeuge
Sicontact	Siemens (BRD)	1974	Service Material

UdSSR	Polen	Ungarn	Rum.	DDR	Bul.	Jug.
×	×	×	×			×
×			×	×	×	×
×	×	×	×	×		×
×	×	×	×	×	×	×
×	×	×	×	×	×	
×	×	×	×	×		×
×	×	×		×		
×	×	×	×	×		×
×	×	×	×		×	×
×	×	×	×	×	×	×

Klassifikation der Kooperationsverträge Ost–West

Kooperations-vertrag:	Lizenz-erteilung [1]	Lieferung von Anlagen oder Material [1]	Koproduktion und Speziali-sierung	Untervertrag	Gemeinschafts-unternehmen	Zuschläge und Gemeinschafts-projekte	*Insgesamt*
Land	%	%	%	%	%	%	%
Bulgarien	62,5	25	12,5	–	–	–	100
ČSSR	35,7	–	28,6	7,1	–	28,6	100
DDR	–	–	66,7	–	–	33,3	100
Ungarn	32,3	13,2	44,1	7,4	–	3,0	100
Polen	25,0	16,1	37,5	3,6	1,8	16,0	100
Rumänien	22,8	34,3	8,6	14,3	14,3	5,7	100
UdSSR	–	56,6	34,8	4,3	–	4,4	100
Insgesamt	26,1	21,7	33,3	6,8	2,9	9,2	100
Jugoslawien	18,5	9,2	20,0	3,0	47,7	1,5	100
Insgesamt	24,2	18,7	30,2	5,9	13,6	7,4	100

1 Zumindest partieller Austausch von Fertigprodukten oder Bestandteilen.

Quelle: Europäisches Wirtschaftskomitee der UNO.

Gemeinschaftsunternehmen

Land	Insges.	A 1	A 2	A 1 + A 2	B 1	B 2	B 1 + B 2
Bulgarien	100	62,5	–	62,5	25,0	–	25,0
Ungarn	100	22,0	10,3	32,3	13,2	–	13,2
Polen	100	17,9	7,1	25,0	16,1	–	16,1
DDR	100	–	–	–	–	–	–
Rumänien	100	17,1	5,7	22,8	34,3	–	34,3
ČSSR	100	21,4	14,3	35,7	–	–	–
UdSSR	100	–	–	–	39,2	17,4	56,6
Insgesamt	100	18,8	7,2	26,1	19,8	1,9	21,7
Jugoslawien	100	15,4	3,1	18,5	7,7	1,5	9,2
Insgesamt	100	18,0	6,2	24,2	16,9	1,8	18,7

Lizenzen
A 1: Erteilung von Lizenzen und Know-how (manchmal auch Sondermaterial, mindestens teilweise im Austausch gegen Fertigprodukte oder Bestandteile).
A 2: Wie A 1, doch umfaßt hier die Lieferung einen variablen Prozentsatz von Teilen des Endprodukts im Austausch gegen Fertigprodukte oder Bestandteile.

Lieferung von Anlagen oder Material
B 1: Lieferung von Anlagen oder Material einschließlich entsprechender Technologie im Austausch gegen Fertigprodukte oder Bestandteile (zumindest teilweise).
B 2: Dasselbe wie B 1 für die Ausbeutung natürlicher Rohstoffe plus Untersuchungen zur Verfügbarkeit und Zugänglichkeit dieser Rohstoffe und Forschung in Verbindung mit der Anwendung der Technologie an die besonderen Umstände.

Koproduktion und Spezialisierung
C 1: Koproduktion einschließlich Verkauf oder nicht, wobei jede Partei Einzelteile, Elemente oder zu einem bestimmten Endprodukt gehörende Baugruppen liefert; hierzu wird die Technologie von einer der Parteien oder von beiden gestellt.
C 2: Kooperation, bei der jede Partei sich auf einen Bruchteil des Programms spezialisiert und dann einen Austausch mit dem anderen vornimmt, damit dann beide zum Fertigprodukt gelangen.

Untervertrag
D 1: Kurzfristige Vereinbarungen für die Lieferung einer festen Menge von Fertigprodukten oder Halbfertigfabrikaten unter Benutzung der Unterlagen und des Know-how (manchmal Einzelteile, Maschinen und Material), vom Unternehmer geliefert; Verträge, die nicht notwendigerweise Wiederholungscharakter haben.
D 2: Kurzfristige Vereinbarungen für eine Lieferung, auf gleicher Basis wie für D 1.

228

C 1	C 2	C 1 + C 2	D 1	D 2	D 1 + D 2	E 2	F 1	F 2	F 1 + F 2
12,5	–	12,5	–	–	–	–	–	–	–
39,7	4,4	44,1	5,9	1,5	7,4	–	3,0	–	3,0
35,7	1,8	37,7	–	3,6	3,6	1,8	10,6	5,4	16,0
66,7	–	66,7	–	–	–	–	33,3	–	33,3
5,7	2,9	8,6	2,9	11,4	14,3	14,3	5,7	–	5,7
28,6	–	28,6	–	7,1	7,1	–	28,6	–	28,6
34,8	–	34,8	4,3	–	4,3	–	–	4,3	4,3
30,4	2,9	33,3	2,9	3,9	6,8	2,9	7,2	1,9	9,2
18,5	1,5	20,0	1,5	1,5	3,0	47,8	1,5	–	1,5
27,6	2,6	30,2	2,6	3,3	5,9	13,6	5,9	1,5	7,4

Gemeinschaftsunternehmen
E 2: umfaßt Produktion, Marketing sowie Forschung und Entwicklung.

Zuschläge und Gemeinschaftsprojekte
F 1: Sitz des Kunden in einem anderen Land.
F 2: Sitz des Kunden in einem der beiden vertragschließenden Länder.

Beispiele für Niederlassungen multinationaler Konzerne in Osteuropa

Konzern	Herkunfts-land	Produktion	Verkäufe 1975 ($ 1000)
Exxon	USA	Erdöl, Petrochemie	44 864 824
General Motors	USA	Autos, Lastwagen	35 724 911
Royal Dutch/Shell	NL/GB	Erdöl, Petrochemie	32 105 096
Ford Motor	USA	Autos, Lastwagen	24 009 100
Mobil Oil	USA	Erdöl, Petrochemie	20 620 392
British Petroleum	GB	Erdöl, Petrochemie	17 285 854
Unilever	GB	Nahrungsmittel, Chemie-produkte	15 015 994
I.B.M.	USA	Computer, Büromaschinen	14 436 541
General Electric	USA	Elektronik	13 399 100
I.T.T.	USA	Telekommunikation	11 367 647
Philips	NL	Elektronik	16 746 450
Thyssen-Hütte	BRD	Metallurgie	8 764 899
Hoechst	BRD	Chemieprodukte	8 462 322
E.N.I.	IT	Petrochemie	8 334 432
Daimler-Benz	BRD	Autos, Lastwagen	8 194 271
Krupp	BRD	Metallurgie-Engeneering	
U.S. Steel	USA	Metalle	8 167 269
B.A.S.F.	BRD	Chemieprodukte	8 152 318
Renault	F	Autos, Lastwagen	7 831 330
Siemens	BRD	Elektrizität, Elektronik	7 759 909
Volkswagen	BRD	Autos	7 680 786
Bayer	BRD	Chemieprodukte	7 223 302
Du Pont	USA	Chemieprodukte	7 221 500
Toyota	JAP	Autos, Lastwagen	7 194 139
I.C.I.	GB	Chemieprodukte	6 884 219
Westinghouse	USA	Elektronik	5 862 747
Mitsubishi	JAP	Engeneering	5 693 994
Union Carbide	USA	Chemieprodukte	5 665 000
Montedison	IT	Chemieprodukte	5 417 741
British Steel	GB	Eisen und Stahl	5 340 183
Volvo	S	Autos, Mechanik	3 104 740
Massey-Ferguson	CAN	Metallurgie, Mechanik	3 000 000
Fiat	IT	Autos, Lastwagen	4 881 600
Pepsi-Cola	USA	Getränke, Chemie	2 321 245
Coca-Cola	USA	Getränke, Dienstleistungen	2 872 840
Mitsui	JAP	Handel, Chemie	3 200 000
Dunlop-Pirelli	GB/IT	Kautschuk, Kabel	3 662 060
Ciba-Geigy	Schweiz	Pharmazie, Chemie	3 448 470
Control Data	USA	Computer	1 218 240
Brown Boveri	Schweiz	Metallurgie	2 989 108

Kooperation in Osteuropa

Bulg.	ČSSR	DDR	Ungarn	Polen	Rum.	UdSSR	Jugosl.
×					×	×	
			×	×		×	×
×	×	×	×	×	×	×	
	×		×				×
			×	×	×	×	
×		×	×	×	×	×	
	×		×	×	×		×
×	×	×	×	×	×	×	×
	×		×		×	×	×
×	×		×	×	×	×	×
	×		×	×	×	×	×
	×			×		×	×
×	×	×	×	×	×	×	×
×	×	×		×	×	×	×
		×	×	×		×	×
×	×	×	×	×	×	×	×
	×		×			×	×
		×	×	×	×	×	×
	×		×	×	×	×	×
×	×	×	×	×	×	×	×
			×		×		×
×	×	×	×		×	×	×
		×	×	×		×	
	×		×				
×	×	×	×	×	×	×	×
			×	×			×
×	×	×	×	×	×	×	
	×			×		×	
×	×	×	×	×	×	×	×
×				×	×	×	×
×	×	×	×	×	×	×	×
×				×	×	×	×
	×		×	×	×	×	×
	×	×	×	×	×	×	×
×	×		×	×	×	×	×
×	×	×		×	×	×	×
×	×	×		×	×	×	×
×	×	×	×	×	×	×	×
×	×	×	×	×	×	×	×
×	×	×	×	×	×	×	×

Kooperation multinationaler Konzerne in Bulgarien

VOLVO (Schweden)	Fahrzeuge und Autoteile
GENERAL MOTORS (USA)	Austausch von Lastwagen gegen Gabelstapler
DAIMLER-BENZ (BRD)	Gabelstapler-Lastwagen
FIAT (Italien)	Fahrzeuge und Autoteile
VOEST ALPINE (Österreich)	technische und industrielle Kooperation
NIPPON ELECTRIC CO. (Japan)	Elektronik und Telekommunikation
AKZO (Holland)	Pharmazeutik, Pestizide, Kunstfaser
MONTEDISON (Italien)	Chemieprodukte und Marketing
E.N.I. (Italien)	Chemieprodukte, Textilien
LURGI (BRD)	Öl-Bitum-Ausbeutung
S. A. DE TELECOMMUNICATIONS (Fankreich)	Ausrüstung, Telekommunikation
NIHON KAIHATSU (Japan)	Hotelbau
FINNISH FOOD CONSORTIUM (Finnland)	Tiefkühlkost
THOMSON-BRANDT (Frankreich)	Hotelbau
TECHNIP (Frankreich)	Chemieprodukte
FRIEDRICH UDE (BRD)	Polyester-Fabriken, Chlor-Fabriken
TEJIN AND C. ITOH (Japan)	Polyester-Fabriken
THYSSEN RHEINSTAHL (BRD)	Metallgießerei
I.T.T. (USA)	TV-Lizenzen
SIEMENS (BRD)	Telefon
R. J. REYNOLDS (USA)	Winston-Brand Zigaretten
PHILIP MORRIS (USA)	Malboro Zigaretten
AUSTRIA TABAKWERKE (Austria)	Memphis Zigaretten
H. F. & PH. F. REEMTSMA (BRD)	Astor Zigaretten

Multinationale Konzerne des Westens mit einem Büro in Moskau

USA
American Express, Arthur Andersen, Caterpillar Tractor, Chromalloy, American Corp., Dow Chemical, Du Pont de Nemours and Co. Inc., Engelhard Minerals Chemicals, First National City Bank, General Electric, Grace Italiana S.P.A., Hewlett-Packard, International Business Machines (I.B.M.), International Harvester Co., I.T.T., Occidental Petroleum Corp., Pullman Inc., Honeywell-Bull.

Frankreich
Casacrus, Cafri, C.G.E. Internationale, Cifal, Comef-France, Cie générale d'électricité, Cie générale transatlantique, Cie internationale pour l'informatique (C.I.I.), Creusot-Loire, Etex, Magre-France, Honeywell-Bull, Olivier, Renault, Rhône-Poulenc, Sonocom, Sorice, Enterprises Speichim & Creusot-Loire, Thomson-C.S.F., Comité de coordination des constructeurs français de machines-outils.

Japan
Ataka Sangyo, Chori Co. Ltd., Gunze Sangyo Inc., Ishikura Sangyo, C. Itoh & Co. Ltd., Japan Sea Trading Co. Ltd. (Nihonkai Boeki), Kanematsu Gosho, Kawakami Trading Co. Ltd., Kyosho, Tsusho, Marubeni Corp., Mitsui Corp., Nichimen Jitsugyo, Nissho-Iwai Co. Ltd., Mitsubishi Corp., Progress Trading Co. Ltd., Sumitomo, Tokyo Boeki, Toyo Menka Kaisha, Wako Koeki.

BRD
AEG Telefunken, BASF, Bison-Werke Baehre & Greten GmbH., Deutsche Babcock & Wilcox, Gildemeister & Co. AG, Gutehoffnungshütte Aktien Verein, Alfred Hempel KG, Farbwerke Hoechst AG, Industriewerke Karlsruhe-Augsburg AG, Salzgitter AG, Siemens AG, Otto Wolff, Kühne & Nagel, Mannesmann AG.

Italien
Ente Nazionale Idrocarburi (E.N.I.), Fiat, Finsider/Istituto per la Ricostruzione Industriale, Grace Italiana S.p.A., Montedison, Ing. C. Olivetti & Co., S.p.A., Snia Viscosa.

Großbritannien
International Computers Ltd. (I.C.L.), Rank Xerox Ltd.

Finnland
Converts, Enso-Gutzeit, Kaukomarkkinat Oy, Valmet Oy.

Schweden
A.S.E.A., Axel Johnson Group.

Niederlande
Investronic V.B.V., Paja Holdings N.V.

Belgien
Eurintrade.

Schweiz
Ciba-Geigy Ltd.

Spanien
Waimer S.A.

Beispiele sowjetischer multinationaler Konzerne im Westen

In:	Konzern	Produkt oder Tätigkeitsbereich
Österrreich	ASOTRA	Reederei
	Donau Bank	Handelsbank
	GARANT	Versicherung
Belgien	BELSO	Nahrungsmittel u. Kleidung
	Elorg-Belgique	Computer-Service
	EWA	optische Geräte
	FERCHIMEX	Chemieprodukte
	NAFTA-B.	Ölprodukte
	Russelmaz	Diamanten
	Scaldia-Volga	Autos
	Transworld Maritime	Reederei
Kanada	Belarus	Landwirtschaftsmaschinen
	Emek Trading	Hydroturbinen
	Morflot Freightliners	Reederei
	Soccan Aircraft	Luftfahrzeuge
	Stan Canada	Maschinenwerkzeug
Finnland	Etorgdata	Computer und -Dienstleistungen
	Koneisto	Maschinerie
	Konela	Motorfahrzeuge
	Saima	Reederei
	Teboil	Ölprodukte
Frankreich	Actif Avto	Landwirtschaftsmaschinen
	Banque + Commerciale pour l'europe du Nord	Handelsbank
	Fransov	Fisch
	Promolease	Leasing
	Rusbois	Holzprodukte
	Sagmar	Reederei
	Slaya	Uhren
	SOGO	Chemieprodukte
	Stanko-France	Maschinerie
Italien	Dolphin Agenzia Marittima	Reederei
	Ruslegno	Holz
	Sovietpesca	Fisch
	Sovitalmare	Reederei
	Stanitalia	Maschinenwerkzeug
Luxemburg	East-West-United Bank	Handelsbank
Niederlande	East-West-Agencies	optische Geräte
	Elorg	Computer-Service
	Transworld Marine Agency	Reederei
Norwegen	Koneisto Norge	Maschinerie
	Konela Norge Bil	Autos
Spanien	Pesconsa	Fisch
	Sovispan	Handels-Clearing-Stelle

In:	Konzern	Produkt oder Tätigkeitsbereich
Schweden	Joint Trawler Ltd.	Fisch
	Matreco Handels	Autos
	Scansov Transport	Reederei
Schweiz	Wozchod Handelsbank	Handelsbank
Großbritannien	Anglosoviet Shipping	Reederei
	Black Sea & Baltic	
	General Insurance	Versicherung
	East-West Leasing	Leasing
	Moscow Narodny Bank	Handelsbank
	Nafta GB	Ölprodukte
	Technical & Optical Equipment	optische Geräte und Foto-ausrüstung
	UMO Plant Hire	Konstrukionsausrüstung
USA	Morflot America Shipping	Reederei
	Sovfracht (USA)	Reederei
BRD	Neotype Techmashexport	Maschinerie
	Ost-West-Handelsbank	Handelsbank
	Plodimex Außenhandel	Nahrung und Getränke
	Russelmaz	Diamanten
	Sobren Chemiehandel	Chemieprodukte
	SOVAG	Versicherung
	Überseeschiffahrtsagentur	
	Transnautic	Reederei
	Wesetra Spedition & Transport	Spedition

Von der PCI kontrollierte Handelsgesellschaften

1. die *Giza S.P.A.*, spezialisiert auf die Konstruktion von Landwirtschaftsgeräten, Textilindustrie und Nahrungsmittel; diese Gesellschaft betreibt Handel mit der UdSSR;
2. die *C.I.G.* (Weinindustrie)
3. die *C.G.I.A.* (landwirtschaftlich-industrielle Handelsgesellschaft)
4. *Cereto Alphi Laghi Corregese* (Immobiliengesellschaft)
5. *Sipem* (Konstruktionsgesellschaft)
6. die *S.V.A.R.* (Alpen-Tourismus)
7. die *S.P.A.P.* (Handel mit Nahrungsmittelprodukten)
8. die *L.A.S.A.* (Handel mit Holz)
9. *Italcontrol* (Im- und Export)
10. *Pulital* (Handel mit Bulgarien)
11. *Stan Italiana* (Textilhandel und Verkauf von Maschinenwerkzeug und italienischer Technologie an kommunistische Länder)
12. *Romintal* (Handel mit Rumänien)

Koproduktionsverträge französischer Unternehmen mit dem Osten

Unternehmen	Produktion	Kommunistischer Partner
Creusot-Loire	Metallurgie	DDR, Polen, Rumänien, UdSSR, Jugoslawien
Schneider	Eisen- und Stahlproduktion	Polen, UdSSR
Vallourec	Stahl, Röhren	UdSSR
Aérospatiale	Flugzeuge	ČSSR, Rumänien, UdSSR, Jugoslawien
Elf (Gruppe)	Petrochemie	Bulgarien, Rumänien, ČSSR
Compagnie générale d'electricité	Elektrogeräte	Jugoslawien, UdSSR, Polen, Rumänien, Ungarn, ČSSR
Citroën	Fahrzeuge	Jugoslawien, Polen, Ungarn, Kuba
Pechiney-Ugine-Kuhlmann	Chemie, Metallurgie	Jugoslawien, UdSSR
Rhône-Poulenc	Chemie	Polen, UdSSR
Saint Gobin	Baumaterial	Jugoslawien, Rumänien, UdSSR, Bulgarien, Polen
Thomson-Brandt	Elektronik, Computer	Rumänien, Polen, Ungarn, UdSSR
Renault	Motoren, Maschinenwerkzeug	UdSSR
Nicolas	Schlepper	Polen
Oréal	Schreibmaschinen	Bulgarien

Die wichtigsten Vertragsabschlüsse französischer Gesellschaften über Einrichtungen von Produktionsstätten im Osten (1970–1976)

Creusot-Loire
zwei Ammoniakfabriken,
fünf Einrichtungen zum Trocknen von Erdgas,
eine Tabakfabrik.

Aluminium-Pechiney
Konstruktion einer Produktionsstätte für Petrochemie und Aluminium am Schwarzen Meer (in Kooperation mit Creusot-Loire)

Technip
eine Petrochemie-Fabrik in der ČSSR,
zwei Komplexe zur Entschwefelung von Erdgas,
zwei Komplexe zur Herstellung von Aroma, das zur Fabrikation von Polyesterfasern dienen soll (UdSSR).

Speichim
Konstruktion von drei Düngemittelfabriken in der UdSSR
Konstruktion einer Fabrik zur Plastikfabrikation (unter der Lizenz von Rhône-Poulenc) in Jugoslawien.

Citroën
Konstruktion einer Autofabrik in Rumänien.

Joy
Fabrikation von Transportfahrzeugen für die Kupferminen in Polen.

Berliet
Montage von Autobussen in Polen.

Amtel Providence
zwei Petrochemiekomplexe in der UdSSR.

Charles Levinson

Wirtschaftskrise
und multinationale Konzerne

Dieses Buch macht im Zeichen der sogenannten Energiekrise in Frankreich und England Furore: Charles Levinson, Wirtschaftswissenschaftler und Generalsekretär des Internationalen Bundes der Chemiearbeiter, hat die weltweite Krise und ihre Ursachen schon lange vorausgesagt. Die multinationalen Konzerne, vor allem im Öl- und Energiesektor, rüsten weltweit in einem rasanten Tempo um. Dafür brauchen sie Milliarden-Beträge, die sie nur durch stetiges Anheben der Preise bekommen können. Hier liegt die Ursache der schleichenden Inflation und der steigenden Energiepreise.

rororo sachbuch 6880

PVC zum Beispiel
Krebserkrankungen bei der Kunststoffherstellung

Produzieren wir tödliche Krankheiten, indem wir weiterhin Kunststoffe mit all ihren Risiken herstellen? Der Band zeigt, welche Konsequenzen aus den PVC-Toten gezogen werden müssen: Nicht Anti-Chemie-Hysterie, sondern Intensivierung der arbeitsmedizinischen Forschung, bessere Überwachung neu eingeführter Produkte, Stärkung der gewerkschaftlichen Gegenmacht und Verzicht auf Industriewachstum um jeden Preis.

Seit einigen Jahren sind die Auswirkungen der sogenannten «PVC-Krankheit» auch einer breiten Öffentlichkeit bekannt: Knochenschwund, Lungen-Funktionsstörungen, Hautverdickungen, Gefäßverengung – und Leberkrebs. 21 Arbeiter, davon 3 in der Bundesrepublik, starben schon an der PVC-Krankheit.

rororo aktuell 1874

Richard J. Barnet Ronald E. Müller

Die Krisen macher

Die Multinationalen und die Verwandlung des Kapitalismus

Die westlichen Industriestaaten durchleben eine Krise. Die Erschütterung des traditionellen Systems nationaler Volkswirtschaften, die Chaotisierung des internationalen Währungsmarktes, die globale strukturelle Inflation, dies alles sind Erscheinungsformen eines qualitativen Sprungs des Kapitalismus. Immer weniger Menschen in immer weniger, aber immer größeren, alle Branchen umfassenden Konzernen vollziehen diese qualitative Veränderung: die Krisenmacher sitzen in den Chefetagen von New York, Paris und Düsseldorf.

Die Autoren weisen den inneren Zusammenhang zwischen der Macht der Weltkonzerne gegenüber den schwachen Staaten der Dritten Welt und den schwächer werdenden Organisationen der Arbeitnehmer in der Industriewelt nach: sowohl räumlich wie zeitlich hat sich die Investitionsplanung des Kapitals in den letzten zehn Jahren grundsätzlich verändert. Die Kurzfristigkeit klassischer Marktgesetze und die Mittelfristigkeit politischer Planung in den Demokratien haben einer langfristig vorgeplanten und vorgeprägten Erzwingung der Zukunft durch die Weltkonzerne Platz gemacht.

Planung und demokratische Freiheit – stets stehen sie im Widerstreit –, die Krisenmacher haben sich längst für die unkontrollierte Planung entschieden. Sie bedrohen die demokratischen Freiräume.

«Wenn überhaupt ein Buch dazu beitragen kann, daß unsere Zukunft eine bessere Zukunft ist, dann dieses» (Erich Fromm).

rororo sachbuch 7106